从烽火岁月中走来

闽北巾帼英雄故事选

南平市妇女联合会
中共南平市委党史和地方志研究室
南平市新四军研究会

编

海峡出版发行集团 | 海峡文艺出版社

图书在版编目(CIP)数据

从烽火岁月中走来:闽北巾帼英雄故事选/南平市妇女联合会,中共南平市委党史和地方志研究室,南平市新四军研究会编. —福州:海峡文艺出版社,2024.12
ISBN 978-7-5550-3964-8

Ⅰ.Ⅰ247.81

中国国家版本馆 CIP 数据核字第 202414X876 号

从烽火岁月中走来
　　——闽北巾帼英雄故事选

南　平　市　妇　女　联　合　会
中共南平市委党史和地方志研究室　编
南　平　市　新　四　军　研　究　会
出 版 人　林　滨
责任编辑　林　颖
出版发行　海峡文艺出版社
经　　销　福建新华发行(集团)有限责任公司
社　　址　福州市东水路 76 号 14 层　　　**邮编**　　350001
发 行 部　0591—87536797
印　　刷　福州力人彩印有限公司
厂　　址　福州市晋安区新店镇健康村西庄 580 号 9 栋
开　　本　720 毫米×1020 毫米　 1/16
字　　数　244 千字
印　　张　19.5
版　　次　2024 年 12 月第 1 版
印　　次　2024 年 12 月第 1 次印刷
书　　号　ISBN 978-7-5550-3964-8
定　　价　68.00 元

如发现印装质量问题,请寄承印厂调换

《闽北巾帼英雄故事选》编委会

顾　　问：张田怡（南平市妇联党组书记、主席）

主　　编：彭秀莲（南平市妇联党组成员、副主席）

副 主 编：林双凤（中共南平市委党史和地方志研究室副主任）

　　　　　杨杭玲（南平市新四军研究会会长）

　　　　　张金锭（南平市新四军研究会顾问）

执行编辑：罗永胜（南平市新四军研究会副会长）

编　　委：彭秀莲　林双凤　杨杭玲　张金锭　罗永胜　李　群

　　　　　叶玉香　许权培　陈允浩　陈耀明　黄红兰　蔡　蔚

　　　　　范永光　唐银艳　周爱青　王舒婷　林兴舜　王秀岚

　　　　　周富生　陈丽英　方晓萍

指导单位（排名不分先后）

　　　　中共南平市委宣传部

　　　　南平市文旅局

　　　　南平市退役军人事务局

　　　　南平市民政局（老区办）

责任单位

　　　　南平市妇女联合会

　　　　中共南平市委党史和地方志研究室

　　　　南平市新四军研究会

前　言

　　南平市位于福建省北部，俗称"闽北"，它介于东经117°12′—119°12′，北纬26°14′−28°02′之间，东北与浙江省相邻，西北与江西省接壤，东南与宁德市交界，西南与三明市毗连。闽北是福建土地革命的重要策源地和较早建党的地区，是23年"红旗不倒"的革命老区，10个县（市、区）均为原中央苏区县。闽北还是南方三年游击战争的重要支撑地、新四军来源地、闽浙赣边革命指挥中心和福建解放的前进基地。

　　习近平总书记强调，妇联是党和政府联系妇女群众的桥梁纽带，是党开展妇女工作最可靠、最有力的助手。新民主主义革命时期，在中国共产党的领导下，闽北妇女组织和巾帼英雄，参与生产劳动、站岗放哨、传递情报、运送物资、抗日宣传、慰劳救护、献金捐物及开展"三抗"和反霸斗争，在闽北这块红土地上还演绎出一幕幕"母送子""妻送夫""姐妹送兄弟"和自己参加革命的感人场景，她们为了人民的解放事业抛头颅、洒热血，冒着生命危险踏遍闽北山山水水，为中华人民共和国的建立付出巨大牺牲、做出重大贡献。她们用鲜血和生命书写了一段可歌可泣、气吞山河的壮丽诗篇，铸就了中华妇女解放运动史上的不朽丰碑，她们是共和国的脊梁。

　　2023年10月30日，习近平总书记在同全国妇联新一届领导班子成员集体谈话时强调，以中国式现代化全面推进强国建设、民族复兴伟业，需要全体人民团结奋斗，妇女的作用不可替代。要坚定不移走中国特色社会主义妇女发展道路，激励广大妇女自尊自信、自立自强，奋进新征程、建功新时代，为中国式现代化建设贡献巾帼智慧和力量。2024年10月，习近平总书记在福建考察时强调，要在提升文化影响力、展示福建新形象上久久为功。传承红色文化，建好长汀、宁化长征国家文化公园，深化革命史料和革命文物研究阐释。加强文化遗产保护传承，坚持不懈做好以文化人工作，积极推进移风易俗。要教育党员干部继承优良传统、赓续红色血脉，继承发扬敢为人先、爱拼会赢的开拓创新精神，锐意进取、善作善成。大力宣讲革命战争年代闽北巾帼英雄故事，弘扬先辈们的优良作风，加强爱国主义和革命传统教育，是为了引领广大南平市妇女姐妹们争做时代的书写人，追梦的奋斗者，筑牢对党忠诚，坚定拥护"两个确立"，坚决做到"两个维护"。

闽北巾帼心向党，团结奋进新征程。南平市广大妇女姐妹们深入学习贯彻党的二十大和二十届三中全会精神，在习近平新时代中国特色社会主义思想指导下，满怀豪情、坚定信心、振奋精神，积极投身福建省委深化拓展"深学争优、敢为争先、实干争效"行动和南平市委细化实化"增绿提质、增强支撑、增进福祉、增创特色、增固底板"目标的生动实践，凝聚巾帼之力，汇集巾帼之智，在新时代南平建设全国绿色发展示范区征程上绽放更加夺目的光彩。

编　者

2024年8月

目　录

红色记忆

缅怀追思

珍贵档案

红色记忆

忆闽北巾帼英雄

吴秀珍

1935年1月，由于国民党军队的"围剿"，闽北分区机关撤出了大安，当时，天寒地冻，遍地冰凌，我们身着单衣，在崇山峻岭之中，与敌人周旋。吃的是据点里群众节省下来的粮盐，但更多的是靠山上的野菜充饥。我们女同志由于生理上的原因，自然比男同志更艰难些。但没有一位女同志叫苦喊累的，大家都有一股不甘落后的劲头，生怕掉队。

随着游击战争的深入开展，环境的不断恶化，生活越来越艰苦了。1935年4月，我生了病，一连几天高烧不退，于是组织上决定让我回家养病。

我家在洪溪，是个革命老区村。为避免国民党军的迫害，我和邻居中共党员熊竹基一家，躲进深山。谁知没过几天，我们就被搜山队发现了。

一天，驻守在大浑村的国民党军头目，要母亲把我嫁给他，不然就要母亲"提头来见"。我立刻找老熊商量。当天深夜，我们就悄悄地穿过炮台，跑出了据点。在后来躲避追捕的4个月中，我无时无刻不想到我的部队，想到一起生活、一起战斗的战友们，因此归队的心情越来越迫切。可又到哪里找部队呢？我只好凭着自己的意志，一个村庄一个村庄地打听，一个山头一个山头地寻找。终于有一天，我在温岭意外地碰到童娇妹（童慧贞），她是到江岭后村去开展工作的。我见到她，激动得一时说不出话来，只是紧紧地抓着她的手。她明白了我的心意，叫我放心，并说过几天就来接我回部队。果然没几天，分区委就派人来了。我回到游击队，见到了久别重逢的战友们和首长，我禁不住热泪盈眶，悲喜交集，因为我又回到党的怀抱，回到了战斗集体。

1935年10月，分区委妇女部部长陈清风派我到崇安地源区做妇女工作。翌年5月，我调任崇安县妇女部部长，同年8月改任邵武县妇女部部长。

这时，国民党采取了军事上"搜剿"围攻，采用政治上分化瓦解、经济上实行封锁的政策。我们白天不能开展工作，只能在夜间活动。我们的工作主要是发动妇女搞通信和运输。大部分的接头户是妇女，她们常打扮成回娘家，或上山割野草的样子进行工作。由于工作关系，这期间，我接触到许许多多的基层妇女干部，她们那可歌可泣的事迹，至今还铭刻在我的心中。

崇安下阳乡石人坑村的共产党员张彩姬，是机关撤退后留下来坚守阵地的一员。为了便于她隐蔽和开展工作，分区委还特地搞了一场批判大会，宣布"开除"她的党籍。在据点，她不但做了很多工作，还策反了一个班的白军士兵。但因做敌排长思想工作未成，不幸被捕，尽管白军在她脸上割了十三刀，也无法撬开她的嘴。

国民党军队"清乡"时，地源村妇女干部连凤玉一家七位亲人惨遭杀害，连尸体都被扔进溪里。她牢记血海深仇，继续从事地下工作，还经常冒着生命危险，到敌占区买盐买药，支援红军游击队。

岚头村的安桂姬，为发动妇女开展反抓丁斗争，不畏艰险，多次深入崇安北乡一带山村，边工作边侦察敌情，并及时把情报报告游击队。

一天深夜，本村的一个坏家伙，拿着一把柴刀，闯进她家，她机智地说：“你砍死我一个人没什么，再过半个小时游击队来了，你也活不长！”一句话把他打了回去。

在崇安西乡，有一位穿着整洁的中年妇女，因为给游击队送情报，被抓。为了杀一儆百，国民党军将一个马桶装满浸透煤油棉花，再把她五花大绑捆在马桶上，随后当众点火，活活把她烧死。这位女烈士虽没有留下姓名，但她那英勇的形象，将与烈火一样永远照耀千秋。

我还熟识一位老接头户，她是岚谷江陈村的王瑞娇，我们每次到她那儿，她总把自己平时舍不得吃的东西全拿出来款待我们。1936年4月的一天，她的丈夫，原岚谷区苏维埃主席郑乌仔秘密下山，到岚谷头为游击队买盐。但不幸消息走漏，第二天，郑乌仔被抓走，他们的房子、财产全被烧光。王瑞娇在悲痛之余，毅然承担起丈夫没有完成的任务，当天夜晚就摸黑下山筹集食盐。几天后当她回到岚头时，只见侄女哇的一声，紧紧地抱着她大哭起来。当她知道自己的丈夫已被国民党军活活烧死的消息后，她咬着牙咽着恨，掩埋了丈夫的遗体，沉痛而坚定地对侄女说：“孩子，记住叔叔！记住红军游击队！记住这血海深仇！”又继续到山下筹盐。1937年的一天，她到吴屯乡大浑联系工作时不幸被捕，敌人要她供出红军游击队所在地，她守口如瓶，敌人暴跳如雷，把她推到老虎凳前，施尽种种酷刑，她坚不吐实，宁死不屈。这样的妇女干部，何止千千万万。

我在邵武工作期间，认识一位妇女，大家都称她为“方嫂”。也就是这位方嫂为解决游击队的给养问题，她做了大量的工作。

方嫂有5个孩子，大的七八岁，小的才1岁多，她还怀着8个月的身孕。1937年5月，方嫂同丈夫为红军买了好些东西，正打算给山上的游击队送去，不料被发现，夫妻俩被押到邵武县监狱。反动派逼他们指认村里的党员。但夫妻俩什么也不说，结果丈夫被活活打死，方嫂也受了重刑。尽管这样，反动派仍对方嫂进行严刑逼供。他们把方嫂两手张开来绑在扁担上，使之成了"十"字形，背后再用一根棍子撑住，然后毒打、逼供。可怜的小生命还未来到人间，就离开了。而方嫂的手腕也被打断了，反动派并未就此罢休。反动派把方嫂的5个孩子抓了进来，将刺刀架在孩子们的脖子上。面对吓得浑身颤抖的孩子们，方嫂明白了反动派们的恶毒用心，故仍旧不松口。方嫂深知只要自己一松口，就不知有多少革命干部，多少个家庭遭到反动派的残杀和摧残。反动派见方嫂不招供，就用刺刀将年龄最小的孩子挑到天井下面……失去了丈夫和孩子的方嫂，直到抗战全面爆发后，经党组织交涉，才被释放出狱。

在那艰难困苦的游击岁月里，有多少巾帼英雄为革命奉献出宝贵的青春和热血，她们的事迹千千万万，感人至深。作为三年游击战争时期的妇女干部，我为有这些好姐妹感到自豪。

吴秀珍，1917年出生于福建省崇安县洋庄乡坑口村的一个贫苦农民家庭。1931年3月加入共青团，1933年8月加入中国共产党。曾在崇安县从事了3年多的妇女、青年工作。1936年调闽北分区委妇女部，后又调邵武、建阳妇女部，任部长。1938年由于叛徒出卖被捕，囚于国民党崇安监狱，1939年由新四军三支队崇安留守处保释。出狱后，参加游击队，坚持斗争至闽北解放。中华人民共和国成立后，先后任中共崇安县委组织部部长、建阳专区妇女联合会书记、水吉县代理县长、南平专区副专员、南平专区妇女联合会常务副书记等职。1972年退居二线，1983年离休，2002年3月病逝。

（沈月明记录整理，原文载于《福建党史月刊》1987年第4期）

闽北苏区妇女斗争片段回忆

童慧贞

1928 年共产党领导的闽北农民革命，开始由秘密活动转为公开活动。我家在崇安村头村，这是个通江西省三条关（温林关、毛竹关、焦岭关）的小山村。那年，我还是个小姑娘，就有工作同志到我们村里来进行革命宣传，最早来的女同志，叫王福娇。第一次王同志来时，村里的长辈不许年轻妇女去听宣传，只叫了些年老妇人去开会。我因年纪小，好奇，就跑到门外偷听。王同志在会上讲的是当时妇女所受的种种痛苦压迫，动员妇女们起来革命，求解放。我在外面听了句句入耳，心里别提多高兴，于是就去找一些婶婶、嫂嫂和姐姐们，把自己听到的内容告诉她们，动员她们下次有同志来开会时要去听听。第二次，是一位叫谌娇仔的女同志来，我得知后，就找了些婶婶、姐姐们一块去开会。来宣传的同志日渐增多，村里的长辈们也不再干涉我们去听宣传了。随着闽北革命斗争的发展，村里成立了民众会、贫农团，妇女们也开始走上了革命的道路。我也参加了儿童团，配合妇女会的婶婶、姐姐们进行革命工作。

在 1928 年到 1930 年这段时期，男人们拿着刀枪参加赤卫军。他们一面参加生产，一面配合队伍，参加示威，追抓封建霸头和土豪劣绅。崇安的农民革命进入了高潮。城里的反动派经常派军队对我们村进行

"围剿"，村民们就躲避上山。当时我们闽北妇女还是裹着小脚和梳旧式头，敌人进攻时，往往因裹脚而跑不远，上山时头发又常被树枝挂住。因此，在1928年年底，党组织就号召妇女"剪发放脚"，这可得到了广大青年妇女的热烈响应。在村里我第一个不再裹脚，我婶婶和我率先剪了头发。我们儿童团也积极配合村里的群众组织进行这方面的宣传，并帮助村里的婶婶们"剪发放脚"。尽管老年人反对，以及反动势力散布流言蜚语，恐吓说国民党来了专杀"剪发放脚"的妇女，但"剪发放脚"运动在党的领导和支持下，迅速地开展起来。1929年3月，我们村一带的青壮年妇女在三天内就全部不再裹脚，剪掉了长发。在革命斗争中，她们还表现得非常机智、勇敢。一次，听说本乡的联头地保原达仔潜逃到姘头家躲藏起来，几个妇女就假装去玩，把地保的躲藏点弄清，一面派人向党组织报告，一面暗中观察情况。当晚组织上就派人来把地保抓住。

1929年10月崇安长涧源正式成立了乡苏维埃政府。斗争是残酷的，不久国民党又从崇安派了一个连来，把长涧源占领了，乡苏主席也被杀害。敌人强迫各村的男女群众到长涧源去居住，敌军哨兵一见到剪发妇女走过溪北桥头，就往每个妇女的脸上打三巴掌，骂剪发的妇女是民众婆。妇女们便联合起来，对敌人哨兵开展了面对面的斗争。从村头到车盆坑几个村的妇女们联合起来，多次反抗敌人的并村行动。而住在长涧源的妇女则设法把敌人每天活动的情形传递给躲在山上的革命干部，然后由我叔叔把情报转送到县军委会。

敌人并没有神气多久。1931年农历三月中旬，方志敏同志率领红十军第一次入闽，头一仗就击败了长涧源的一连敌军。当时附近各村的妇女得知消息后，高兴极了，赶忙行动起来碾米、做饭、烧菜，让男人将伙食挑到前线支援红十军。农历四月初六，红十军接着又攻打下了崇安赤石。赤石是闽北的一个重镇，物产丰富，商业繁荣。故敌人防守也很严密。这一仗打得十分激烈，尽管消灭了敌人，但我军也有几百个伤员。

那时红军医院位于沙采洋和五子屯的高山村上，这几百副担架的伤员全都由我们坑口区800多名妇女照顾和护送。她们日夜轮班抬送，两天之内就把这几百名伤员转送到百里外的红军医院去治疗。妇女们怀着深厚的阶级感情，沿途悉心照料伤病员。负责抬担架的妇女们，把红军看得比自己的亲人还要亲，一面热情地端来开水喂伤员，一面想方设法为因重伤而发高烧的伤员降温，以减轻伤员的痛苦。伤员途经各村时，各村的妇女和儿童都热情赶来慰问，送茶，送点心。伤员同志们为闽北妇女的深情厚谊感动得热泪盈眶。

红十军打下长涧源后，恢复了乡苏维埃政府，接着在崇安坑口又成立了闽北分区苏维埃政府，闽北苏区进入了稳固发展的新阶段，妇女运动也随之蓬勃发展。县区都成立了妇女部，分区的妇女部部长起初是曾莲娇，搬到大安后就由吴品秀接任，村里则由妇女们民主选举自己信任的妇女代表负责领导妇女工作。

以前，闽北妇女从不被允许出门，更不许高声说话。由于革命形势的发展，参加工作的女同志也就多了，妇女部为了培养大家，就组织她们学习，训练她们讲话、演说。通过短期训练，妇女干部的水平得到了提高。闽北分区委还开办了党校，培训党政干部。因为妇女在旧社会里受尽了种种压迫，很容易产生自卑感，总认为自己不如男人，所以每期开班时，党委都很重视培养妇女干部，强调参加党校学习的女干部人数要占男干部人数的一半。我在1932年（15岁）从村里调到坑口区后，不久也被抽送到党校学习了3个月。

地方上也办起了政治和文化夜校，并组织各村妇女上夜校，学习文化知识，接受革命教育，提高阶级觉悟。夜校结合苏区妇女白天要承担站岗放哨送信等任务，组织大家先学习几个附近村庄的地名、菜名等。这样既有利做好守口送信工作，又识了字，提高了大伙学文化的信心，促进了扫盲工作。

1931年农历九月还在大安办了一个"红军家属职业学校"，由吴品秀任校长，戴水莲任主任，全校有六七十名学员，多数是红军家属，少数是机关干部的家属。学员每天早上出操，上午与下午上政治、语文、音乐课，每天都有各机关领导干部轮流来上一两个小时的课，每个星期天还安排劳动时间，组织学员帮助红军家属砍柴种菜。

我们闽北妇女深深感到红军是真正为穷苦人打天下、谋幸福的。因而在慰劳红军，扩大红军的宣传中，我们闽北妇女成为一支骨干力量。为了保证完成扩红任务，妇女会的成员通过个别动员，向自己的亲戚宣传："现在苏维埃政府给我们分了田，生活好起来了，为了保住胜利的成果，我们要让自己的儿子、丈夫去参加红军。"同时还对参军的青年保证："你们安心去参加红军，家里的田我们大家会代耕，有什么困难，大家会帮助解决的。"通过深入广泛的宣传动员，闽北妇女纷纷劝说自己的儿子、丈夫上前线。每当有人参军，村里的妇女就组织欢送队，带上布鞋，拿着红旗，敲锣打鼓欢送他们到乡苏维埃政府去集中，大家一路还唱着《送郎当红军》的歌，使得参军的人及其家属都觉得参加红军是无比光荣。

妇女部还发起"星期六义务劳动日"，组织妇女为红军家属耕田、砍柴、做家务。每当听到红军要到某个村子住宿时，妇女们就赶在队伍来到之前把房子内外的卫生搞好，把门板擦干净。队伍刚住下，妇女慰劳队、洗衣队就成群结队到各团营去帮助洗衣服，缝补衣服、鞋子等，年老的妇人也带着干粮，端着草药到各个连排去慰问病员。红军战士为了表示谢意，各连排常拿出一些钱和物品来送给大家，但没有一个人肯收下，最后部队只好把物品集中起来，作为奖品统一拿给慰问队和洗衣队，让各大队的大队长带回去分发给每个妇女。红军进村时，妇女们会在村口唱歌欢迎。记得有一首歌词是这样唱的：

> 红军同志们！开得来，千千万万（笑呵呵）路上来（我的哥哥），镰刀斧头大红旗（慰劳红军们，都是你的妹）好多妹妹（笑呵呵）送香茶（我的哥哥）。
>
> 红军同志们！歇几天，妇女儿童（笑呵呵）做草鞋（我的哥哥），蒲子红丝线都安起（慰劳红军们，都是你的妹）做起草鞋（笑呵呵）把你穿（我的哥哥）。
>
> 红军同志们！在此地不要挂念（笑呵呵）家中事（我的哥哥），乡村负责家中事（慰劳红军们，都是你的妹）特别优待（笑呵呵）是真情（我的哥哥）。
>
> 红军同志们！要知情（笑呵呵）豪绅地主是敌人（我的哥哥），贪官污吏国民党（慰劳红军们，都是你的妹）杀尽敌人（笑呵呵）享太平（我的哥哥）。

当红军队伍离开时，妇女们又在村口唱歌欢送红军。

在大安和黄子屯一带的妇女每隔三五天就带些枣子、小菜、猪肉去医院、残废院、调养院等地慰问照料伤病员，为伤病员洗衣服、换药、烧水、洗脸等。

闽北苏区的妇女每年都要做几千双的布鞋和上万双的草鞋，用以支援红军。每人每月做一双，上年纪的做草鞋（布做的），青壮年妇女做布鞋。上级布置下任务，由各区妇女部向县妇女部自动报上承担的数字，超额授奖，布料等则需要自备。大伙听到为红军做鞋子，都干劲十足，相互间开展竞赛，并在鞋子里面的白布上写上自己姓名，表示她的鞋子做得好。鞋子做好后，自己挑到区妇女部去。全区集中起来的军鞋有几千双，装了几个谷仓。再由妇女部组织人分批运到前方队伍，发给战士们，部队收到军鞋后，还给妇女部写来感谢信。

在男人参加红军后，苏区剩下的都是些老人和妇女儿童，为了保证生产不受影响，妇女们打破了千百年来闽北妇女不出门，不下田的陈规陋习，承担起了生产任务。她们努力地学干农活，很快学会了拔秧、耕田、割稻、挖稻根、种菜等各种农活，成为苏区农业生产的主要劳动力，真正顶起了苏区的半边天。1933年敌人对苏区严密封锁，连吃的盐都没有。那时男人大部分去参加红军，另有一部分人调到外面从事革命工作，仅有的一些劳动力强的男人又长期到建宁、泰宁去挑枪，苏区妇女们身上的担子又重了许多，但是没有一个人叫苦，她们也没有让一丘平原田荒废。

苏区妇女们还承担了保卫苏区的任务。妇女部组织各乡村妇女利用每天早晚2个小时参加正规化的军事训练和接受严格的军事纪律教育，不论刮风下雨，每天都确保出操两次。教官由红军部队派出，经过半年训练以后，就完全由妇女自己负责教操。每个青年妇女都学会了16种军事课目，同时还开展了体育活动，学打拳等。闽北分区妇女部配合军事部组织各县区妇女到崇安城和大安进行军事比赛，我们崇安县妇女总是争到第一名。

苏区妇女在防守工作方面也搞得很出色。她们日夜轮流在各路口上站岗放哨，认真检查来往行人的路条。一次仅从坑口到下洋这5个口，在半个月内妇女就抓住5个敌探，受到了上级党委的表扬。敌特分子一听要到苏区侦探就心惊胆战。

1933年下半年至1934年，大刀会经常进攻苏区，不仅把群众的东西抢光，还抓妇女和小孩去卖。在党的领导下，妇女们与大刀会展开坚决的斗争。她们不分日夜地削竹针，削好后拿去晒，晒干了再炒得火热的，放进辣椒水或盐水里去浸，浸完后又炒并放到露天下几天，然后钉在木板上，做成竹针板，或装到木桶里做成竹针桶，埋放在路上，用沙土盖好。这样的竹针既坚硬又有毒，敌人来了踏上它，立刻被刺得血淋淋。在几里路都铺上这种竹针板，敌人来了总有许多受伤的，成为当时一种很有力的杀敌武器。不过这种竹针板只适用于山路，大公路是不行的。

　　1934年第五次"围剿"开始了，敌兵大举进攻闽北分区驻地——大安。到1935年初就普遍进攻到乡下了。从此开始了艰苦卓绝的三年游击战争，我们也转入打游击和进行秘密的地下工作，而闽北各地妇女仍是坚决地参加了地下革命活动。1935年组织上派我到崇安江岭后村去恢复当地党的组织。我通过熟悉同志的帮助，秘密住了下来，联系了江和清、蔡娇仔、梁荣、蔡玲娣等几位妇女，依靠她们发动群众，不久就在那一带几十个村庄恢复了我们的党组织，为游击队的活动提供了便利。我们的同志都在这些村子里住了下来，省委的日常吃穿用品都是由这一带村子提供。当时，闽北妇女冒着生命危险，经常为我们送情报、送米，到白区去帮助红军买东西，到敌人驻地去为我们送情报等，特别是崇安西路的江岭后村、廓前、苦竹厝和北路的岚头一带妇女为革命做了许多的秘密工作，我们党的组织能生存并发展壮大，能与群众取得密切联系，妇女在革命斗争中起着很大的作用分不开的。

　　童慧贞，1917年8月出生于福建省崇安县洋庄乡坑口村。1932年3月参加革命工作，1934年5月加入中国共产党，先后在闽、赣开展革命活动。历任崇安县坑口区少先队参谋长，建阳县星村区（今武夷山市星村镇）少先队参谋长、青妇干事、共青团区委书记，共青团崇安县大安区委书记、崇西区委书记，中共福建省委妇女部干事、闽北分区青妇干事、共青团广（丰）浦（城）县委书记。中华人民共和国成立后，历任水吉县（今属南平市建阳区）妇联主任，建阳专区、南平专区妇联会组织部部长，南平专区妇联会主任等职。1972年1月离休，1983年4月经中共福建省委批准，享受地专级政治、经济待遇。2001年7月病逝。

（王蒲华整理，原文载于《战斗在闽北》1983年10月）

穿越白色恐怖

——两位女游击队员武夷山找党的故事

吴秀珍

1942 年初，正当日军疯狂地向浙赣路沿线进攻的时候，国民党顽固派却在这危难关头，纠集了大量兵力，向闽北地区发动第二次围攻。

为了粉碎敌人的进攻，省委决定，在武装部队突围后，组成两支游击队，分兵出击，依托有利地形，转战武夷山中，给各路来犯的敌人以有力反击。因为要轻装开展游击战，机关女同志和无法随队的伤员只得全部留下来；党决定把我们 10 多人，隐蔽在崇安附近长涧源后面的大山坳里，等形势好转再让我们和大部队会合。临分手时，领导同志给我们讲清了当前形势，要求我们护理好伤员，而且把初步确定的转移路线告诉我们。要脱离大部队单居独处，大家心里总有些留恋和不安，才 10 多岁的小子森，吵着要和叔叔一起上山打游击。小子森是黄道政委（黄知深）的最小的儿子，他爸爸牺牲前，把他交给组织抚养；我们每个人都把他当成自己的亲人和小兄弟。

初春时节，武夷山上正是茶树抽芽的时候，野花、野草铺满山冈，我们就在这石峰矗立的山林间，选择了一块三面靠山背临深涧的凹地，自己动手搭起了竹寮，并住了下来。

带来的米粮不多，部队离开后，我们不得不做长久打算，改吃三餐野菜粥。每天清晨，大家踏着露水，分头上山去找野菜。那时是野菜发青的季节，不到中午，每个人都带回来一大兜野菜，有时还顺便摘回些野花，把小小的竹寮装扮起来。有些走动不便的伤员，就坐在溪边淘米、洗菜。白米粥是专煮给伤员和孩子吃的，跟着游击队长大的小子森，格外懂事、机灵。他总是一声不响地到我们桶里舀野菜粥吃，有时被我看见了，就连忙嬉笑着解释："这种菜粥好吃，我最爱吃这个。"连孩子也懂得要把白米留给伤员们吃。

　　一天清晨，天刚发白，山雀照例把我们叫醒，小子森又耐不住性子，刚给他穿好衣服，他就急着朝篱笆门跑去，高兴地大声嚷起来："叔叔、阿姨，快来看，我们的游击队上山来了。"我一听，立刻警觉起来，扔下手里的被子，急忙朝门口奔去。糟糕！敌人的便衣队来搜山了！我来不及看清楚，忙回头对大家说："快！敌人的便衣队来了，快分头朝后山跑……"我守望在山边，大家立刻分头搀扶着伤员，从后门沿着草丛间的小道朝后山奔去，等我再回转身来看时，敌人已逼近竹寮跟前了。那些家伙一见我，就叫嚷起来："是女的，快，抓活的！"我正待转身，一个手提驳壳枪的家伙，一步跨上来想伸手逮住我，我随手抓起门杠对准他眼睛扔过去，顺势绕过门边的大树，跳过一个深土坑，然后就没命地往后山跑去。跑到半山腰，我发现小廖同志躺在一丛矮树边，她从没经历过战斗，看来是跑不动了。我冲上前去，一把拉起她来，劈开草丛就朝山头奔去。我俩一口气冲上山坡，才定下神来回头观察情况。这时，敌人却不再往山上追了（这些胆小鬼，大约是没摸清虚实，不敢贸然上山），只是朝着山上乱打枪，虚张声势地乱叫嚷。我静下来回想了一下刚才情景，估计其他的同志也都逃脱了，但最使我放心不下的却是小子森。我仿佛记得当我喊"敌人来了"的时候，这孩子跟着谁一起从左侧窗口跳了出去，那窗后是条长满野草的深沟，估了一下，决定还是先到洪溪去一趟。洪溪是基点村，有我们的"接头户"，我家也住在村上，地形和群众情况我都熟悉，只是敌人进攻以来，不晓得被毁成什么样子了，也不晓得我母亲和弟弟是不是还留在村里？但要找到党组织，就得去冒这个险。于是，我与小廖同志就向洪溪走去了。

傍晚，我们就赶到洪溪后山。趁落日前的余晖，我们沿着山梁看了看山下的一切，我的心一下子凉了半截：天！眼前的洪溪哪里还像个村庄！房子被烧的烧、拆的拆，只剩下些残垣断壁和烧得黑乎乎的木架。显然，在敌人进攻时，就把它毁了！我靠着一棵大树呆呆地站在那里，心里火辣辣地痛。不过，此时我放心不下的，是今天清晨才失散的那些战友，他们当中还有不到10岁的孩子和走动不便的伤员！这些天来敌人在武夷山一带造下了多少的罪孽！要为这千百个被血浸透了的洪溪报仇，唯一的办法只有尽快地找到党组织！

洪溪已被毁，我们只好另做打算。我知道地源还有一个掩蔽的联络站，和小廖商议以后，决定朝地源那边走去。

我们在深山老林里跌跌撞撞地赶着夜路，直到第三天半夜才到达地源。我和小廖约定，她在半山腰的竹林里等着，而我单独下山去找刘莲子，如果四更天我还没上山来，那就是半路出了危险，她再去莲子家。天黑得像锅底，这给了我不少的方便。等摸进村里，我见家家掩门闭户，一片死寂。我暗自思忖，莫不是人们都撤上山了？走到莲子家门口，门关得很紧，里面静悄悄的，我按过去的联络暗号，轻轻地敲了三下门，隔不多久，才听见有人隔着门问："谁？"一听是莲子的声音，我立即报了名字。门吱的一声打开了一条缝，黑暗中伸出一只手来，一把将我拉进屋里。我与刘莲子轻手轻脚地关上门窗，堵好门缝，点起灯。借着暗淡的灯光，莲子看清了我的脸，她惊呆了。我想大约是这四天四夜的野林生活，使我变了个模样。我忙简单地说明了情况，她告诉我，她最近也和党组织失去了联系，敌人知晓她过去为苏维埃办过事，对她的监视特别严。刘莲子还说敌人怕群众给游击队送粮，对口粮限定得很紧，日夜搜查，一有动静就封山……她边说边在墙脚柴堆里翻弄，半响才翻出一截破竹筒，又从灶边火堆里掏出一个破布包，然后急匆匆地说："快三更天了，这里不敢生火，你不能久留。这竹筒里还有一斤多米，这是一包火柴，你先拿上山去再说，我们后面再想办法联系，只要找到党组织就有办法……"我抓住那半截竹筒，心里有股说不出的滋味。这一斤多的米是刘莲子夫妻俩一天一口省下来的，它仿佛不只有一斤多重，而是沉甸甸的一大袋。在这种艰难的时刻，有什么能比同志的情怀和支持更深沉、更笃厚呢！我收下了米，急忙告别了刘莲子。

眼看天快亮了，我和小廖立即翻过山梁，在山沟里找到一块较隐蔽的地方，在树丛边砌好灶，把竹筒里的米倒出来洗净，然后匀出一半米装在竹筒里，架起柴火烧起来。等竹筒烧烟了就掏了出来一看，气得我们忍不住笑了起来："一竹筒饭，熟的熟，夹生的夹生，有的地方又烧烟了；这下开了'荤'，可以吃顿'三鲜饭'了！"说着笑着，我们便大口大口地嚼起来，说来也怪，味道还很可口，比吃大鱼大肉还香甜。这么多天了，我们还是头一回吃到饭呢。

我们分析了一下当前情况，估计回洪溪去还有可能找到些联系组织的办法，当天夜里我们又拐回洪溪。趁天没亮，我一个人摸黑下了山。走到家门前，推开虚掩着的半扇门，我立即被凄凉景象惊呆了：屋里没一个人影，锅盆碗盏全被砸碎了，碎瓦片满地都是，连炉灶也给挖坍了，床上的帐子、枕头撕得东一块西一块；这哪里还像一间住过人的房子！见到这景象，一种焦虑之情涌上心来：母亲和弟弟呢？他们还活在世上吗？眼看天快亮了，容不得我多想，拾了半边破锅，我又赶回了后山。

没粮的时候可以用野菜当饭，没火种可以生吞糊口，如今有了粮有了火，可是端起碗来却觉得沉甸甸的，说什么也咽不下去。现在摸不清敌情，见不到自己人，好比被遮住了眼睛成天在这深山里瞎闯。我深深地体会到，世界上没有比离开了党组织更痛苦更难熬的事了。小廖也捧着饭在发呆。我忙问她："小廖，你在想什么？"她怔了一下，从沉思中醒过来："我在想念队伍。如今剩下我们两个人在这山里，万一被敌人抓住了，拼死拼活也要挺直腰杆，让他们晓得游击队里的女同志也是钢筋铁骨的好汉……"我凝视着她脸上坚定的表情，严肃地补充了一句："不，敌人抓不到我们，我们一定会活着找到党组织的！"她没有回答，看了我半晌，郑重地点了点头。

是的，我们一定能活着找到党组织的！

后来，我们走到福建、江西交界处的一座不知名的大山上。一天白天，我们正蹲在山边挖竹笋，忽然被一阵窸窸窣窣的脚步声吓到了。我忙拉小廖卧倒观察动静，看见离我们约莫十步远，一个人挑着一担竹丝，劈开草丛一步步地走下山来。这人好眼熟，仔细一看，我才认出原来是我们村里的基本群众吴老大。我险些叫出声来。但我接着又想，他怎么会跑到这座山里来挑竹丝呢？现在"白色恐怖"严重，他还是像以前那样支持革命吗？事到如今，不去叫他，可能会失去难得的机会！再想，他不一定会变心。何况他只有一个人，出了事再逃脱也来得及。我暗示小廖一下，便独自从竹丛里走出去。吴老大看见我，吓了一跳，肩上的竹丝担也滑脱下来。我连忙叫住他："吴大哥，我是基保，还认得出吧！"一说出乳名，他倒是像记起来了，神色才变得平和一些。我告诉他，我因躲敌人和家里人走散了，并请他到竹林里去说话。他毫不犹疑地跟着我钻进了竹林，还自动地把洪溪和这一带的情况告诉了我，并讲出一些党员和群众遭到敌人残害的情景。他也是在"移民并村"的时候逃出来的。他还说，他的竹棚就搭在敌人炮楼正对面的小山坡的草丛里。现在他要去江西那边卖竹丝，要我等他天黑卖完了竹丝回来，一起到他竹棚里去住。

我回来和小廖商量，心里既是高兴又是担心，在严酷的敌后环境，我们不能有半点的麻痹！我们决定转移到另一条山沟里去，在必经的路边隐蔽起来等他，观察情况会不会起什么变化。天快黑的时候，吴老大果然一个人赶回来了。他手里只带着一小包东西，我们绕小路跟在他的后面，到了原来约定的那个地方，听见他轻声地打呼哨，我们才赶过去。吴老大看了看小廖，等我暗示他这是自己人后，他忙说："快走！"我迟疑了一下，说："我看不要去竹棚里住了，我们山上还有人，再说……"他似乎看出了我的心事，诚挚地说："基保，你尽管放心好了，我吴老大不是那种没良心的人。党对我的恩情有多深，我心里明白。你一家都是党的人，如今在危难关头，我还能不真心实意地帮你们一把？我也是受不了这口怨气才逼上山的，要不是红心不死我也不会躲在这山上。你放心，再大的风险，我也不会变心，我会替你们担当的！"我被他那真挚淳厚的感情所感动，对他说："如今情况复杂，处处要提防着才行。"他忙带我和小廖到了那个小棚里，这竹棚的确掩蔽得很好，走到跟前才能发现。他把卖竹丝后买来的一小荷叶包饭菜分给我们吃了，又领着我们摸出草丛小道。我们与对面敌人的炮楼只隔一条山沟，炮楼上的灯光闪亮，我们可以清楚地看到里面的情况。吴老大把我们安顿好以后，说："你们今晚尽管放心睡个舒服觉，敌人从没来这草丛里搜过，我去给你们望风。"

好些天没伸直腰睡过安心觉，等我和小廖醒来，天已经大亮了。吴大哥还守在竹棚边。他见我们起来，忙说："时间不早了，快上山去！"我看着他那双疲倦的眼睛，心里真有说不出的感动。这一整天，我们三人在山坑里分头观察敌情，看清敌人在哪些地方没有哨位，在哪些山头路口搜索得紧。吴老大告诉我们，洪溪还常常有人回来耕地，我们准备看清敌情后，再绕路回洪溪一次。

这天晚上，我们就要走了，吴大哥分给我们 4 块面饼，并一直送我们下了山，又叮嘱说："基保，你们找到了游击队千万要给同志们说，要他们快些打回来，我们老百姓日里想、夜里盼，眼都望穿了，大家在等着你们……"这是多么难得的一片赤诚的心啊！我激动得涌出了眼泪，紧紧地握着他的手说："我们很快就会找到游击队的，我们一定把你要说的话转告党组织！"我们又重新沿着武夷山脉朝着洪溪走去。在这深山密林里，我们不再感到孤单；我们坚信：在革命群众的支持下，我们一定会找到游击队，一定会找到我们亲爱的党组织！

一天清晨，我们又绕到了离洪溪不远的后山上。我们躺在一丛小树的旁边，准备睡个好觉。但我心事重重，说什么也合不上眼。我想，索性还是走到山那边去，看看清早是否有人回村里来？我叫醒小廖，叮嘱了几句就走了。

刚爬上山梁，我就远远地看见一个人扛着锄头朝洪溪走来，我壮着胆子迎下山去，躲在草丛里仔细看：哈！原来是我的堂房哥哥吴火源！他是一个老实庄稼汉，也是我们的基本群众。我看他下田锄草后，就忙拐回去告诉小廖，要她在山梁等我，并约定万一出了意外的事情，她马上转移。商妥后，我又绕路从另一个山头走到我堂哥的面前，他吓了一跳，两眼直瞪瞪地盯着我，显然他已经不认识我了！我给他说明情况后，他端详了半天，才恍然地说："哎呀，基保！你怎么成了这个样子了？"他连忙把带来的午饭给我吃，并告诉我，敌人把我们洪溪人都赶到长涧源去了。刚被抓去时，敌人天天拷打审问，村里人都不说出情况，好多乡亲被敌人活活打死，现在监视得松一点，才放少数人轮流回村来种地。他还说，大家晓得山上还有游击队，都在苦撑苦熬，盼着出头的日子。

当我问起我母亲和弟弟的情况时，他沉默下来，两眼含泪，我心里冷了半截，忙问："死了？"他说："没死也折磨得差不多了！这些年来，你妈真是受尽了人世间的苦楚！"接着他告诉我，在我和哥哥出走的那年冬天，敌人"大刀会"就抄了我家，抓走了我母亲和11岁的弟弟。在敌人的监狱里，母亲的脸给烧伤了，两个大拇指给吊断了，但她一句真话也没说，结果弟弟被他们卖掉，从此不知下落。母亲在寒冬腊月被赶出牢来，敌人在村里公开宣布说她"通匪"，说谁也不能收留她，逼得我母亲在大雪天里四处流浪，有时就住在别人屋檐下过夜，这样一直拖到第二年的夏天，我一个堂舅舅在村里当上保长，"白皮红心"保长，才找了保将我母亲收留下来，我堂哥边说，边流泪，我一声不吭地低下了头，想到母亲坚贞不屈，想见她一面的心更切了。但又怕暴露情况，我只是含糊地对堂哥说："我们山上还有队伍准备明后天出发，你是不是把我妈找来在这里见一面！"他看见我瘦成那个样子，拉着我的手哭着说："真可怜，歇两天再走吧！"我劝他不要难过，说革命是艰苦的，苦一点没什么，以后会变好的，他感动地说："你个女孩家都这么有志气，我们年轻力壮还怕什么！再苦也要等到这一天。"他说敌人对他也监视得很严，等天晚了，才能回去找我母亲。

果然，第二天一早，我母亲就来了。我和小廖躲在半山腰，老远就看见母亲蹒跚地朝这里走来。我再也忍不住了，看了看母亲后面没人，一口气奔下山去。等我走近时，母亲靠住大树呆住了，只看见她眼泪顺着枯瘦的两颊流了下来，我也半晌说不出一句话。小廖这时也赶上前来，拉住我问："秀珍，是你妈吧？"我点了一下头，泪水一下迸了出来，直到这时我才开口叫了一声"妈"！相隔几年，母亲有了太大变化，人瘦得只剩下一把骨头。

我们拐回到那半边破屋的家里，小廖在门外望风，母亲翻出那半边破锅，热了些冷饭，又煮了点盐菜，自己舍不得吃，硬逼着我和小廖吃下去。

我问起母亲这几年的生活情况时，她强装平静地说："没有什么，日子过得还好，就是敌人经常来找麻烦。"然后，她又很简单地告诉我小弟弟被人拐走了，现在也不知下落。她哪里晓得我已经知道真实的情况！她听了我说的情况后，忙问："那你打算怎么办呢？"我说："生死一条心，找党组织，找游击队；找不到死也要死在山上。"她想了一想，低声而坚定地说："好，有骨气！如今我只剩下了你一个亲生儿，你不要担心我，妈红了这颗心，你也要一心革命，生死都要闯出头来。"我追问她最近是否听到什么风声，她想了许久才记起，说好久以前在村里看见过老孟。我心里一亮，这是孟道喜同志。过去他是我们乡总支书记，这次回村莫不是找人联系？要不就是变了心？我要母亲到他家去看看情况，试探下老孟的口气再做打算，她一口答应下来。临走前我又叮嘱母亲说："先不要提起我，千万不能走漏风声。"母亲连连点头说："晓得，这种事我懂，谁还会那么傻。"母亲很高兴地走了出去，我看着母亲的背影，心想，这些年来，母亲也锻炼得坚强、机警了。

我和小廖又回到山上，等了一天，后见母亲从另一条小路绕过来了。她精神很好，带来了半斤米和一些盐，又对我和小廖讲了去找老孟时的情形。

原来前天母亲回去以后，晚上就到老孟家去串门。老孟过了好久才从屋里走出来，搭讪着说："大嫂，你今晚上怎么有空出来？"我母亲忙说："家里事干完了，出来散散心。"讲完，母亲半天也找不出个话头引入正题，闲扯了好久，她才问："你在外面听见我女儿、儿子的下落没有？"老孟说："如今不晓得秀珍的下落。""你看这日子几时才能出头？""快出头了。大嫂你为革命受了不少苦，我们党组织也晓得……"绕了半天弯子，我母亲断定老孟还是自己人，才给他说了实话，只是没说出现在我和小廖藏在什么地方。老孟忙说："我出村不方便，这件事还是交给你办。你见到秀珍就说，闽北特委现在在岭头村，还有个地下联络站，到了那边就能找到自己人。"

这好消息使我们三个人都激动得流下了眼泪。虽然当天夜里就要和母亲告别，但她却显得很高兴。我说："妈"！过不了多久，我们的队伍会打回来的。这些年，你吞下去的苦水，总有一天会吐出来的！"母亲没说什么，只是深沉地应了一句："这些我都懂得！"她一直在克制自己，没流过一滴眼泪，还坚持把我们送过山梁。我走几步，又回头留恋地望着母亲，只见她在暮色中直直地站在那里，像一棵久经风霜的松树，虽然老了，却仍是那样挺拔坚韧。我感到幸福，也感到骄傲。

我和小廖记着母亲转告的联络暗号，一口气朝目的地奔去。虽然那晚黑得什么也看不见，山路高低不平，有时还有荆棘挡道，但我们全不在意，跌倒了又爬起来，继续跋山涉水，直到天快亮的时候，才赶到岭头村。我们等不及了，趁天未亮前摸进村去。这村里住着三户姓郑的，老大是我们的"接头户"。我们进去时，见他们正在围着小灶烤火；他们见了我俩也不很惊讶，还连忙舀水叫我们洗脸。原来他们已经接到闽北特委通知，说我们会去找他们。他们说村里不能留人，而我们的心也早飞到党组织的怀抱里去了，吃了些粥，就出发上山去。

跑到特委所在地的那条山沟时，太阳已经快当头了。当我们翻过山梁，看见山脚下的一座座小竹棚时，心激动得像要跳出来似的。竹棚边有些同志在那里走动，我和小廖顾不得一切，放开步子叫喊着奔下山去。同志们得到了消息，都涌上山来接我们。大家见面，又是握手又是跳，几十天来憋在肚里的许多话，这时尽被欢呼声压倒了。

闽北特委书记汪林兴同志走上前来，握着我们的手，高兴地说："到底找回来了！前些时候，失散的同志都陆续地回来了，大家真为你们两个担心，还四处打听了好久，才得到你们的消息。"他把我们拉过去，端详了老半天，又说："唔！瘦多了，也晒黑了，分开还不到两个月，也好像老多了，要在半路上碰见，还真会认不出来呢！"停了一阵，他又意味深长地说，"到底是游击队里的女战士，跑遍了这武夷山的深谷丛林，总算找到了家！"家，这温暖的家，我们日日夜夜所思念的家，我们终于回到家了！在亲切的感受中，我激动得热泪盈眶，忙说："没有革命群众的帮助，光凭我们两个人，再有决心也没法找到你们。"汪书记笑了，他说："没有群众，不说你们孤单单的两个女同志，就是两个排、两个连也得困死在这深山里。现在我们虽然退守在有限的几条山坳里，但整个的武夷山区还是我们的……"

我们向汪书记汇报了离队后的情况，把那些久久蕴藏在心里的话全部倾吐了出来，并转达了群众对党的一片深情厚谊……

（任捷整理，原文载于《战斗在闽北》1983 年 10 月）

在邵武狱中的斗争

徐莲娇

一

1936年9月，我随黄道、曾镜冰同志撤到邵武的竹鸡笼地区。邵武当时是隶属闽中特委，独立师师长黄立贵兼任特委书记，我任特委妇女部部长兼青年部部长。黄道、曾镜冰要我和独立师第三营营长李福汉带上三营营部和两个排共40多人，去扩大红军队伍。当时三营虽是一个营，实际没有多少人。扩军就是为了补充这个营。10月下旬，我们从竹鸡笼出发，一起出发的还有黄立贵同志的爱人李德娥（另一说李冬娥），也是去扩军的。走出没多远，我和她分别了。我到关溪村（可能是沙溪桥）一带，当时界首区委和区游击队也在这里活动。住下来后，听老百姓说，离界首5里路有一个茶厂，那里有很多制茶工人，多数是从江西来的外乡人，我想在那里进行扩军是没有多大问题的。

我们出来五六天后就完成了扩军任务。正准备带新兵回去时，我们接到黄师长来信说，形势起了变化，敌人集中兵力向竹鸡笼地区进攻，省委机关准备转移。要我们速回机关。我和李福汉营长商量，决定等支部会开完后再转移。我们住在本村党支部书记家，他的公开身份是保长。早晨，我们派他进城，看看城内的动静。到中午他还没回来，原想等他回来后再走（后来知道他已被敌人扣留了），不料就在吃午饭的时候，敌人包围了村子。我们枪支少，子弹不多，连区游击队一共不到100人。在敌众我寡的情况下，同志们都很英勇，顽强抵抗，这场仗打得非常激烈，我们伤亡很大，除跑了一个伙夫和我们20个人（多数受伤）被捕外，其余全都牺牲了。

二

当时，一起被捕的20人，都被关进邵武监狱，分为"男号"和"女号"。后来大家被驻在邵武的敌旅部分别判了刑。我先是被判处死刑的，上报敌七十六师师部后，被改判为无期徒刑。而李营长仍是死刑，邵武游击队队长江友良和队员小刘、小马各判5年徒刑，其他人2年。

男监里有个蔡金楷，是红军的一个团长，被判20年，是监狱里的地下党支部书记。另一个是邵武县苏维埃主席，名字记不清了，大家叫他老苏。他是被当作政治犯罪嫌疑人抓来的，既然嫌疑人就不能放。以后地下党找人保释，他留在狱中做饭，蔡金楷什么事都通过他。

一天夜晚，当大家熟睡时，老苏笑眯眯地给我们女监送水，问我要开水吗？当时我还不知道他的底细，便回答说："谁要你的水？快给我走开！"但他还是笑眯眯地说："没有关系，你不要怕，在家靠父母，出门靠朋友吧。"我一听更火了，说："谁要你嬉皮笑脸地送水！"说实话，当时我是很需要水的，我的伤口处都生了蛆虫，我因认为老苏是敌人的人所以拒绝不要，并轰他走了。放风时，蔡金楷对我说："水既然拿来，你们就洗一洗嘛！人家好心好意拿来，国民党里头也有好人呀！"直到蔡金楷死后（只差几天就要出狱了，因患痢疾，病故狱中）清理床铺时，发现有一枚印章和一封信，这才知道老苏是县苏维埃主席。敌人发现老苏身份后，对老苏用了重刑，并将他关押起来。我们在狱中开展过一次绝食斗争。那是在蔡金楷领导下进行的。因为许多伤病员得不到应有的治疗，信件要检查，又不准看报，加上伙食太差，每人一餐只有一碗霉米饭，菜是一把盐和黄菜叶子的汤。因为我们绝食斗争，整个监狱其他人也跟着我们绝食。绝食斗争一连坚持了好几天，监狱长没办法了，伪县长只好亲自到狱中来解决。我们提出4条要求：一是每餐要有一菜一汤，饭让吃饱，二要让犯人洗澡，三要让看报纸和有通信自由；四要补偿饿的这几天的营养。后来，一个星期每天给半斤牛奶，吃了半个月的一菜一汤，洗澡洗衣也答应了，看报和通信自由不行。不行我们又继续斗争下去，他们没办法，最后只好说订报可以，但须由他们去订，订的是商业报，这种报纸政治新闻少。尽管这样，也能看出一些情况。通信自由始终没有答应，但基本的几条办到了，绝食斗争就这样胜利结束了。

总之，国民党当局对我们没有办法。他们把我们分到各个号子里，我们就分头活动。他们看到我们在其他号子里活动，又把我们合起来。合起来我们的力量更大，真叫他们无可奈何。以后连放风我们也被分开，但也无济于事。

三

当时邵武地下党活动很活跃。我们在监狱时经常有人来探监，说是我们的"姑妈"或"姨妈"，见了面十分亲热。他们每次还带了许多吃的东西和药品给我们，起初我们不清楚，心想我们大多数不是本地人，哪来这么多的亲戚？后来才知道是地下党派来的，我们的心情非常激动，深深感谢党的关怀。李福汉同志被枪决后，敌人忘记把他脚镣取下，返回刑场一看，不仅25斤重的脚镣不见了，就连尸体也没有了。那是大白天，刑场又处在一个桥头上，是交通要道口，人来人往，尸首竟然会被人抬走。敌人慌了手脚，监狱里一连几天氛围都很紧张。狱警更是惊恐万状，暗地说，晚上可不能乱跑，肯定会被报复的。我们听了非常振奋,好像党组织就在我们身边,我们更加坚定了斗争意志,战胜敌人的信心也增加了不少。

四

我们牢房的隔壁,就是监狱长的办公室。墙壁是木板的,我们挖了一个小洞,平时糊上一张纸,一有响声,我们就通过小洞向里观看。3月的一天早晨,我们都起床了,听到铃声特别响,连走路的声音也与平时不一样,我们赶紧往洞里看,就听说要提李营长、小马、小刘、江友良和我5个人了。平时枪决人都在下午,而这天则在上午,我们还没吃早饭。另一个奇怪的是,平时来提犯人都是两个兵押送,这次不一样,一出门,两边都站着国民党兵,把我们押送到旅部门口时,又看见门口两侧有几十个国民党兵拿着军号,杀气腾腾,我们坐在门房长板凳上。小马说:"今天不一样了。"小刘说:"是要枪决我们,还是押送南京高等法院?"李福汉营长接着说:"我才不怕死呢,怕死就不革命!"这边我们互相鼓励,那边国民党人进进出出,忙得不得了。小马叫住一个从身边过去的小军官,问道:"喂,狗头!你爷爷还没吃早饭呢。"这个小军官没听懂。小马又重复一遍。结果给我们送来半煤油桶的肉丝面,李福汉、江友良各吃了两大碗,其余三人每人吃了一大碗。

吃过早饭,李营长对我们说:"今天估计有人会被枪毙,但可能不会统统枪毙。不管是谁,有机会出去,就对我妈说一下。"不一会儿,有个伪军法官出来了,将一张桌子摆在台阶上,桌上放着写有我们名字的5个牌子。这时伪法官开始逐个点名,第一是李福汉,第二是我,然后把我们5个人捆绑起来,5个牌子一人插一个,几十把杀人号同时吹了起来,真是杀气腾腾。不管敌人多么威风,手段多么残忍,但是对共产党人和共产党领导的红军战士来讲,是毫无用处的。李营长领着我们,高呼各种口号,昂首挺胸走向刑场。敌人只好用布把李营长、江友良和我的嘴塞住，把我们押到邵武的东门桥头旁后，要我们跪下，我们坚决不跪，又限令我们5分钟内说出在关溪村的地下党员以及黄道、黄立贵在哪里，黄立贵的部队在哪里。我们谁也没讲。枪声响了，结果只有李营长一人同我们永别了。原来敌人是为了吓唬我们，妄想我们妥协。可敌人的阴谋并没有得逞，只得又将我们押回旅部。

五

一天早上，听监狱里的狱警说："你们的黄立贵师长被打死了，头被拿来了。"当时听到这个消息，我们根本不相信，认为这是造谣。过两三天后，敌旅部来了两个人，要我和老江（黄师长的管理员）去认打死的人是不是黄师长。为什么呢？原因有两个，一是黄立贵同志当时是闽北的优秀指挥员之一，敌人被他打怕了，到底是不是黄师长，他们没有把握。二是黄师长牺牲后，我们邵武县的游击队非常活跃，天天晚上围着邵武县城打枪，好像要解放邵武一样，到处贴有黄立贵队伍的标语，今天在这，明天在那。因此，敌人更加疑惑了。

我和老江同志被带往敌人旅部。到了旅部门楼，看见好多人围着一张桌子。我们一到，敌军官就说："走开走开，让人家来看，你们看有什么用？"一个军官对我们说："你们不要害怕，只要说一句话，马上把你们改为有期徒刑。你（指我）如愿意，在我们这里做官也行，做太太也行。你（指老江），马上放你回家。但是，你们要好好看看。"我们一看，果然是黄师长。我们心里非常难过，但为了不让敌人了解真情，马上又强忍着感情，对敌人讲："不认识！"在这个门楼上，一个下午时间，敌人反复问，我们始终说不认识。敌人不甘心，晚上又在邵武县的公堂，继续审讯我们。因为黄立贵同志身上的一个小日记本有我和老江的名字，敌人认定我们是认识的，他们把日记本、手枪、金戒指（刻有私人印章）统统摆在审讯案上，要我们指认。他们先审问老江，后审问我，用了几种刑罚，我们坚定地说："不认识！"审讯一直到下半夜，敌人才垂头丧气地把我们押回牢，后来决定把我们押送到南京高等法院进行审判。但是，两次押送我们的车子在出邵武不远的一条路上都遭到我游击队的伏击，因此，没有送成。不久，敌七十六师调走，此事才不了了之。

六

西安事变后，我们听监狱的狱警说，红军投降了，我们不相信。他们仍然天天在议论，还讲，见到女红军在大街上走来走去。我们想：红军投降无论如何是不可能的事。可是确实有红军进城，国民党又不抓，到底是怎么回事？有一天早上，我问老苏："你到东门看见红军了吗？"他说："看到了，还有女同志。这几天他们都上街来买东西。"我说："请你叫一个同志到监狱里来一下，告诉他们，这里有不少红军的人。"这样，老苏趁外出之机，找到一个女红军，并向她讲了监狱里的情况。过了几天，黄道同志派邵武中心县委书记聂显书同志带着警卫员来到监狱，看望我们这些"红军犯"。他们还告诉我们："不要着急，党中央、毛主席已向蒋介石提出释放政治犯的问题，很快就会放你们……"他们还把监狱里政治犯的名单带走了。又过了几天，聂显书派了一个游击队队长来领人，伪县长和我们游击队一起按名册点人。其他人都放了，只留我一个不放。队长向这个伪县长再三交涉都不肯放。伪县长讲："她罪大刑重，是七十六师的寄押犯，我们无权释放。"这样游击队队长只好带着其他释放的人走了。后来黄道同志直接写信给这个国民党县长，要他执行释放政治犯的规定。可他推脱说："判无期徒刑政治犯，无权释放，要经过南京高等法院批准后才能放。"黄道同志又写了一封信，派游击队队长和一个同志直接送给伪县长。信中要求伪县长当天下午放人，否则将采取强硬措施。伪县长见扣留不住，不得不于当天下午放我出狱。

1937年7月，黄立贵同志牺牲后，特委书记是曾昭铭，共青团特委书记王荣森（原名王弟仔）。当时邵武中心县委书记是聂显书。我因坐牢一年多，整天坐在小房间里，不见天日，连路也不会走了，从邵武城到我们机关驻地，只有15里路，却整整走了一天时间。到了机关驻地，曾昭铭、王荣森等同志在门口迎接我，许多同志都围上来嘘寒问暖，此时此刻，我热泪盈眶。想到自己是被判处无期徒刑的人，今天能再见到同志们，又回到党的怀抱里，想到为革命而英勇牺牲的李福汉同志，我是悲喜交加，久久不能平静。

归队后，闽赣省委已搬迁到江西的石塘街。黄道、曾镜冰要我回分区委。我在邵武休息了20多天，就和王荣森一起去闽赣省委所在地石塘街了。

> 徐莲娇，女，1917年6月出生于福建省崇安县岚谷乡练边村。1927年参加儿童团，1928年9月参加上梅暴动，1931年8月加入共青团，1934年8月加入中国共产党。历任崇安县下梅区儿童团团长、星村区团委组织部部长、星村区团委书记、西南战区团委组织部部长兼青妇部部长、中共闽北分区委青妇部部长、儿童局副局长（兼新四军三支队崇安留守处工作）、福建省委妇女部部长、东南局妇女工作团长等职。1939年当选为中共"七大"代表并赴延安。抗战胜利后赴东北，转战沈阳、辽东等地，任安东第三、四地委，安东市委妇委书记等职。中华人民共和国成立后，任国营320厂党委副书记、国营511厂党委书记、中共南京市委组织部副部长、中共南京市纪律检查委员会副书记、南京市政协副主席等职。1989年8月病逝。

（李伯春整理，原文载于《战斗在闽北》1983年10月）

难忘的二十二天

杨兰珍

1941年初，国民党顽固派在制造"皖南事变"的同时，对闽北中共组织发动残酷迫害。我们由半公开活动转入地下斗争，被迫转移到深山组织闽北人民游击队。国民党顽固派又从抗日前线抽调大批军队到闽北山区实施疯狂的"围剿"。这里记述了国民党顽固派在1941年初对闽北山区第一次"围剿"中，我中共闽北特委学习班和游击队突出敌人重围时的遭遇。

第一天（春节后两三天） 崇安浆溪乡岱山

天没亮，同志们都还在睡觉，我就赶快起身。我刚走出草棚，就看见李刚同志拎着一桶水，从山洞走上来。今天，轮到我和他值日。我连忙抢先两步跑到用三根木头架起的灶前生火。

天真冷啊，山头上、树枝上都盖着一层薄雪，雪水把木柴全浸湿了，怎样也点不着火。我在灶前用力吹，灶里冒出一阵阵浓烟，泪水直往下流。喉咙呛得喘不过气来，不住地咳嗽。好不容易刚把火引着，突然，砰的一声，我们吓了一跳。这是竹炮响。有什么人会跑到这个深山里来？棚子里的同志全醒了，都从茅草和树叶铺成的地铺上跳起来，随着老马同志挤到棚口，惊异地望着山口。

"口令？"哨兵大喊了一声，除了山谷中回音外，没有任何回答。

过了一会儿，又是一声砰，第二个竹炮响了。老马同志刚说一声："准备走！"就听见哨兵在喊："敌人来了，有一两百人，快走吧！"游击队的同志一面开枪，一面向下冲，吸引敌人，掩护我们撤退。敌人也开枪回击。

老马高喊："走，快走，向山后走！"我们几个刚从城市来的青年，从来没有遇过这样的事，还慢慢地打背包，背起背包再从山坡向山顶跑。这一耽搁，敌人已经快撵上来了。

一口气跑了好几十丈远，面前是一个陡坡。我用手抓着坡上的野草向上爬，喘得缓不过气来，高一脚低一脚地乱跑，树根一绊，手一松从坡上溜下去，溜下去两三丈，才被小树挡住。脚踩在树根上，连忙伸手扯住草根，悬空地吊在山坎上。低头看下去，下面不知有多深，心扑通扑通地跳得比什么都快，再也没力气爬上去了，幸好四周茅草又高又密，将我严严实实地盖住，我就在草里藏起来了。

敌人已经冲到我们住的草棚了。耳边听见草棚边有人在吆喝："打，这个家伙戴着眼镜，一定是个大头目，问他，问他是谁……好，不说，给我用力打！"接着传来一阵皮肉相击的声音。啊，一定是老马遇了毒手。多好的一位领导同志呀，福建有数的名教授、哲学家。

一阵杂乱的脚步声越来越近，一群敌人从我头上走过去，他们身上带的洋瓷碗碰着枪柄发出叮当响声。我将身子紧贴着山坎，松出手来，轻轻地从口袋里摸出文件，埋入土里，茅草太密了，敌人没有看到我，从上面一直跑过去。

不一会儿，上面又传来一声嘶喊，几个敌人拖着一个人过来，一路拳打脚踢。我从草缝里偷偷看去，呀，是简秋容。我急忙闭上眼睛，不忍再看下去。我永远忘不了她那血污的脸，紧紧咬住上唇的牙齿和那双充满着愤怒的眼睛。

枪声平息了，但到处还充满着那些野兽的号叫声、拷打声，和负伤同志们的呻吟声。

山顶上又来了一大队又说又笑的敌人，就在上面斜坡上休息。在敌人说笑声中，夹杂着陈梅影同志的呻吟，她不是在我身边穿过逃到山后了吗？啊，原来敌人在山后还有伏兵。不知其他同志怎样了？他们是不是冲出去了？

"把这个重伤的'土匪'丢在这里，等下来抬吧！"接着又是一阵杂乱的脚步声。

天渐渐暗下来了。我悬空吊在山坎上，手脚发麻，又饿又冷，不知敌人走了没有，又不知同志们究竟怎样了。我不知该怎样办：冒险冲出去吧？不，不能，如果敌人没有走，我手无寸铁，岂不是白白牺牲；就这样蹲在草丛里不动吗？不，也不行。脑子里转来转去，我想起了几年来朝夕相处的同志，一个一个熟悉的面孔从脑子里掠过。啊，同志，在患难中你们曾给我多少帮助，今天你们在什么地方呢？想起党，想到党如何使我这个不懂事的小学生接受了真理，怎样培养我长大成人，今后我还能为党出力吗？党不会抛弃我！同志们不会忘记我。他们会来的，应该坚持下去。

好像有脚步声，什么人来了，是敌人，还是同志？真的来了人，脚步声越来越清楚。

"上面有受伤人在哼，一定是自己人，快去看看。"多像王文波同志在说话，是他吗？真的是同志们来了？

"呀，你们来了，我在茅草里憋够了！"就在我身边不远的草堆里钻出个人这样叫起来，听声音是曹捷。我也顾不得什么，伸头大叫："曹捷，啊，李刚！"李刚和王文波、老陈正在山坡上扶起陈梅影同志。

"啊呀，小杨，你就在我身边，你听到我在草里爬的声音吗？"曹捷分开茅草向我走来。

我站起来，也想迎着他走过去，两脚怎样也抬不起来，我以为受伤了，连忙低下头去摸摸腿，好好的一点血也没有。曹捷已经到了我身边："怎样，没有受伤吧？来，我扶你上去。"我摇摇头，让他扶着我爬上顶上的斜坡。

俞雅鹿从山坡下急匆匆地跑上来，一面跑一面问："怎么，就这几个人。没找到秀英吗，我家秀英哪里去了，你们没有看到吗？"谁也没有作声。

王文波同志看了看四周说："不会再有什么人了，俞雅鹿，你安排一下陈梅影同志的隐蔽地点，她伤太重不能走，我们该走了，敌人还会回来的。"

我和曹捷走到山坡上，我先去握住陈梅影同志的手，同志们也围拢来，一个个和陈梅影同志拉手，然后让出路来，老陈背着陈梅影跟着俞雅鹿往山下走去了。

山坡上剩下我们4个人，大家你拉拉我的手，我拉拉你的手，讲不出话来。王文波同志看看天色，说："走吧，老马、简秋容……"一提到这些同志，大家都禁不住落下泪来。"他们被敌人带走了。"我忍不住放声大哭。

俞雅鹿又急忙忙地追上来，问王文波同志："怎么就走了，陈秀英还没找到。"他看到大家悲沉的脸色，知道没希望找到了，脸色发白，一声不响。

王文波同志拍拍他的肩膀，说："别着急，这里不会有同志被丢下了。我们走吧，先把这些同志带到安全的地方再说。"

在黑夜，我们爬了一座山，又翻过一座岭，一直走了一夜。

第二天 山洞里

东方发白的时候，我们爬到一座高山顶上，找到一个山洞休息。什么吃的东西也没有，还是曹捷在出事的山坡上拣来一条米袋，每个人分了一把生米，嚼碎咽下去充饥。

第三天　途中

我们整天在山上转，爬上一座山又一座山，翻过一座岭又一座岭。一路上大家很少说话，王文波同志沉默地在前面带路，俞雅鹿一直低着头在后面跟着。只有李刚还是和过去一样，不时打开话匣滔滔不绝地谈这谈那，我累得实在不成，倒是曹捷还偶尔回答他几句。

天黑了，到了山腰一个小村庄。

进屋，遇到游击队黄天石队长和10多名战士。那天，他们吸引住敌人边打边撤，转了好几个山头，就到这里来等我们。

听说，敌人还在附近寻找我们。

第四天　山村里

这是一个很小的村子，不，不能说是村子，不过是一户独居在深山中的人家。低矮的房屋，屋顶上稀稀朗朗盖着瓦片，乱得已经分不清一行一行的瓦垅了，黄土墙已经被风雨剥蚀得坑坑洼洼。但这里确实非常隐蔽，高高地踞在山腰上，周围全是绿郁郁的丛树，下面是一片白茫茫的雾。谁会想到这样的地方会有人住。

这家老百姓真苦，这样正月天，连棉衣都没有，全靠一人一个火篮取暖，粮食更少，还不够自己吃的。我们没带钱、没带米，只好到山沟水洼中去捉坑蛙当饭。昨夜刚到时，听见到处是蛙鸣，还以为是到了平原呢！谁想到在这样高山上，这样冷的天气，还有这么多的坑蛙，尽管它又瘦又小，可成了我们这些被国民党顽固派迫得在山上乱转的抗日战士的粮食了。

煮了一大锅坑蛙，虽没油没盐，但味道鲜美极了，比猪肉还要好吃。我说大概是饿急了所以觉得味道好。李刚笑我说："真是享福不知福，坑蛙是有名的山珍，在城里的阔老大或有钱的还不一定买得到鲜坑蛙吃呢！"

下午，我们展开了一场激烈的争论。王文波坐在床边，黄天石队长坐在门口，我和曹捷站在一边，俞雅鹿双手抱着头坐在一块木头上一声不响。李刚一只脚踏在板凳上在大声讲话，他越说越气愤，简直是在斥责："怎么会没有办法呢，没有办法要想办法，要去找上级。俞雅鹿，你说，组织上把这么多同志交给你，死的死了，被抓走的被抓走了。剩下这几个同志，不去找上级，难道叫大家等死吗？"

王文波劝说道："不必发火，俞雅鹿，你不要怕没有办法，你、我，还有黄队长对这一带都很熟，有人有枪，总可以找到上级的。"

俞雅鹿像泄了气的皮球似的有气无力地说："你们看着办吧，找到上级又怎的，我跟着你们走，反正我是完了。"

王文波同志站起来对大家说："那么，我们还是走吧，上级大概在上饶一带活动，去找找看。"

黄队长从门边也站起来说："对，还是走，闯出一条路来比待在这里等死好。"

这时，清早下山探听消息去的房东急急忙忙地跑进来说："敌人今天在浆溪乡附近折腾了一天，说是明天要上山到这里来，大家看怎么办呢？"

俞雅鹿的脸色唰地变得灰白，连说："好，走吧，明天一早就走。"谁也没有理会他这句多余的话，只是王文波同志点了点曹捷告诉我说："事情发生的前一天，群众曾经送信给俞雅鹿，说是敌人发现了我们，有搜山的征候。俞雅鹿以为不会有什么大不了的事，当夜既没有加强警戒，又不告诉大家。现在出了事，他害怕上级给他处分，老婆又被敌人抓走，情绪坏透了。幸好有王文波、李刚这些同志，不然，真不知怎样得了。"

第五天　得到群众资助

天还乌黑乌黑，我就被叫醒，准备出发。

房东煮了一大锅又稠又香的稀饭，让我们吃了赶路。

吃过饭，黄天石队长对大家讲了注意事项，就清点所带的粮食。结果，我们一共15个人，总共只有四五斤米，另外还有很少一点油盐。王文波同志蹙起眉头，大家默默望着这点粮食发愣。站在旁边的房东轻轻转身走进内室去了。

还是李刚同志打破沉寂，说道："走吧，每天吃一点米汤，有这些粮食维持几天，就可以找到上级了。实在不行，前面再买吧！"大家都明白他在说空话。几天里是不会找到上级的，就是找得到，这四五斤米也不够15个人吃这几天，再说这一带老百姓，全像我们现在借住的这家一样，自己吃的也没有，哪有粮食卖给我们，何况我们一点钱也没有带呢。但是谁也没有说什么，各自收拾枪支，整理草鞋，准备动身。

房东在里面叫了一声："同志们别忙走！"然后捧出他仅有的10多斤米和10多块白粿走出来，放到桌上说，"同志们，带着路上吃吧！"

大家都知道这家房东每年要吃半年野菜，他明明知道我们一个钱都没有，却把家中仅有的这些粮食全送给我们。谁也说不出一句话来，我眼发酸，满眼眶全是泪水。

离开这里，从屋后向山顶爬去。这家人全都出来送我们。当我们正要转过山嘴时，房东招了招手，连喊："路上小心，下次再来！"我们回身向山下挥手，恋恋不舍地别了这家患难相助的群众。

李刚说："这家老百姓真好，没有他送的这些粮食和白粿，我们是真没有办法了。像我这样高个子，不吃东西，两天就拖垮。干这几年革命，不论是在闽南，还是在闽北，处处都遇到这样好的老百姓。

这种情况遇到好多次了，每次还是忍不住要掉泪。"

曹捷顶了他一句："算了吧！刚才自己说的，喝米汤就可以维持，现在又说两天就拖垮了。"

这天，我们翻了四五座山。晚上歇在树林里。防备敌人发觉，连火也没有点。

第六天　路上

在山里走了一整天，大家累极了。

第八天　一块钱

爬山，中午遇雨，我们在树林里避了一阵雨。

下午，我们来到了一个山厂。山厂里，有几个男工人在锯木板，什么粮食也没有，只有些李干。我们没有钱，什么办法也没有，坐在山厂边发呆。

一个战士脱下棉袄，在衬衫里掏了半天，扯出衣角拆线，然后跑到黄天石同志面前说："队长，我这里还有一块钱。你拿着买些李干给同志们吃吧。"黄队长拿到那块现洋："你，你，你……""放心吧！队长，这块现洋还是游击战争时期上级发给我的，四五年了一直收着没有用。"

一块钱没有买到多少李干，大家分着吃了一些，又苦又涩，头几粒还有些滋味，以后的根本不知道是什么味道。为了填饱肚子，我们只好硬着头皮吃进去，靠这点李干，不知还要过几天，每次都不敢多吃。

第十天

这几天，我们还是不断地在山上转来转去，走了不少的路。所有的道路都被敌人封锁住，一点消息也没法打听到，始终没有找到上级。

天天吃李干，大家都无法排便，苦透了。

第十三天

李干也吃完了，偏偏转了一天，一家老百姓也没有遇到。傍晚，走到一座大山下。王文波同志说："这是七星山，山上有座庙，我过去到过这庙，庙里人和我们党有联系，到那里可能可以搞到粮食。"大家决定连夜赶上山去。

天空下着蒙蒙细雨。王文波同志今天特别高兴，一路和大家谈起几年前他在这一带进行革命活动的情况，大家也很高兴。这 10 多天，每天只能喝到两碗和米汤差不多的稀饭，起先还有两块一寸见方的白粿，以后就是五六粒李干；晚上，总是在树林里露宿，一到半夜就冻醒了。大家都希望快些爬到山顶，能好好休息和吃顿饱饭。

这座山真高，我们鼓着劲一步步向上爬。雨下得大起来了，我们全身都被淋湿透，可是谁也不说歇一下，只是向上爬。天蒙蒙亮才爬到山顶。到了山顶，大家全呆住了，山顶上连庙的影子也没有，地上全是片片碎瓦，到处是一丛丛干枯的蓬草，一边还有一些歪歪倒倒的头断臂折的神像，想不到庙已经倒塌了。

王文波同志也愣住了，倒是黄天石队长不动声色，像平时一样说："快生火，就在这里休息。"就这样，几个人一堆，烤着火迷迷糊糊地睡着了。

第十四天　遇浓雾

清早，黄队长叫做饭，只剩下一小把米了，就用这一小把米煮了两脸盆米汤。每个人分了一口杯。吃过后，大家身子立刻暖和起来，眼睛也发亮了。

王文波说："走吧，坚持着走几十里，一定能找到群众，大家也就可以吃顿饱饭了。"

黄队长第一个站起来走在前面，其他人也起身跟着走。

眼看近处阵阵浓雾侵袭过来，像白布一样从四面围拢，一时山峰树木什么也看不见。走在前面的黄队长只得叫大家停下找路。同志们四面去寻路，你一言我一语，都无法分辨清方向。身边都没有指南针，在大雾中一点办法也没有。一个个呆呆地站着，雾气像细雨一样打湿了每个人的头发和衣服。

已经拖延了近一个钟头了。黄队长沉下脸，用他那带着很重的江西腔的口音下命令似的说："同志们，在这里逗留不是办法，跟我走！大家同生死共患难！"他第一个弯着腰从笔直的山坡冲下去。

这是多么冒险的举动。王文波同志谈过：七星山下有条大路，路口常年驻有敌人，有条打柴人走出来的小路，曲折盘旋在深林悬崖之间；除此之外再也走不出去的。现在从山上直跑下去，能行吗？可是，大路不能走，小路找不着，又不能在山上停留，一定要趁大家体力还能支持，走出这人迹罕至的大山才行。

王文波同志知道自己是本地人，又是这支队伍的领导核心，于是毫不犹疑，跟着黄队长，喊了声："走！"和几个战士一起，从山坡上直跑下去。

俞雅鹿举起双手，大喊几声："走不得，走不得！"李刚回身盯了他一眼，对我们说："叫唤啥，不走怎么办，走，我们一起走吧！"李刚、曹捷搀着我，同战士们一起向山下走去。山顶上已经没有人了，俞雅鹿只好跟着跑下去。

沙土、石子在前面、在后面，像溪涧中的急流一样，随着我们向下倾泻，大的石头沿坡磕碰，蹦起多高，打到我们身上，想停下来揉一揉痛处，却怎样也站不住脚。往下一看，这山坡陡得可怕！如果真的一跤摔倒，非粉身碎骨不可。大家小心翼翼地用出全身气力掌握双脚，尽量使脚步慢一些，一步一步溜。突然，山坡中蹦起一块大石头，骨碌骨碌地往下滚。"呀！"我赶紧闭起双眼。再睁开眼时，山脚下一个同志"呀"的叫了一声，倒在那里不动。大家顾不得自己，高一脚低一脚飞快地跑过去。跑到那里，认出是黄希雨同志，石头正砸在他一只脚上，鲜血直流，人已经昏迷了。同志们连忙施行包扎、急救。待他苏醒过来，一个同志扶着他继续向前走去。

山坡下是看不到边的竹林，枝叶纠蔓，密得走不进去，只有野猪、山羊穿过的地方，勉强可以侧身前进。我们顺着兽迹，在竹林里穿行，锋利的竹枝把衣服和皮肤划了好多道口子。

走了不到 100 米，又没路可走了，我们只好在山涧、岩石间乱钻。人累得实在走不动了，我轻轻地自言自语地说："我们迷了路，迷失了方向。"一直搀扶着我的李刚同志，在耳后低沉地对我讲："不，同志，心里时时记起党，就永远不会迷失方向。"我回过头，看看他那坚定的面孔，不禁随着他出声念起来："心里时时记起党，就永远不会迷失方向，永远不会迷失方向！"于是，我的脚步变得坚定起来，跟着同志们默默向前走。

天不留情，突然下起倾盆大雨，我们什么遮雨的东西也没有，只有任雨水淋打，继续在雨中前进。天渐渐暗下来，雨却越下越大，我们只好在山涧边停下来。

大家拣了许多湿树枝来，黄队长负责生火。尽管黄队长是参加三年游击战争的老战士，生火的技术最好，也花了半个钟头才烧着两堆火。

雨点侵袭，篝火不时熄灭。同志们只在早晨喝了一杯米汤，后再就连一粒生米也没有入口，山沟里连苦叶菜也找不到；雨水从棉衣外透进去，浸湿了贴身的内衣。寒冷、饥饿、疲劳交织，但同志们怀着一颗革命的火热的心，围坐在熄灭的火堆边，度过了黑暗的夜。

第十五天　又遇暴雨

好容易等到天明,站起来时手酸脚软,淋湿了的棉衣裤有几十斤重,四肢无力,索性脱下棉大衣丢掉。

我们又开始翻山越岭。雨没有昨天大,只是蒙蒙细雨。沿途不时惊蹿起的野猪、山羊,增添了一些热闹。同志们忍饥耐冻坚持前进。昨天"戴花"的黄希雨同志更多吃些苦,还要忍受伤口带来的疼痛。王文波同志时不时鼓励大家说:"加油,朝着一个方向走,不掉队,一定会胜利!"

午后,我精神越来越不佳,不久就眼前一黑,不由自主跌倒在地下。李刚和曹捷把我扶起。"少人家"——一位老战士,他在游击战争时期一直跟随黄道同志作战,此时已经50多岁了,我们习惯地称他为"少人家"。他脱下他那半干半湿的棉袄,披在我身上。我抬头一看,他身上只剩下薄薄的一件单衣,连忙把棉衣拉下还给他,他始终不肯接受,说:"我身子经过锻炼的,不要紧。"又把棉袄搭在我身上。

眼前又是一座高山,同志们鼓起劲来爬上去。这是一座五里路的高岭,"少人家"在我后面,我爬一步,他就在后面推一把,一直推着我爬到山顶。到了岭上,我禁不住流下感激的眼泪。

下了山坡,天色已暗,我们又在山边度过了一夜。

第十六天　战友牺牲

天没亮,黄天石同志就叫大家动身。雨总算停了,但仍然是阴暗的天气。

爬山时,队伍越拉越长,有时要等半个钟头,队伍最后的同志才爬上山。大家的身体都衰弱极了。

翻过几座小山,来到小涧边。眼看已到午后,天空中出现了若隐若现的阳光。同志们都像是支持不住了。平时最喜欢和大家闹着玩的炊事员黄鳅同志，提着一件湿棉衣站在那里，簌簌发抖，过去打伤的嘴不断流出唾沫，他在那儿自言自语，不知说什么。

黄队长转身向大家说："休息一会儿，再前进。我这里还有半小筒生盐和生猪油，大家看怎样处理？"有的同志提议烧开水冲着喝，许多同志都说不行，时间来不及，还是要尽快赶路。大家争论未定。是的，不能再耽搁了，大家体力有限，一定要不停地走，多走一步多一分希望，黄队长也认为再不快些，今天过不了前面山涧了，连声催促大家继续向前走。煮开水是不成了，几个饿急了的同志，一人抓了一小把生盐和生猪油就往嘴里塞。我肚子饿得什么似的，但"少人家"抢先一步拦住我，说："吃不得，身子弱的人吃这个会送命。"我只好抑制住自己。身边的李刚同志，个子大，平时有抽烟的癖好，饿了这么多天，又断了烟，比别人更难忍受，不听"少人家"的劝阻，也伸手拿了一点生盐，生猪油吃。看他吃了之后，也没有什么，相反显得很愉快，一边走，一边唱起歌来。

又翻过一两个山包，跨过许多朽烂树干，面前又是一座高岭。今天，我精神比前一天稍好些，在"少人家"搀扶下，很顺利地爬上了山顶。王文波、黄队长等三四个同志已经烧起一堆火迎接大家。我加快脚步，走到火边坐下。

看着李刚同志摇摇晃晃地爬上山，快到火堆边了。忽然他嘴角冒出白沫，两手捂住胸口，呀的一声，倒在山顶上。我们赶快去扶他，但他的心脏已经停止跳动了。这位经过近十年斗争的老战士，坚定的革命者，亲密的战友和我们永别了。

同志们擦干眼泪，继续朝前面方向走去。在我的耳后不断响着李刚同志低沉的声音："心中时时记起党，就永远不会迷失方向。"

即将傍晚时分，前面的同志突然停下来。大家走近一看，四面全是绝壁，山下是一条宽阔的深涧，连日下雨，涧水又深又急，冲击着潭中的巨礁，发出轰轰雷鸣声。回头吧不行，前进吧无路。正在踌躇间，一个战士发现岩石边有一条很长的粗藤，直垂向山涧，不待命令，立刻反扑着身子，两手交换拉着粗藤，用脚搭住岩石，一下一下溜下山涧。不一会儿，他在下面大声告诉我们，水深才齐半腰。我们学着他，一个一个攀着粗藤溜下去。走在山涧里，我们像醉酒了一样，跌跌撞撞，摇摇晃晃，好几个同志咽下了几口冷水。前进一步都感到更多困难，只好五六个同志紧拉着手，涉过水势湍急的水涧。

又接连翻过两个小山包，涉过两条小涧，天黑下来了。在涧边又烧起大火堆歇下来。点点人数，少了一个曹捷。迷迷糊糊地记起，在涉水时，曹捷费力地爬上一块大礁石，向我们挥手，我们曾大声告诉他一直走不要停留，没想到他没有跟上来。这时，大家都已经倒在火堆边，谁也没有力气回头去找他，只好让他自己随后跟来。但是，大家都不放心地四面张望，王文波同志特别不宁静，坐起身来，注视着我们的来处。

火烧得很旺。火焰不停地摇晃，映红了周围一大片地方。凝神注视的王文波同志突然抬起手指着对岸："咦，茶山！"有茶山就有人家。大家都兴奋起来，可是都很难抬身，只是睁大眼睛看着对面的茶山。一个战士撑持着站起来，执行黄队长和王文波同志的命令，顺着山涧去找老百姓。

那个战士摇摇晃晃地走了，同志们横躺在火堆边，迷迷糊糊地睡去，只剩下火堆里的柴枝不时发出"毕剥、毕剥"的轻微爆裂声。

第十七天　铅山犁头尖

天亮，战士领着一个驼背的老百姓，挑了两桶饭来了。王文波同志立即要那位战士带一漱口杯饭去接曹捷同志。

我们每人盛了一口杯饭，第一口吃进嘴时，喉咙像塞住了什么似的，怎样也咽不下去。只得舀些冷水，连杯放在火上煮开，然后喝些饭汤。

派去接曹捷的那个战士远远地走回来，我连忙起身迎接，后面却不见人影。等我看清战士手里捧着那杯装满干饭的漱口杯，和他那满脸的失望神色，知道曹捷同志不会回来了，低下了头，果然，战士告诉我说，曹捷同志是跟上来了，可是在不远的地方倒在路边，他赶到时，全身已经冷了。

我们在冲出艰苦行程的最后几步里又失去了一位坚强的战友。大家同时低下头来，半晌无声，悲痛噬咬着我们的心。

安息吧，曹捷同志！安息吧，李刚同志！我们会永远记得你们。

老百姓带我们到村子里去休息。这里是铅山犁头尖。

第十八天　俞雅鹿要留下

在犁头尖休息了一天，舒服极了。

我们住在村中一位名叫李端太的家中，他是个做纸工人。他把我们接到他家，就煮了两大锅米饭和粿，又让出房间让我们好好睡了一天一夜。棉被不够用，蓑衣、破毡，能盖的东西都拿出来了。

半个多月来，我们疲惫不堪，衣服都是破破烂烂的，加上雨淋、雾渗，全是湿漉漉的，草鞋早没有了，脚全走烂了。这样一个小村子，突然到了这样一群奇形怪状的人，自然会引人注意。我们推说是逃兵。李端太眨了眨眼睛，笑着说："对，是逃兵。我知道你们，你们很像当年的红军。"说完就不再追问其他，只是告诉我们："国民党顽固派正在搜山，三天两天就会到村子里来，最好是快些离开这里。"我们决定第二天清早继续前进。

傍晚，开始突围。第四天的那场争论又继续展开了。俞雅鹿说是有病，不肯再走。王文波、黄队长和我坐在床前讲了半天，俞雅鹿始终不开口。看来说不出什么结果，我们只好走出来。

我觉得非常难过，问王文波同志说："他到底是为了什么呢？这么多困难都熬过来了，怎么有些病就不走了呢？"

王文波同志回答说："这和生病没有关系。主要问题在他陷在迷途中走不出来。从第一天起，他就因为老婆被敌人抓去，又怕上级要追究这次出事的责任，消沉下去了。在这段时期中，他和我们一起忍饥受饿，只是为了要活下去，现在情况好了一些，他可以活下去了，自然又想离开我们。我们要寻找上级继续干革命，不能因为他一个人耽误，现在我还要去劝劝他。"说着又转身进屋去了。

第十九天　继续前进

昨夜王文波同志大概没有睡觉，一直在和俞雅鹿谈话。最后，又决定让有病的张家才同志留下陪他。

出发时，他对房东李端太说："老俞和老张病了，留在这里，请你好好照顾他们。"又进屋对俞雅鹿说："好好休息，尽快跟上来。"

我们又开始翻山越岭寻找上级。

第二十一天　得到消息

王文波同志在路上找到两家可靠的农民，把带伤的同志全交给他们照料。剩下的 9 个人坚持前进。

这两天，我们仍然是在大山里绕来绕去，和前些时一样劳累，只是，到处遇到拥护党的群众，每天都能找到些吃的。

傍晚，我们摸到观音关下的桃树坪。吃晚饭时，我们遇到一个认识王文波同志、为游击队接头联络的群众，他告诉我们说，到大王凹竹林中，半夜敲打四下竹竿，山上就会有人来接。

当夜，我们就到大王凹，轮流地敲打竹竿，每打四下就歇一会儿，从半夜一直敲到天亮，大家手敲得发酸，每敲一下，手腕震得发麻，似乎再也敲不起来了，但大家心里都异常兴奋和焦躁，仍然不住手地敲。

第二十二天

天亮了，我们只顾敲竹竿联络，忘了这里是敌人封锁区的中心，已经来不及转移了，只好隐蔽在竹林里。

这时，对面山上突然跑下来一大群人，我们立即做好准备战斗的状态，人群越来越近了。慢慢地已经可以看清人们的衣服、头发，手中拿着的枪……不，是梭镖，还有妇女，是自己人！我们从竹林里跃起，迎着他们跑去。

跑到面前一问，是当地游击队。大家高兴得不知怎样才好。我第一个流下大滴的眼泪。

过了几天　上饶金竹坪

我们找到上级已经好几天了。今天领导机关举行大会，追悼这次突围中牺牲的李刚同志、曹捷同志。在会场遇到王文波同志，他告诉我："去找俞雅鹿的同志回来了。俞雅鹿已经落到敌人手中，连房东李端太也被连累了。"说着摇摇头叹了口气说，"吃了这么多苦，结果还是落到敌人手中，像他那样有灰色的情绪，看来是危险的。唉，一个人从心里离开了党，没有了坚决的斗志，就会迷失方向。"

多么相同的话啊，我的耳后像是又响起了李刚同志的声音："心中时时记起党，就永远不会迷失方向。"

杨兰珍，女，1921年11月出生于江苏省无锡县陆区桥。1937年5月参加无锡学社，从事抗日救亡活动。1938年8月加入中国共产党。后参加闽浙赣地区党组织领导的游击战争，历任闽东北地委秘书、古罗工委书记、南古瓯县委书记、南古瓯中心县委委员等职。1949 年 5 月后，历任邵武县政府秘书、县委委员、县大队副政委、中共建阳地委组织科副科长，中共福建省委组织部科长、副处长、省委第二办公室副主任，省妇联副主任兼福安地区妇联主任，福安县委副书记兼组织部部长、县委书记处书记，省妇联副主任、党组副书记、省妇联第一副主任，省档案局副局长、局党组成员，省党史征集委员会委员、闽浙赣党史领导小组成员等职。1983 年 3 月离休，2009 年 11 月病逝。

（夏行记录整理，原载《福建日报》1957 年）

活跃的闽北地下交通线

苏 华

我是 1941 年底到闽北来的。当时，省委设在邵武的樟树源，不久搬到谢坑。电台和警卫班也搬下来了。1941 年至 1943 年，是抗日战争最艰苦的年月。"皖南事变"后，国民党在闽浙赣三省边境掀起一次又一次的反共高潮，对闽北根据地、游击区发动了三次军事围攻，省委为了加强对农村和城市工作的领导，决定成立基本地区工作委员会，由左丰美、汪林兴、王文波、王一平等 4 位同志负责，曾镜冰同志亲自抓城市工作。为了恢复、加强省委与城市、闽中的联系，曾镜冰同志叫我负责政治交通工作。1939 年前后，粘文华同志已经在邵武、建阳、建瓯、南平的运输工人中，进行了广泛、深入的教育，宣传党的主张，宣传抗日战争的意义，取得了工人的广泛支持，在工人中发展了党员，建立了许多联络点，如邵武运输工人郭文泉，麻沙理发店的柯金莺，建阳运输公司的黄仙、黄河楼（被捕后到建瓯），建瓯运输工人梁炳昭、桥头饭店的黄河楼，南平运输公司的张祖莹、丁之隐、蔡太阳、文德、林荣东，汽车站站长方伟，中南保险公司的蒋伯明，住在明翠阁的陈天申，河东粮食仓库的辜仲剑，南平街上的瓯约翰诊所，贸易公司的陈白等同志的家都是我们的落脚点，也是我们的交通站。为了取得合法的身份，省委还给我一批资金，在麻沙跟人合伙开了一家粉干厂，在建阳以 3000 元跟人合伙买汽车，当老板，做生意。在建阳辰前，章志廉同志跟林逢春同志合伙搞了一家木炭厂，这也是一个交通站。

当时，交通员的任务有三项：一是传达上级指示和向省委送情报。由于地下工作，有的文件不能携带，交通员就必须背熟文件的原文，记在头脑里，口头传达。二是保证省委同志和城市工作同志往来的畅通，当时经常要输送城市知识分子上山学习。三是为省委机关购买所需要的物资，如电台用的电池、石英、零件和药品，生活用品等。

"皖南事变"后，党中央指示，在国民党统治区应采取"隐蔽精干，长期埋伏，积蓄力量，以待时机"的方针。东南分局有两点指示，一是城市工作，城市党组织继续保留，但不过组织生活，不发展党员，广泛交朋友，做统一战线工作；二是党员被捕，如未暴露党员身份，可以跟群众"假自新"。省委还加了几条，即"假自新"不能破坏组织，不能出卖同志，不能登报骂共产党，同时，还规定"假自新"政策不适用于特委以上干部。我接受传达上述指示的任务后，就化装成莆田农民跑单帮、做生意的，到邵武向福建协和大学的党员、到南平向粘文华同志、到大田向黄扆禹同志传达。

在这几年里，省委抓紧在战斗的空隙，轮训了一批干部，4 期共 300 多人，分别在崇安的武夷山，在建阳的太阳山、井窠着重组织城市知识分子学习马列主义理论、辩证法以及党的基本知识和有关政策、方针。由于当时秘密工作的特殊性，特别是在太阳山那一期，上山来的同志，都是用代号，不能叫姓名，大家在一起开会还要戴面罩，不能相认。虽然环境很艰苦、学习条件很差，但是大家的学习劲头都很足，积极性高。当时在"白区"，要看到党的文件是很困难的，所以，能上山来学习是非常难得的机会，大家都非常珍惜这个机会。

记得大约是 1942 年 5 月，曾镜冰同志要到南平、福州以及闽中巡视工作，先由警卫班送他和孙竹云同志到邵武故县，再由我护送他们到建阳、建瓯、南平、福州。在福州，我们是住在旅馆里。傍晓时分，国民党的宪兵队来检查了，当时情况很紧张，我们三人出来的时候我身穿旗袍，身份是曾镜冰的母亲，他们是我的儿子、儿媳。可是曾镜冰是海南岛人，孙竹云是江苏常熟人，而我是莆田人，三人口音都不对，特别是母子口音不对，被发现，就暴露了问题。这时，我只好装病，身体不舒服，不讲话，由曾镜冰同志沉着机智地对付，而且当时地下党都给我们准备各种证件，总算没有被发现端倪。第二天，我们立即转移，他们夫妇搬到地下党员林立同志家，我就搬到下杭路莆田人开的小客栈去。当时，闽中特委在永泰，我们要去找李铁同志。几天后，我和林立同志护送曾镜冰同志到永泰（孙竹云同志留在福州）。虽然我们是护送，我和他们两人同车同路都装作互不相识，只是暗中互相照应，保证曾镜冰同志的安全。到了永泰，找到特委机关的秘密地点，但特委机关已经不在了。我们十分不安，只好由林立同志护送曾镜冰同志回福州，我留下来继续寻找。经过多方查询，向老区群众了解，他们告诉我说，可能搬到"红菇仑"（郭永星同志的家乡）去了。我这时化装成农民，穿草鞋戴斗笠，翻山越岭，终于找到了李铁同志。我把他带到福州与曾镜冰同志见面。同年7月，任务完成后，我们回到南平，曾镜冰夫妇到顺昌仁寿，由预先得到通知在那里等候的张翼同志接回省委机关，我就留在南平工作。

1943年，国民党福建省政府为了配合全国第三次反共高潮，以顾祝同部属钱东亮为总指挥，在建阳建立所谓"闽北绥靖指挥部"，以三个正规团的兵力，加以地方反动武装和壮丁队，重点围攻当时省委机关所在地建阳以及建（瓯）、松（溪）、政（和）地区。这次围攻，是时间最长、规模最大、最为残酷的一次。就在这样的时期，省委和中央的联系中断了，曾镜冰同志为了寻找与上级党组织联系方法，计划从海路去上海，但到了莆田才知道，沿海已被日军控制，无法通行。

同时，为了避开敌人的正面进攻，保存力量，打算把省委机关由建阳搬到仙游、永泰边界的青溪。于是，曾镜冰通知我回闽北，转告左丰美、王一平同志。大约是这年的10月，我到邵武郭文泉同志家，找到了粘文华同志，粘文华同志把地下党员刘静贞同志报告的庄征同志被捕、假自新的情况告诉我。敌人企图通过庄征，诱骗曾镜冰同志下山，再把省委一网打尽。当时的情况十分突然而危急，而我又因产后得后遗症，血崩发烧，但刻不容缓，我只好日夜兼程，赶回闽中，向省委汇报。曾镜冰同志当即指示，让与庄征认识的闽北党员立即撤退，同时，将计就计，通知庄征上山并带几个特务上来。庄征在左丰美、王一平同志的监护下到省委，决定对其进行审查。1946年，曾镜冰到延安，向中央汇报后，经中央肯定，表扬福建党有"三大创造"：武装退却；合法斗争与武装斗争相结合；反特斗争（即指以假自新破坏敌人的自新政策）。

闽北几个县的运输工人，在抗日战争和解放战争中是立下功劳的。他们冒着生命危险，为我们党输送干部，传递文件，购买禁运物资，甚至有电台零件和子弹。有一次，孙竹云同志、刘静贞同志从省委机关下山，因为敌人封锁很紧，经常躲藏，身上穿的旗袍以及脸部手脚都刮破了，这种形态，如出现在公路、街道上，立即会被敌人逮捕。汽车工人就偷偷把她们带走，想尽办法保证她们安全到达建阳县城。汽车工人的家，也就是我们地下党同志的家。这些同志，有的是党员，有的不是党员，但他们待我们如亲兄弟姐妹，他们把党的事业当作自己的事业。如今，他们中有些人已经牺牲了，有些人已经作古，但我们将永远怀念他们！

回顾几十年的战斗历程，我们深深体会到，我们党之所以能取得成就，就是由于它是代表着人民利益的，是由于它制定的路线的正确，是由于它紧密地依靠群众。党的事业的任何成就，都是集体智慧的胜利，群众力量的胜利。当然我们走的是一条曲折、艰难的道路，我们有过错误，受过挫折。我们这些人，在地下斗争年代，执行了"左"的错误路线，伤害过一些好同志，造成严重后果，至今想起来还感到痛心和有愧。虽然，我们受过"左"的创伤，但是，我们要正确对待历史，正确认识现实。

苏华，女，原名黄德馥。1908年生于福建省莆田县。1926年参加大革命运动，1931年加入中国共产党。历任中共莆田县委秘书、县委委员，负责妇女工作。1933年冬，调福州中心市委工作。1934年任中共莆田县委书记。三年游击战争期间，任中共莆田县委妇委书记、中共闽中工委委员。1938年6月，任莆田中心县委书记。1939年7月，被选为中共福建省委委员。1941年冬，调福建省委负责政治交通工作，常年奔走于闽北、闽江和闽中之间。中华人民共和国成立后，曾任福建省总工会女工部部长、福建省妇联主任兼党组书记、中共福建省委妇女委员会书记、福建省人民政府委员会委员、政协第四届全国委员会委员等职。2008年4月病逝。

（郑友达记录整理，《战斗在闽北》1983年10月）

我三次被捕坐牢的经过

叶彩菊

一入监牢苦似海，从此双亲是亡人

1941 年初，正值国共第二次合作抗日期间，国民党顽固派再次露出了其反动本性，猖狂地进攻建（瓯）、松（溪）、政（和）游击区。受此时党内逃跑主义的影响，当时的建松政特委领导人擅自做出"埋枪分散隐蔽"的错误决定。国民党军在旅长赖金标的率领下，长驱直入，攻占了政和县东平镇，对游击区老百姓进行疯狂的迫害。我的儿子陈贵芳是游击队领导人之一，我也成了敌人的重点抓捕对象。

我听闻风声，就从西表偷跑去姜地一个表姐家里躲藏。不幸的是，党内出了叛徒，叛徒勾结当地的特务把我抓了起来，一同被捕的，还有我 4 岁的小儿子陈贵义。我心想横竖是个死，死也不能死在这些禽兽手里，随即趁敌人不备，我吞下一颗随身携带的鸦片土。没想到吞下的烟土卡在咽喉，我咽不下去，反倒全吐了出来。那些兵痞中的烟鬼竟从我的呕吐物中抢着挑出碎烟土，洗后去过烟瘾。在取得口供之前，敌人是不会轻易让我寻死的。他们把我关进监狱，我双手反绑在背后，绳结挂在身后的墙上，脚脖套上了笨重的木枷。小儿子眼见我受此折磨，大哭大喊："你们不要把我妈妈铐起来，她不会跑呀！"看着儿子因自己痛哭，我的心都要碎了。

这令人心碎的日子还只是刚刚开始。女牢里，三四个人被关在不到10平方米的空间里，吃喝拉撒都在这里，空气污浊。每天只有两顿稀粥，还得母子两人匀着吃。尽管我总是让孩子多吃点，可幼小的儿子还是饿得哇哇叫，把小手伸出牢门向难友和探监的家属讨要："叔叔、婶婶行行好，我和妈妈肚子饿。"我母子俩就这样相依为命，艰难活着。后来，我因严重腹泻病倒了，儿子也得了天花，气若游丝。敌人单独把快死的孩子放了出来，寒冷的冬夜里小贵义又病又饿地蜷缩在猪圈里取暖。亲戚邻居没人敢在明面上照顾小贵义，只能晚上偷偷摸摸地给孩子送点吃食。没多久，我那可怜的孩子就饿死了。在牢中我病得都走不动了，敌人依旧逼着我摸爬着去过堂。几经盘问，我仍坚持说不知道陈贵芳的任何事。敌人审不出什么线索，又怕我死在牢里，就让家里拿钱赎人。亲戚们东拼西凑了几十元钱，送到监狱，终于把我保了出来。这一年两个月的牢狱生活结束没多久，敌人又抓我回监狱。丈夫变卖了家里仅有的一只母鸡和一些衣物才换回些钱，打发了来抓我的人。2个月后，身为政和县第一批党员的陈机水，又在带游击队转移时遭敌伏击身亡。丧夫失子之痛，并没有击垮我，反而更让我铁了心，要革命到底！

二入监牢赴水火，死去活来险恶多

1943年的春天，国民党顽固派向建（瓯）、松（溪）、政（和）地区发动第三次大围攻，这次坐镇的是敌师参谋长柴毅。这个人杀人如麻，凡是稍有怀疑是共产党的群众都被抓去枪决。他在东平镇就杀了上千人。

一时间，风声鹤唳。我躲藏在前蓬村，可这个村子也被抓了两三人，我真担心在外革命的同志们。一天，我躲在人家厕所时，被几个本村的反动分子发现,他们怕我待在前蓬会连累他们,又怕把我交出去,游击队会找上他们算账。就押着我到一个隐蔽的山脚下,扔出一根麻绳,用刀逼我自尽。

经过一段对敌斗争,我是铁了心要跟共产党走。面对威胁,我厉声呵斥道:"你们有胆量就把我砍死在这里,游击队只要存在一天,总要给你们算这笔血债的。"那几个人权衡利害,也不敢硬来,只说叫我马上离开村子。

我死里逃生后,哪个村子都不敢去,就到山上躲藏了9天,后来因持续大雨,荒山野岭无处躲避,我不得不又潜回了前蓬村。地下交通员李銮枝获悉后,把我藏在她家柴火堆里。不料,有天夜里,敌人又来挨家挨户搜查,我再次落入敌手。我知道自己难逃一死,就对敌人说:"你们杀了我吧!"那些当兵的不敢做主,就把我送到了柴毅那里处置。

柴毅一听抓来的是陈贵芳的母亲,如获至宝,亲自审问。他下令把我绑在老虎凳上,用竹签钉到食指和拇指之间,一连钉进去几根。十指连心啊,我被折磨得失去了意识。这次用刑导致我的左拇指骨折,留下了终身残疾。还有一回,我被双手反绑吊在梁上,敌军官用皮鞭乱抽。我宁死不屈,痛得昏死过去,敌人就用凉水浇醒我。在几次三番的各种酷刑之下,他们得到的信息永远只是4个字"我不知道"。敌人一看硬的用刑不行,就换上软的说辞,结果也没有半点作用,恼羞成怒之下,又往我手指上扎针,还用点燃的整捆香线烧我的小腿肚,我又疼得昏死过去。从早上7点一直折磨我到晚上6点,敌人刑讯逼供了11个小时还是一无所获。

陈贵芳得知我在狱中受此大罪,就给柴毅带了口信:"柴匪你怎么把我母亲抓去的,就怎么放回来。如果她身体垮了,我就要你的狗命。"柴毅心有忌惮,就不敢对我再下毒手。此后,敌人由于抓不到陈贵芳和游击队，在柴毅走后，就放松了对我的看守。随着游击队重新活跃起来，国民党政和县县长也怕与共产党作对没有好下场，就把政治犯都放了出来。1944年2月，我挺过了死去活来的第二次牢狱之灾，活着出狱了。

三入监牢成人质，苦尽甘来终自由

1945年1月，陈贵芳率领游击队在松溪牛轭岭、水吉的藤坑伏敌，消灭敌人两个排，缴获了40多支枪。国民党建阳专署曾专员气急败坏，又将我抓起来，押在松溪的监牢。他们知道从我口里不会问出什么，就很少审问我，而是把我押在那里当人质，想要诱捕陈贵芳。

不久，国民党省政府派人到各县的监狱巡察，名义上体恤一下在押犯人。一个巡察官在检视犯人的队列中看到我，他问我："你年龄这么大，犯了什么罪被抓进来的？"我告诉他："我是为孩子坐班房的。"他说"你这个罪不要紧"。他见我面色泛黄，又假仁假义地说："看你好像有什么病，要想办法治疗。"我回答说："我得了肝病，想出狱治疗。"他又打着官腔说："你写个报告来，我给你转，等回福州时研究一下。"然而，我的报告递上去了很久也没个消息。国民党县长哄骗说是在走流程办手续，实际上毫无放我出去的意思，又叫我帮他家里做家务，这一拖就是几个月。

同年11月，建松政游击队奇袭了政和城关附近的林屯乡公所，缴了敌人24支枪，县长十分恐慌，生怕神出鬼没的游击队什么时候端了自己的老窝。他连忙把我找去，并讨好地对我说："现在放你回去，你能找到陈牯佬（即陈贵芳），叫他要跑远一点打，不要在我这里打。"就这样我终于结束了前后三次、历时3年之久的铁窗生涯，获得了人身自由。

叶彩菊，女，1900年出生于政和县东平镇车盘村。是闽浙赣边区著名游击队领导人陈贵芳的母亲。从1933年起承担党的交通联络，文件保管，物资采购，宿食安排等工作。自1942年2月到1945年1月，先后3次被捕入狱，遭受种种酷刑，但敌人听到的只有"我不知道"4个字。因为敌人妄图利用她诱捕陈贵芳及其游击队，才幸免于难。政和人民都尊称她为"革命老妈妈"。1951年被推选为全国老区革命群众代表，晋京参加国庆庆典，受到中央领导接见，1962年加入中国共产党。1988年病逝。

　　（郑复龙记录整理，原载《政和县党史资料》1983年总第3期，《政和革命故事集》2021年，范永光修改）

我参加革命的经历（一）

卢瑞英

我于1911年出生在崇安大埠头一个贫农家庭。19岁那年，大埠头成立乡苏维埃政府，乡苏和团支部经常组织团员、青年参加支援红军、优待军属的工作。红军开来时，就帮红军洗衣服、慰问红军。1931年6月，共青团下梅区委的干部张照南（溪洲人）到大埠头检查工作。他看见我在乡青妇部工作，表现很积极，就来考我，问我C是什么。我答不上来。他又问我P是什么。我也答不上来。张照南就问乡团支书龙德南，龙说我不是团员，是群众积极分子。张照南就说："这么积极肯干的青年，你们要发展她入团。"当天晚上，就由团支部书记龙德南主持召开支部大会，发展我入团。记得这天晚上一起入团的青年有七八名。

我加入共青团以后，工作更积极了。当时团支部每隔十几天就开一次会，每次会议都要团员们一个个地汇报上次会议布置的工作的完成情况，然后布置今后的工作任务。每次接受团支部分配的任务，我都加倍努力去完成。除了扩红，还有动员参加银行招股，反帝大同盟的工作等。

我们团支部还执行党组织、乡苏政府交给的其他工作任务，并且每次都圆满完成。一天晚上，乡苏开会研究切断敌人电话线，会上决定将这个任务交给团支部去完成。参加会议的团支部书记龙德南当晚就召集团员们开会研究。这两个会开完已经快半夜了，全体团员就摸黑过崇溪，到新阳去。那里有敌人从崇安城通往赤石的电话线。龙德南指挥大家在草丛里隐蔽，指派力大灵活的男团员爬上电线杆去，用柴刀砍断电线。半夜三更的，电线被砍得"嗡嗡"响，很远就能听得清清楚楚。电线砍断掉下来，我们女团员就飞快地捡起并卷成圆圈，背起就跑过河，过了崇溪上了山，就是苏区的地盘了。天黑看不清路，有的人点起篾片，火把刚点着，从赤石追来的敌人就朝我们这边开枪了，我们急忙灭了篾片，往村里飞跑……我们这次圆满完成了乡苏政府交给的任务，得到了乡苏主席的表扬。

同年7月，我担任乡团支部青妇干部，除了过去所干的工作外，还负责分配各家各户打草鞋、做小菜（即干菜，初期有盐的时候，放点盐腌制而成，以后食盐缺乏，就只将菜洗净晒干）。这些任务是区里分配来的，由乡妇女主席安排，大村多分配，小村少分配。我们就每家每户去分配，凡是17岁到45岁的女同志，每人每月做一双草鞋。全乡每月的布鞋任务只有2双，由各家轮流完成，所以一户人家不是每月都有排到做布鞋的任务。小村每月小菜的任务只有五六斤，一户也就只是半斤。我就每家每户去布置，去检查，去负责收回，再集中送到区里，区里再逐级上送。那时我每天跑几个村子，翻山越岭的，从不知累。后来我调到闽北分区委工作，也穿起这样的草鞋，吃上这样的小菜，回想当时在乡里工作时的情形，就禁不住激动地告诫自己要努力工作，以对得起党的培养和苏区人民的支援。

这时候，大埠头乡各种机构的人员情况是：乡党支部书记是余秋子，乡苏维埃主席是谢菇仔，团支部书记是龙德南，乡苏妇女主席是龙火玉。乡党支部有支委，乡苏有常委。还有少先队、赤卫队、儿童团。互济会、反帝大同盟在乡里没有设机构，但有一个委员代理这项工作。参加互济会和反帝大同盟，只要交5枚铜板就可以上名字，发一个证给你。这和银行招股等项任务一样，也是我们团的日常工作。

1932年5月，我由乡党支部书记余秋子介绍加入了共产党，同年7月，我调到二区（下梅区）任妇女部部长。前任部长是林抱弟，南树下人，因"改组派"问题被抓起来了，区里就调我去接任这个职务。我的工作就是去各乡布置支援红军的工作，分配做草鞋、做小菜任务。是年11月份赤石区成立，区妇女部的那个同志对妇女工作不熟悉，工作展不开，赤石区委就要我回赤石区工作（我家所在的大埠头划归新成立的赤石区管），两个区委一协商，就决定调我去赤石区协助妇女部工作。

这个时期，下梅区的区委书记是余德兴，区苏主席是黄牛仔，青妇部部长是徐莲娇。赤石区的团委书记叫丁德火。下梅区的书记和主席在我调赤石去以后，听说都因"改组派"被抓起来了。这两个区的其他负责人，因我在那里工作时间都不长，所以记不得了。只记得丁德火是兴田那边的人，1949年后我还曾遇到他一次，他来城关参加"三干会"，好像是什么大队的干部。赤石区苏主席是武夷那边的人。

1933年2月，闽北分区委发一份通知给赤石区委。区委书记将通知从头到尾看了两遍，就笑着对我说："卢瑞英，要调你去分区委工作了。"我问怎么回事，他把通知往我手里一塞说："你自己看吧。"我接过通知一看，上面写着要调一名党团员，积极活泼有文化的妇女干部去分区委工作。区委书记说："我们区委符合条件的只有你一个人，这不是点名调你的嘛！"于是第二天，我就带着赤石区委开给我的介绍信去崇安城里，到闽北分区苏文化部报到，文化部部长吴正喜接待我。

分区苏文化部驻在原孔庙上。我们就住在招待所等分配工作，等到从各县（区）调来的人都到齐了，分区就将我们分配到闽北军分区政治部去。过了两三天，新调来的人就被通知去参加文化考试。这是我们原先所没想到的。但我还是小孩时，曾跟我大哥卢成曾读过几年书，在区里工作时，抄写通令、路条和做会议记录都是由我代笔，我对考试是有把握的。考试在军分区政治部进行，由政治部主任肖韶亲自主持。试卷是油印的，内容有两部分，第一部分是图画，考卷上画些没有肚子的油灯、没有把子的茶杯、没笔头的铅笔，应试的人就要将缺漏部分补画出来。第二部分考文字，考卷上印好一些字，每个字都缺一笔，要你补齐。参加考试的有20多人，其中包括已经调到军分区政治部宣传队的同志。通过考试，我被分配在军分区政治部宣传队任戏剧组组长。这时我正式领到了一套红军军装。

宣传队共有20多人，分三组（具体还有什么组已记不清了），每个组设一个组长。大队长和两个分队长都是江西人。队员都是十几岁或20多岁的党团员，多数是女同志。其任务是到苏区各处去宣传演出。原来闽北分区有个新剧团的，后因"改组派"问题，没剩下几个人，剧团只好解散了。于是，军分区政治部才决定让宣传队既担任宣传工作，又承担剧团的演出任务。宣传队工作是由政治部负责领导的。政治部发给宣传队一本油印的小本子，内记有哪月哪日是什么惨案纪念，哪月哪日什么工厂罢工、学生罢课等。宣传队队长要我将这个本子先读懂了。我们在城里宣传分成三队，一队在北门，一队在南门，一队在西门。宣传队出发时，队员们你背锣鼓我挑道具，到了目的地，就打起锣鼓，群众听了就知道晚上有宣传演出了，就会来看。宣传时由我拿着本子讲一遍，讲完一段就大声问："听懂了吗？"大家回答听懂了。宣传完便接着演几出文明戏。戏的情节很简单，如红军打仗回来就演打白军、打土豪，扩红时就演参加红军，开展卫生运动，银行招股都曾编成文明戏上演过。这是宣传队在崇安城关住时的情形。

我在分区委工作时，分区委书记一直都是黄道同志。黄道同志一家有三人在闽北分区工作，他爱人吴品秀任妇女部部长，儿子黄知真是儿童局书记。崇安县委和县苏领导，我现在只记得县委书记是吴耿谟，吴耿谟后来因"改组派"问题被错杀。县苏政治保卫局局长江清仔，后来也被别人杀了。而县苏教育部部长是杨富娇，崇安城市区教育部部长是衷牵弟。1933年年底，分区机关迁往大安。我们宣传队迁往大安以后，改名新剧团，不久又改名工农剧社，这时政治部派李娜杰同志来担任指导员。她是上海人，高高胖胖的，大约30岁，很会唱歌跳舞。她是在1933年冬和王助一起来闽北的。她原来是路过闽北要去中央苏区，因为路上被阻，过不去，只好留下来。李娜杰能歌善舞，还会编歌曲，编文明戏，会做演出服装、道具。于是她负责工农剧社的排练，谁担任什么角色，都由她确定。她教会我们如何念台词，然后站在一边看我们排练，不时说两句"可以可以""不是这样的"，然后就示范一遍，看到大家学得快，她就高兴地笑。她高兴时还边舞边唱《毛毛雨》，当然歌词是自编的。她常教儿童和群众唱歌。我也曾到四渡桥教儿童团唱过歌。剧社演出的歌曲和文明戏，除了李娜杰编的以外，黄道同志也编过。李娜杰或别人编的东西，都要送到政治部审查通过以后才能排练上演。当时的审查只是一个手续，李娜杰编的歌曲和文明戏，审查时没有通不过的。剧社有很多服装道具，土豪劣绅穿戴的长衫、马褂、瓜皮帽、文明棍，白军的衣服、帽子、刀、武装带等全部都有。妇女穿的裙子，化妆用的粉，花色品种也都不少。那时的剧社有十几名儿童演员（按习惯称为儿童团），他们跳舞要穿的衣服，全是由李娜杰设计和缝制的。

在那难忘的红军时期，我们都理得齐耳短发，身穿红军的军装，头戴八角红星军帽，腿上打着绑腿，脚穿草鞋，个个都是威武的女红军。剧团出发演出之余，我们还帮红军军属打柴、挑水，白天帮红军战士洗衣服，补衣服。

1934年5月，工农剧社的主任郭格伙（紫溪人，才19岁，是一个很聪明活泼的小伙子）也因"改组派"被抓。我被任命为剧社主任，李娜杰还是指导员。以后她任分区政治部宣传部部长，还兼任剧社指导员，直到她不兼指导员了，才又调一名指导员来（名字已记不起来了）。剧社的工作还是和过去一样。有一次，军分区政治部通知我们，红军五十八团和独立团从浦城回到岚谷休整了，要我们去演出。我们立即早早做饭，吃了早饭就赶到岚谷去慰问红军。五十八团派了红军战士来大安接我们，我们就肩挑背驮演出用品和他们一起赶往岚谷，到岚谷已经是下午3点左右了，我们顾不上歇息，就搭戏台挂布景。五十八团的战士也帮我们干活。剧社有一块灰色大幕布，上面还画着很多图画，还有土箕、锄头。我和往常一样，将今天要演出的节目，用纸一张张写起来贴在柱子上。演出时间到了，我走到台前，看一下柱子上贴的节目单大声宣布："现在由儿童团跳舞！"于是前幕拉开了，儿童演员就排队出来跳舞。跳完舞，我就将第一张节目单揭下来，下面一张写的是下面要表演的节目单，我就照样大声宣布，接着就演第二个节目。这次我们演的节目就有一出文明戏，是演红军打浦城的情形。

我在担任工农剧社主任期间，还担任分区苏主席团宣传干事。当时是第五次反"围剿"，动员参加红军是一项重要的任务。那时候，闽北各地动员了很多人来当红军，而且很多是少年。这些新兵一批批的来大安集中，又一批批的分配到红军里去。在还没有分配时，他们因为年纪小，刚离家不久，难免不想家的，有的人到晚上就哭了。政治部就通知我们去和他们谈心，唱歌安慰他们。这些新兵刚来大安，军分区和分区苏都开过欢迎大会。我们接受任务后，就分头到新兵驻地去，和他们谈心，拉家常，说："你们来当红军，家里会有人照顾的，刚出来会想家，不习惯，以后慢慢就好了，我们也是很小离家出来参加革命的，现在觉得很愉快。"然后说："我们唱首歌给你听。"于是我们就唱起歌来，唱了一首又一首，直到他们高兴起来才放心离开。一批新兵来大安了，我们就去谈心、唱歌。这一批走了，又来一批新的，我们又去谈心、唱歌。此外，我们就是演戏、宣传。派几个同志，拿着锣鼓，从大安的街头敲到街尾，大家都知道晚上要演戏了，就会早早地跑到剧社门口大坪上去等待。

在工农剧社工作期间，我还被抽调去参加工农检察部组织的突击队，突击检查区、乡的工作，发现哪个乡工作差，就去督促改正，组织乡干部开会，研究改进的办法。1935年1月，我到车盘，白军已经打到紫溪了，仗打得非常激烈。我和乡里的妇女干部，组织群众护理保卫紫溪而负伤的红军伤员。一个个受伤的红军用担架抬来，我们妇女负责洗伤，洗净后用南瓜瓢敷在伤口上。受伤的红军一直叫："女同志，口渴呀，快拿点水来给我喝吧！"我一边叫人去找水，一边安慰要他坚持一下，等送到闽北红军医院就好了。这时铅山县委的王同志来了，看见我就叫道："卢瑞英，你还在这里呀？黄道同志命令我们找你，叫你们立即赶回大安！"我听了立即向妇女们交代几句话，早饭也顾不得吃，就急忙往大安跑。那时我不吃一二餐饭，一天跑120里是常事。我和分区一起派出来工作的同志不停地赶回大安，但大安已是座空城。我跑遍分区委、军分区、分区苏，不但一个人不见，全部东西也都搬光了。我找到其他机关驻地，也不见一个人影，直到分区苏政治保卫局，才看到政卫队队长和裁判部部长赖天成在这里，政卫队队长带着全副武装的队员，正忙着撤退，我就跟着政卫队上了山。

我们开始撤到大安源和马家坪，一直坚持到5月。山上的人一天天减少了，大家又找不到分区委，又没得吃，最后警卫队队长和赖天成等人也下山了。我们留下的只剩3个人了（另外两人是劳动感化院的，江西人），我只好下山回了家。

卢瑞英，女，老苏区区乡干部。1911年出生于崇安县崇安镇城西村。1931年6月参加共青团，同年7月在下梅乡苏团支部当青妇干部。1932年5月加入中国共产党，同年7月调下梅区任妇女部部长。1933年2月调闽北分区政治部戏剧组任组长。1934年5月调任闽北分区工农剧社主任，主要任务是为红军游击队演出。1935年1月闽北分区机关撤出大安，红军游击队上山打游击，工农剧社解散，工作人员回家。

（杨颜桐整理，并经本人审阅，原载《崇安党史通讯》1986年第4期）

我参加革命的经历（二）

江兰娇

1928 年秋，上梅暴动后，我在下阳荷墩的岭下参加儿童团，和我一起参加儿童团的有 8 人。当时岭下隶属外坊乡，外坊儿童团共有 40 多人，团长为周作文。次年 8 月，我在岭下由团支部干事翁贵旺和江贞英介绍参加共产主义青年团。

1930 年 8 月，领导派我到外坊乡任儿童团副团长。那时儿童团的任务，白天负责守口、送信、烧家谱（地契），晚上负责查夜。

当时外坊乡苏维埃政府主席是翁国老，党支部书记由他兼任，团支部书记是翁国贵。乡苏政府设主席一人、文书一人、妇女干部一人，乡苏下辖的村苏政府，设一名村代表。党支部设书记一人、组织委员一人，宣传委员一人；团支部设书记一人，组织委员和宣传委员各一人，儿童团隶属团支部领导。

这期间，我爱人周作林参加红军，在五十八团当班长。因我是红军家属，1932 年底，由乡苏维埃政府介绍到崇安县苏维埃政府，调我到闽北分区红军家属委员会下属的妇女工厂工作。妇女工厂设有 4 个班，第一班班长叶富娇，第二班班长洪春莲，第三班班长饶凤娥，第四班班长是我，共有六七十人，总负责人是吴品秀。工人来自闽北分区下辖各县的红军家属，而多数是江西上饶、广丰、铅山县苏政府介绍来的。工厂只负担伙食费，穿衣、零用钱要自带。我们工厂的主要任务是制作布鞋、草鞋，还规定每人每月制作4双，每月28日之前完成任务，由各班班长统一交主任保管。那个时候，做鞋的原料来源很困难，一是靠苏区群众支援，二是打土豪后没收的布料，三是从敌人那里缴获。我们工厂工人都是红军家属，大家都很自觉，也很节约，并很肯干，每月都按规定完成任务，许多同志都积极超额完成。这样，平均每月生产的鞋都在300双以上，一年可生产3600多双，作为慰劳红军的慰劳品。这些慰劳品，均由吴品秀负责办理发放工作，各部队派人来领取。

1934年春，经吴品秀推荐，我到闽北分区委儿童局当干事。儿童局书记是黄知真、组织干事王荣生、宣传干事张××、民政干事是我，共4人。我们儿童局的任务，是负责整个闽北分区儿童团的组织领导工作。在儿童局工作一两个月后，我被保送到闽北分区委党校学习3个月。当时党校校长是王则栋，共分8个班，我在第三班当班长。我这个班共有16人（其中女同志3人），我记得的名字有翁碧玉、胡坤妹、周妹妹、陈桂英、张贵仔、刘生生、李桂仔、张荣生、王宗贵、杨木生、董宝宝等11位同志，还有4位同志的名字记不起来了。这些人中，多数是江西广丰、铅山、上饶人。

这期党校的课程为"三操两课"，"三操"是，早、中、晚饭前各出一次操；"两课"是，上午一课，下午一课，有政治课和文化课。在党校学习3个月，我由第六班班长江贵福和第七班班长张振福介绍加入中国共产党。

1934年8月，党校毕业后，由党校直接统一分配，我回崇安县苏维埃政府工作。当时，崇安县委、县苏机关设在现在的城东乡黄墩村，我到县苏政府报到时，是县苏主席马风元找我谈话。他说："我们县缺青妇部部长，你来得正好，由你当青妇部部长。"我问他："青妇部部长是做什么的？"他接着说："青妇部主要负责各个区苏政府青妇部工作，具体任务是抓扩红、慰劳红军等项任务。"并勉励我说，"你刚从党校毕业，又是本地人，好好干吧。"

我在崇安县苏政府任青妇部部长时，县委书记是江国连，县委设有组织部和宣传部，部长姓名记不清了。县苏政府设有：财政部，部长范生荣；裁判部，部长江清仔；军事部，部长邓小菇；青年部，部长翁贵旺；青妇部，部长江兰娇；团县委书记吴连喜。其间，崇安县委、县苏领导人包括各部部长，不少人因肃反受迫害，干部比较缺，王助同志曾在黄墩，协助崇安县委和县苏的工作。

这段时间，崇安县委县苏下辖的区委和区苏，有的忘了，据我记忆，当时的区委、区苏的机构和领导人如下：

单　位	区委书记	区苏主席	青妇部部长	团委书记
上梅区	饶××	×××	张玉菇	林道芳
下梅区	翁宗其	×××	马绍娣	赵富林
星村区	×××	×××	黄玉英	×××
赤石区	陈福生	吴生志	黄荣英	×××
兴田区	×××	×××	李玉英	×××
城市区	蔡德良	×××	阙冬妹	×××
大安区	邱××	衷××	邱林玉	×××
坑口区	余文熙	×××	林火妹	×××
旸角区	张荣生	李××	张清珠	×××
岚谷区	张义宝	陈会龙	陈桂英	×××
建崇区	×××	×××	江小妹	×××

1934年冬，闽北苏区面临实行游击战的状态，崇安县苏区也已进入游击战。就在这个时候，驻县城的敌人，由"五夫大刀会"配合，曾有一段时间，每天早上5点和下午6点左右，一天两次袭扰崇安县苏政府所在地的黄墩，每次两三个小时。因为敌人怕红军，每次来都不会久待。这种袭扰，一是抄家，二是抓人。我们县委、县苏机关人员和当地群众，白天下山，早晚都在山上，搭茅棚住。这个时期，从

县委书记、县苏主席到工作人员，每人的行装和米袋随身带，连吃饭都是站着吃，就像打仗一样。

为了防备敌人突然袭击，机关干部还轮流在黄墩后山的制高点，负责观察敌情，并以打枪三响为信号：打第一枪，为发现敌人的信号，准备转移；打第二枪，为敌人已接近村庄的信号，带领群众上山隐蔽；打第三枪，为敌人进村的信号。这对牵制敌人，保护群众，均起到良好的效果。

随着局势的日趋紧张，我们苏区的各项工作也在加紧进行。有一天，我和青妇部的李玉英到吴屯大洋的西山搞扩红工作。一路上，我走在前，李玉英走在后，在半路中突然碰到几个敌人，李玉英在后头见势迅速躲进草丛，我来不及隐蔽，幸好敌人未发现我是干部，只是刺了一刀就走了。我大腿受伤后，由李玉英护送我回黄墩。不久，崇安县委、县苏机关撤出黄墩，上山坚持游击战。我因受伤不能行军，王助同志动员我跟其他两位伤员一起回家养伤。打这以后，我就回到了原来的老家下阳荷墩的岭下村。

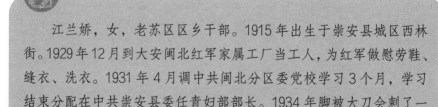

　　江兰娇，女，老苏区区乡干部。1915 年出生于崇安县城区西林街。1929 年 12 月到大安闽北红军家属工厂当工人，为红军做慰劳鞋、缝衣、洗衣。1931 年 4 月调中共闽北分区委党校学习 3 个月，学习结束分配在中共崇安县委任青妇部部长。1934 年脚被大刀会刺了一刀，抬到大安闽北红军医院治疗。1935 年 1 月崇安县委撤离黄墩村，全县苏区干部编入部队上山打游击，因脚痛回家养伤失去联系。

（张金锭整理，并经本人审阅，原载《崇安党史通讯》1986 年第 4 期）

我参加革命的经历（三）

方玉凤

　　我于 1930 年到崇安岚谷坑头村分田，参加做草鞋、干菜等支援红军的工作。我们村 8 户人，乡苏分配给每个妇女一次任务是 5 双草鞋、1 斤干菜。乡苏还曾分配我家做过棉袄，4 个口袋的，做棉袄的布和棉花都是从乡苏领来的，领来后由我母亲剪，我帮着缝。这样的棉袄记得先后做过 2 件。草鞋、干菜是一批批分配的任务，不定期的。当时，红军的一个机关驻在我们村，我常和妇女们一起去帮机关做事，如做菜、洗衣服等，什么都干。

　　1934 年 12 月，我 18 岁那年，白军打到我家乡，我被敌人抓去，直到次年 2 月由家里用钱保出来。我出狱后就回封禁山老家去了。

　　1936 年，我又回岚谷山畲董厝安家，我家的后门山和村子对面各有国民党一个炮台。从此，陆续有红军游击队经过董厝，每次八九人、十来人不等，有时还有女同志。一次，领头的同志问我们，国民党炮台兵有多少，枪有几支？然后就在我家吃晚饭，要我趁着打柴、种田的机会，注意观察敌人的情况，他们下次来的时候再告诉他们。我答应了以后，他们就在深夜往绵羊关去了。从此，我就常常注意炮台敌人的动向。不久，炮台里的白军到了换防的日子，可是接防的还没来，他们等不及就开回岚谷去了。我直等到天断黑，也没看见接防的白军来，就知道今晚炮台是空的了。当晚红军游击队来了一个同志，我就告诉了他炮台里没有人。他也摸黑到炮台去看了一下，果真门还从外面锁着。这个同志叫我准备十几个人的饭，而他就赶回去通知游击队。当晚，这位同志就带了游击队来将敌人炮台烧了。

1943年，我回封禁山帮母亲剥桐籽。有一天，我坐在门口干活，一个高个子的生人从山上朝我母亲家走来，问我去崇安怎么走。我指点给他听，后来他就按我说的走了。我回崇安后，和我姐姐讲这事，我们越谈越觉得他像我们党领导的游击队。我姐姐就说："走，我们去找他们。"我姐姐在"二战"时期参加过苏维埃工作，认识很多红军和工作人员。我们姐妹就在当年12月一起回封禁山我母亲家中。

有一天，上次来问路的那个高个子又来了，老远就笑着问我："你认得我吗？"我故意说不认得，一边暗示我姐姐，这个人就是上次问路的那个。我姐姐就问他："王文波在什么地方？"他猛听我姐姐提到王文波的名字，也吃了一惊，反问道："你找他做什么？"我姐姐说她以前和王文波一起干工作的。他听后，就叫我们十几天后到某地去找。以后我们才知道高个子是游击队的司务长，名叫王长生。

1944年农历正月初三，我和姐姐以挖药材为名进山找游击队。我们到了溪坪，遇到游击队队员杨金生、高华子、游老杨等人，原来他们很远就看到我们进山了。游击队在山上人很多，记得还有张翼、王文波、吴秀珍等。还有一个姓王，紫溪人。他们留我们在山上住了两天，并向我们了解保、甲长坏不坏，敌人有没有来？我们都一一做了回答。他们还叫我们帮游击队买药，送消息，还教我们如何打听敌情，如何联系，然后我们就回去了。杨金生派王长生和我们一道回崇安坑头，在我姑夫家住了一天。他还拿药单给我，我在第二天去赶圩时就帮他买好药，并买了一支香烟交给他，他接过药和烟就趁晚上进山了。

王长生在我家住的那天晚上，曾问到我姑夫的情况，在王长生的同意下，以后我和姑夫谈过几次，后来他也乐意帮游击队买东西。

不久，王文波就确定将我家作为游击队的交通站，王文波还给我规定了联络暗号，如后门边挂一顶竹笠，表示不能进来等，我都照办了。游击队最常来时，一月来两三次。哪天晚上游击队要来，王长生都会事先通知做多少人的饭，什么时候做，我就将平时帮买的米和肉用箩筐装好，让他们吃了好挑着上路。看到他们鞋子烂了，我还时常帮游击队做鞋子。

根据王文波的指示，我还努力做村里穷苦人的工作，发展地下交通组织，那阵子我先后发展了齐白的曾清良、王全福等人。1946年夏天，杨金生、王长生带了一支游击队到我们村的后山，搭了一间茅棚住了下来。有一天晚上，王长生通知我和曾清良、吴苏州、方明凤4人一起到山上，由王长生、大老杨作为介绍人，发展我们4人加入中国共产党。杨金生同志参加了我的入党仪式。

入党以后，我仍然负责交通站的工作，平时打听消息、买东西，后来游击队搬到齐白山。1947年正月，游击队还接我和方明凤、曾清良、吴苏州、潘有源进山过节，开了一个晚上的会。

1948年春末时节，我又一次给敌人抓去了。

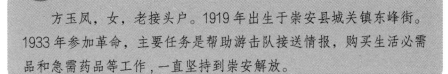

方玉凤，女，老接头户。1919年出生于崇安县城关镇东峰街。1933年参加革命，主要任务是帮助游击队接送情报，购买生活必需品和急需药品等工作，一直坚持到崇安解放。

（由杨颜桐整理，并经本人审阅，原载《崇安党史通讯》1986年第4期）

缅怀追思

武夷山苏区时期妇女组织的建立与历史地位

张金锭

　　武夷山市，在火红的苏维埃时期，是闽北苏区的发源地与中心，原中央苏区县。这里的妇女组织，具有光荣革命传统和悠久斗争历史。早在 1927 年 1 月，崇安籍女共产党员潘超人受党的派遣，到当时党中央所在地汉口，参加宋庆龄创办的训练班，学习党务与政治。同年 7 月，潘超人跟随陈昭礼、徐履峻从汉口途经江西九江到崇安，参与组建中共崇安特别支部。这位 1925 年入党的优秀女性在家乡进行革命活动，推动了崇安妇女组织的建立与发展。

　　1928 年 2 月，中共崇安县委设立了妇女机构。1930 年 5 月，崇安县苏维埃政府也设立了妇女机构，全县妇女有了自己的组织和领导。这种在党政机关中同时设立妇女机构的时期，其组织有三种名称：崇安县委妇女解放委员会（后为妇女部）、崇安县委青年妇女运动委员会（后为青妇部）、崇安县苏维埃政府妇女生活改良委员会（简称妇生改）。

　　崇安县委妇女解放委员会（后为妇女部）主任（部长）先后由连凤玉、彭大妹、林水姬、王福娇、薛海莲、曾莲娇担任。

　　崇安县委下辖各区委妇女解放委员会（妇女部），其时间与地名的顺序如下：

1930 年 5 至 9 月，有上梅、下梅、白水、大安、岚谷、黎口、黄墩、柘洋、岱后、坑口、星村、岭根、大浑、枫坡、建浦、上铅、广浦、崇浦等 18 个区委妇女解放委员会。

1930 年 10 至 12 月，有上梅、下梅、枫坡、星村、大安、坑口、大浑、旸角等 8 个区委妇女解放委员会。

1931 年 1 月至 1932 年 6 月，有上梅、下梅、枫坡、星村、大安、坑口、大浑、旸角、岚谷、浦西、市区等 11 个区委妇女解放委员会。

1932 年 6 月至 1934 年 7 月，有上梅、下梅、白水、大南、星村、赤石、大浑、旸角、岚谷、浦西、建浦、建崇、大安、坑口、市区等 15 个区委妇女部。

1934 年 7 月至 1935 年 1 月，有上梅、下梅、大安、岚谷、坑口、旸角、大浑、建浦等 8 个区委妇女部。

崇安县委青年妇女运动委员会（后为青妇部）作为青年妇女的独立组织，直接在县委妇女解放委员会的领导下开展工作。青年妇女运动委员会的主席（部长），为县委妇女解放委员会常委之一，先后由钟金玉、江兰娇、童端娥担任。

崇安县委下辖各区青年妇女运动委员会（青妇部），其时间与地名顺序如下：

1931 年 1 月至 1932 年 6 月，有上梅、下梅、枫坡、星村、大安、坑口、大浑、旸角、岚谷、浦西、市区等 11 个区委青年妇女运动委员会（青妇部）。

1932 年 7 月至 1934 年 7 月，有上梅、下梅、白水、大南、星村、赤石、大浑、旸角、岚谷、浦西、建浦、建崇、大安、坑口、市区等 15 个区委青妇部。

1934 年 8 月至 1935 年 1 月，有上梅、下梅、坑口、旸角、大安、大浑、岚谷、建浦等 8 个区委青妇部。

崇安县苏维埃政府妇女生活改良委员会（简称妇生改），是崇安苏维埃运动兴旺时期，在县（区）苏维埃政府内设立的妇女机构，体现了苏维埃政权机构的全面性和权威性。这种独具特色的妇女机构，于1931年1月成立，1935年1月转入三年游击战争时期，党政军实行一体制，县（区）苏维埃政府所属机构停止活动，"妇生改"组织也随之终止。

崇安县苏维埃政府下辖各区苏妇女生活改良委员会，其时间与地名的顺序如下：

1931年1月至1932年6月，有上梅、下梅、枫坡、星村、大安、坑口、大浑、旸角、岚谷、浦西、市区等11个区苏妇女生活改良委员会。

1932年7月至1934年7月，有上梅、下梅、白水、大南、星村、赤石、大浑、旸角、岚谷、浦西、建浦、建崇、大安、坑口、市区等15个区苏妇女生活改良委员会。

1934年8月至1935年1月，有上梅、下梅、坑口、旸角、大安、大浑、岚谷、建浦等8个区苏妇女生活改良委员会。

武夷山苏区时期的妇女组织，在党的领导下，广大妇女在参军参战、支援前线、参加苏区建设等方面发挥了积极作用，为创建崇安苏区做出了重大贡献。据史料记载，崇安苏区时期有上万名妇女参加政权建设、土地改革、支援前线等项任务，其中有1000多名优秀妇女在战场上为了人民的解放事业英勇牺牲。

在武夷山苏区妇女的史册上，有3位崇安籍妇女从武夷山苏区走出去的杰出人物，中华人民共和国成立后成为省、地级领导干部。她们分别是徐莲娇，崇安岚谷乡人，曾任南京市政协副主席；吴秀珍，崇安洋庄乡人，曾任南平专区副专员；童慧贞，崇安洋庄乡人，曾任南平专区妇联会主任。她们是武夷山革命老区的光荣和骄傲。

闽北苏维埃时期的妇女运动

谷桂秀

土地革命战争时期，闽北苏区是一块相对独立的苏区，曾先后隶属于方志敏等开创的赣东北（闽浙赣）苏区和毛泽东、朱德等开创的中央苏区，并对后两者的巩固、发展和壮大起了重要作用。闽北苏区初步形成于 1930 年，1933 年发展到鼎盛时期，辖崇安、建阳、铅山、广丰、上铅、上广、光泽、邵武、广浦等县苏维埃政府等，1935 年 1 月转入游击战争后解体。在长达 5 年多的时间里，在党和苏维埃政府的领导下，闽北苏区的政治、经济、军事、文化等各项事业均得到较快发展，妇女运动也取得了较大进步，为红色政权的巩固和发展做出了积极的贡献。

一、建立妇女组织，引导妇女参政议政

妇女是推动社会进步的一支伟大力量。为争取广大妇女群众对革命事业的支持和参与，中国共产党从创立起就高度重视做好妇女工作，积极宣传、发动、组织妇女起来反抗封建的"三纲五常""三从四德"等，争取男女政治、经济上的平等。土地革命开始后，又把妇女解放运动作为苏维埃运动的重要内容之一，采取各种政策措施，坚决予以推进和发展。闽北党的组织也不例外。1926 年 7 月，闽北第一个党的组织——中共建瓯支部成立。同年 10 月，北伐军进军闽北，建瓯支部

积极配合北伐军入闽作战，组织发动工农运动，在闽北掀起第一次国共合作及工农运动高潮。工会、农会、商会、学联等群众团体纷纷成立。建瓯、邵武、建阳、光泽、顺昌等县还成立了妇女会或妇女协会，宣传剪发放足、男女平权等。1930年5月，崇安县苏维埃政府成立，下辖18个区苏234个乡（村）苏，以崇安为中心的闽北苏区开始形成。1931年1月和7月，中共闽北分区委、闽北分区苏维埃政府相继成立，闽北苏区正式形成。为了加强对妇女运动的领导，闽北苏区各级党委（分区委、县委、特区委、区委）都设有妇女解放委员会（或妇女部），乡支部则设妇女干事。闽北分区妇女解放委员会1931年在崇安坑口成立，主任邵春凤，下辖崇安、建阳、光泽县妇女解放委员会及邵光县革命委员会妇女部等妇女组织。到1933年，仅崇安县妇女部就有会员10000多人。在各县、区、乡苏维埃政府中，则成立了妇女生活改良（善）委员会。工会、共青团、贫农团等群众团体中，也设有女工部、妇女部、青妇部等，负责各团体的妇女工作。

随着各级妇女组织的建立，闽北苏区的妇女运动轰轰烈烈地开展起来。为使妇女运动适应党和苏维埃政府工作需要，闽北苏区注意及时加强对妇女工作的部署和指导，贯彻落实赣东北（闽浙赣）、中央苏区有关妇女的方针政策。如1931年4月中共闽北分区委第一次扩大会议通过的《政治决议案》，在"今后闽北的工作方针"中，提到要"转变与建立妇女运动"，具体工作计划是：1.组织妇女群众，动员劳动妇女群众加入贫农团、妇女革命团、救护队、慰劳队、侦探队等。2.大批介绍妇女入党，形成吸收妇女入党的潮流。3.实行自由剪发，强迫放足。1932年7月，闽北分区委召开执委扩大会，通过了《五个月工作计划》，涉及苏维埃工作、军事工作、武装群众工作等14个方面的内容，其中第10项专门就妇女工作做出部署，计16条，内容包括加强对妇女干部的培养和使用，提出"应有计划的开办妇女训练班，训练妇女干部，大胆的提拔斗争中的劳动妇女干部，吸收积极斗争的劳动妇女入党"，动员妇女起来拥护红军，参加生产、阶级斗争和维护苏维埃政权的斗争，以及鼓动妇女去做白区工作、肃反工作等。

由于党和苏维埃政府的重视，苏区各种妇女组织广泛建立，慰劳队、赤卫队、少先队、贫农团、工会、共青团、反帝大同盟等群团组织的活动中，都可以看到女性活跃的身影。广大妇女踊跃参与苏维埃政府的选举，参加土地改革运动及工农业生产，参加反帝反封建的政治斗争，参加扩红、支前、守口保卫等军事斗争，她们不仅为革命事业做出了积极的贡献，同时也逐渐打破了几千年来束缚女性的封建枷锁，赢得了自身的解放。

二、参加工农业生产，担当苏区生产建设主力军

闽北苏区的经济，以农业为主。早在1930年3月，闽北苏区即开始土地改革运动，不分男女，按照人口平均分配土地。由于女性与男性平等分得了土地，农村女性最重要的一项经济权益——土地权益，第一次得到重视与保障。这大大激发了妇女群众参加土地革命的热情。妇女们纷纷走出家门，走村串户宣传"打土豪、分田地"，发动群众分田地、房屋，烧地契、债券，查浮财，监守地主等。仅1930年，闽北苏区就有19个区275个乡(村)进行了土地改革，分配土地约40万亩，近15万人分得了土地。由于苏区青壮年劳动力大量参军参战，耕田种地，发展苏区生产的任务就主要落在了妇女身上，广大妇女遂成为闽北苏区生产建设的主力军。妇女们响应党的号召，组织妇女耕田队、割禾队、生产突击队、冲锋队等，积极参加农业生产，为苏区经济的恢复发展做出了贡献。

三、工业则主要是满足军需民用的小型工厂

苏区不仅恢复发展了原有的土纸、笋干、茶叶的加工生产，还先后开办了兵工厂、造纸厂、印刷厂、农具厂、被服厂、制药厂、硝盐厂、

硬币厂等十几个小型工厂，特别是造纸厂发展很快，仅在崇安坑口乡就有纸槽93处。在这些工厂做工的工人，有很多是女工。苏区实行男女同工同酬、女工享受产前产后假期和津贴小孩抚养费等特殊政策，女工的权益得到了切实有效的保障。

四、商业贸易方面，为了打破敌人对苏区的经济封锁，活跃苏区经济

闽北苏区在一些赤白交接地区设立了对外贸易处和船舶检查局，发展苏区和白区的贸易。以苏区的木、竹、纸、茶等土特产品，换回苏区紧缺的食盐、布匹、煤油、药品等，保障苏区人民的正常生活。由于妇女、少年儿童不容易引起敌人怀疑，因此苏区发展赤白贸易的具体工作大都由中青年妇女和儿童团、少先队来担任。

五、支援革命战争，保卫和巩固苏维埃政权

1930年至1935年，正是敌我斗争激烈、战争频繁的年代，闽北苏维埃时期的妇女为支援革命战争做出了重大贡献。妇女们不仅在后方努力当好红军的后勤保障员，还挺身而出，勇敢地参军上前线，直接投入到对敌斗争的第一线，为保卫和巩固红色政权贡献自己的力量。

六、积极参与扩红工作

闽北第一支正规红军诞生于1929年10月，是在崇浦农民暴动基础上成立的工农红军第五十五团。之后，闽北红军教导团、闽北红军独立团、闽北独立师、闽北赤警团、崇安独立营、邵光独立团、建阳独立营、光泽独立营等红军武装先后成立，最盛时期闽北红军武装人数达1万余人。此外，闽北子弟还有1500多人参加了红十军、3000多人参加了少共国际师及红七军团、1100多人参加了东方军。由于扩红工作出色，闽北苏区曾得到闽浙赣省委的表彰。而这一成绩的取得，离不开苏区成千上万个家庭中妇女们无声的鼓励和支持。苏区的妇女干部对"扩大红军，有相当的主意，并能在广大群众中做政治鼓动工作，

甚至有父亲鼓动儿子,妇女鼓动丈夫、兄弟到红军中的"。《劝郎当红军》《劝郎去参军》等歌谣在武夷山下广为传唱。

七、努力筹集经费、布、鞋及粮、菜、肉等日常生活用品支援红军

1933年闽浙赣苏区参观团途经闽北苏区前往中央苏区参观,闽北苏区妇女送了大量吃穿用品,计有布鞋1936双、草鞋7810双、小菜3151斤、鸡蛋1375个、猪肉379.5斤、笋1483斤,以及猪、羊,鸡、鸭,鱼,青菜,纸烟等。1933年7月17日,《红色闽北》第17期载"各地慰劳红军的热烈",指出"最近各方面的慰劳品继续不断地向军分区政治部输送",其中"浦西区妇女部送来大洋十元正","自六月起分区妇女生活改良委员会送来:布鞋271双、草鞋472双、斗笠57顶、小菜440斤、鸡蛋350个、扇子2113把"。1933年11月20日出版的《红色闽北》第27期《给中共闽北分区委号召的光荣回答》报道闽北苏区各机关热烈慰劳红军,其中提到分区妇女部、分区工人妇合会、崇安县妇女部等慰劳红军的情况,如分区工人妇合会慰劳红军"鲜鱼33斤,蛋44个,布鞋7双,大洋8.05元,芋子、萝葡(卜)55斤,干鱼4斤,草帽2顶,草鞋514双"。

八、组织慰劳队、宣传队、运输队、洗衣队、看护队等慰劳红军

据王文波对闽北革命斗争的回忆,在闽北苏区,"红军所到之处,当地群众还组织妇女、儿童欢迎活动,这很大鼓舞了红军。红军驻扎到一个地方,就有慰劳队(青年妇女组织的)到营地唱歌,进行慰问;有洗衣队(40岁至50岁妇女组成)义务给红军洗衣服;有补衣队(年老妇女组成)替红军缝缝补补"。红军在前线打仗,妇女就往前线送子弹、送茶、送饭,并带回战利品和伤病员。1931年5月,方志敏、周建屏率领红十军攻打崇安县赤石镇,与国民党海军陆战队林秉周旅展开激战,崇安坑口区800多名妇女不顾山高路陡,日夜兼程,只用

两天时间，就将几百名红军重伤员送到了几十里远的红军医院。

九、参加红军或赤卫军等群众武装，直接投入到对敌斗争第一线

面对汹涌的革命战争洪流，妇女们打破世俗社会对女人的偏见，打破几千年来女人不能参军作战的传统，走出家门，和男人一道参加革命。她们积极参与军事斗争训练。1930年5月崇安县苏维埃政府成立后，妇女们每天跟男人一道出操，参加正规化训练和军事纪律教育。她们很快掌握36种军事科目。在大安举行的全区集训比赛中，崇安县妇女代表队获得第一名。她们踊跃参加红军和赤卫军、少先队等群众武装。崇安的青年妇女"打起赤脚来，走路如飞，当前方打起仗时，她们都是志气昂扬，精神勃勃上前线去"，"当大刀会来时，她们纷纷拿起雪白的梭镖，配合游击队与敌作战"。崇安县上梅村妇女姚牵喜和邹爱弟为了掩护中共地下党干部、红军战士，英勇就义。有的女青年后来还成长为红军的指战员，如红军女英雄陆如碧，年仅19岁就已成为闽北红军机炮营政委。她们勇敢机智地协助党组织开展白区工作。苏区妇女经常通过走亲访友，成立姐妹会、拜干娘等形式在白区发展组织，团结、争取白区广大群众到党的周围，孤立、瓦解敌军。有的甚至亲自投入敌营，参与对敌策反工作。1933年12月，崇安县洋庄乡大安村妇女张彩姬，不畏艰险，对一个班的士兵进行策反，不幸在起义前夕被国民党当局发觉，张彩姬惨遭敌人毒手，被砍13刀，但她伤愈后仍继续坚持参加革命斗争。

十、加强教育培训，提高妇女政治文化素质

由于历史的影响，20世纪二三十年代的闽北，受过文化教育的女性非常少，妇女文化程度普遍偏低，绝大部分是文盲或半文盲。为了改变这一状况，提高苏区妇女的文化水平，同时也为革命事业输送人才，闽北苏区高度重视文化教育事业的建立和发展。学校教育方面，基本普及了小学教育，村村有劳动小学，乡乡有劳动高小，苏区7岁至15

岁的学龄儿童，不分男女，几乎全部入学。社会教育方面，在"不让一个工农不识字"的号召下，苏区的工人夜校、农民夜校、妇女识字班、读报小组遍地开花，扫盲运动开展得如火如荼，出现了子教父、弟教兄、夫教妻、媳教婆等感人景象，苏区妇女的文化水平得到很大提高。

而为提高女干部的素质，提升妇女参政议政的水平，闽北苏区还重视加强对妇女干部的培训。培训渠道有一为党校，部分女干部同男干部一道参加党校的学习培训；二为各级妇女干部学校，这是妇女干部培训的主渠道。闽北分区委妇女部下发了《加强训练干部工作》的通知，要求各地因地制宜，加大对妇女干部的培训力度。据1933年4月28日通过的闽北分区委妇女部第六次各县妇女部部长联席会议决议，当年三四月，闽北苏区各县均举办了妇女干部训练班，召开了女党员大会。

同时对妇女干部，闽北党组织不仅重培养，也重提拔和使用。仅1933年三四月，闽北苏区就发展女党员183名，提拔女干部28名。因此在闽北苏区有一批妇女干部成长了起来，如1931—1934年先后担任闽北分区妇女委员会主任的邵春凤、张水莲、邱荷秀、薛海莲，1935年1月至1936年5月担任闽北分区委妇女部部长的李冬蛾、陈清风（金风），以及建阳县妇女委员会主任陈秋莲，光泽县妇女解放委员会主任陈珍珠，建瓯县妇女解放委员会主任朱丽生，邵光县革命委员会妇女部部长蓝妹仔、詹秀英等。有的妇女干部还成长为苏区党、政、军及群团组织的负责人，如中共闽北分区委宣传部部长李纳杰、闽北红军家属学校校长吴品秀、红军女英雄陆如碧、共青团广（丰）浦（城）县委书记童慧真等。妇女干部在动员广大妇女参加革命斗争，积极发展生产，慰问支援红军等方面做出了杰出的贡献。陈珍珠、蓝妹仔、詹秀英、李冬蛾、陆如碧等人为了闽北的革命事业甚至献出了自己年轻的生命。

十一、移风易俗，推动乡风文明

除了争取妇女政治、经济上的平等，闽北苏维埃时期妇女运动还有一个重要的内容，就是从事关妇女切身利益的问题做起，大力倡导剪发放足、婚姻自由。民国时期，虽经国民政府及开明知识分子大力倡导，但婚姻自由始终没有成为社会的主流，特别是在闽北这样闭塞落后的山区，包办婚、买卖婚、童养媳、一夫多妻等封建婚姻形势依然盛行，广大妇女根本没有婚姻自由。同时缠足等封建陋习也还在大行其道，极大地限制了女性的人身自由，使她们的身心受到的极大的摧残，个性发展受到严重压抑。为了把妇女们从封建桎梏中解放出来，闽北党组织在早期的组织宣传工作中就大力倡导剪发放足、禁止包办买卖婚姻，到 1930 年，闽北苏区尚处于初创时期，这方面的成绩就很突出了。此后，闽北苏区又贯彻落实赣东北（闽浙赣）苏区有关婚姻自由的政策及《中华苏维埃共和国婚姻条例》，取消童养媳，禁止包办买卖婚姻，不许蓄婢纳妾等，为苏区妇女进一步争取婚姻自由等方面的权益，逐步改变了盛行一时的封建婚姻习俗，形成了"婚姻自由""男女平等"的文明婚姻制度，为广大妇女的个性解放奠定了坚实的基础，也推动了闽北乡村文明风气的形成。

苏华：八闽巾帼第一人

福建省妇联 供稿

苏华，女，原名黄德馥，福建莆田县人。1930 年开始革命生涯，1931 年 7 月加入中国共产党。南方三年游击战争时，任中共莆田县委妇女委员会书记、中共闽中工委委员，1938 年任中共莆田中心县委书记。1939 年 7 月，中共福建省代表大会在崇安县坑口村召开，苏华当选为中共福建省委委员，1941 年冬，她调省委负责政治交通工作，常年奔走于闽北、闽江和闽中之间。解放战争时期，代表省委领导人在福州市区建立地下交通站，负责沟通省委与各地委间的联系，并开展对国民党上层分子的统战工作。中华人民共和国成立后，历任省总工会女工部部长、省妇委会书记、第一届省妇联主任兼党组书记等职务，曾担任第一届全国人大代表、第四届全国政协委员、全国妇联第三届执委；代表福建省妇女出席了在北京召开的亚洲妇女代表大会。1985 年离休。

苏华的百年人生，洋溢着对祖国对人民的热爱，对战友对亲人的热爱，对理想、对信仰的热爱。

1908 年农历二月初三，苏华出生于莆田县萩芦山区。因家境贫寒，她从小就被送出门当童养媳。男方家庭是小店主，公婆担心童养媳没有文化，将来遭儿子嫌弃，便送苏华上学，她读了 10 年书。知识的熏陶，使苏华成长为有文化、有理想的美少女，并当上了小学教员。然而，正当苏华沉浸在青春梦幻之中时，社会和生活的魔鞭无情地向她抽来，那个小店主的儿子，无意于学业，走上邪路，上山当了土匪。而公婆见苏华已长大成人，逼她成亲。

苏华为了反抗封建包办婚姻投身革命。在一位女同志的引领下，她接受了"只有跟着共产党，推翻三座大山，妇女才有翻身之日"的道理。在1931年7月光荣加入了中国共产党后，她深刻认识到：无产阶级只有解放全人类，才能够最后解放自己。

20世纪二三十年代的中国，风雨如磐，军阀混战，民不聊生，日寇入侵，山河破碎……苏华看在眼里，痛在心里。在党的教育下，她迸发出巨大的爱国热情，把自己的青春和生命跟中国共产党领导下的推翻三座大山的事业、中国人民的解放事业紧紧联在一起。她历任中共莆田县委秘书、县委委员、县委妇委书记、莆田中心县委书记，为创建闽中游击区做出了突出贡献。

永泰青云山"红军洞"便是苏华等人开创的游击根据地，苏华和她的游击队员在这个洞里住了整整两年，穿的是草鞋，披的是蓑衣，睡的是木片，盖的是草皮。她率队与数倍于游击队的敌人周旋……苏华善于做群众工作，在长期的革命斗争中，培养了大批革命战士，仅在福州的太平山村，就先后带出20多位青年上山参加游击队。

由于出色的表现，在1939年7月中共福建省委第一次党代会上，苏华当选为省委委员，后长期负责中共福建省地下党机要交通工作，建立了一系列地下交通站，开辟了著名的"地下航线"。1944年2月，她只身携带闽中游击队攻打莆田涵江交通银行缴获的700万元巨款，在敌人的跟踪下安然脱险，最后将这笔巨款安全交给组织。

凭着对党的忠诚、对人民的热爱，苏华在党的地下斗争战线上出生入死，屡建奇功。她时而布衣荆钗扮成村妇，活跃在广大的山区农村，时而旗袍革履扮成贵妇，周旋在熙熙攘攘的城市街头；时而护送省委领导往返于游击区和国统区、输送军需物资到游击区、输送枪支电台到根据地……她曾无数次翻山越岭从闽北山区到闽中根据地。谁也说不清，这位外貌纤秀的女性到底经历了多少关系到地下党和游击队生死存亡的秘密行动！

福州西门附近的一条道路旁边，长着一棵鞠腰弓背的老树，这里是苏华此生最为心痛的地方。她的丈夫王于洁等5位闽中特委的领导人，就被残杀在这棵树下，而王于洁牺牲后，遗体还被悬挂在树上。相传从前这棵树的树干是笔直的，自悬挂了烈士的遗体后，树干慢慢地弯了下来，仿佛在向烈士鞠躬赔罪。

这棵树在一次道路扩建时险些被砍掉，是苏华一再呼吁，才保存了下来。周边群众说，这里曾经是国民党的刑场，树下牺牲了许多像苏华丈夫一样的地下党员。

苏华是在参加闽中地下革命中与时任中共莆田中心县委书记的王于洁结为伴侣的。1933年11月，王于洁从中共苏区一回到莆田，组织上就决定调他去福州中心市委工作，苏华把出生仅11天的儿子托付一位家徒四壁的老乡抚养后，随丈夫来到福州，接受新的任务。

1934年，福州中心市委出了叛徒，敌人包围了地下工作者的会场。由于机警，时任福州市委执委兼兵运书记的王于洁未进会场，幸免于难，不久，随同任秘书的苏华返回莆田。而此时，他们年仅8个月的儿子已不幸夭折。更大的不幸接踵而来，1936年，因叛徒告密，闽中特委书记王于洁被捕，1937年6月23日英勇就义。

王于洁和他的4位战友在被押赴刑场时，视死如归，沿途高呼口号。苏华忍受着丧子丧夫的深痛巨创，踏着烈士的足迹继续前进，在革命的队伍中不断成长。

中华人民共和国成立后，苏华以极大的热情投身于妇女工作中，先后任福建省总工会女工部部长，省妇委书记，第一、二、三届省妇联主任，省委组织部妇女小组负责人，第二、三届全国妇联委员。

苏华工作兢兢业业，经常带领工作队下乡，宣传婚姻法，开展生产运动，抗击自然灾害等，与群众同甘共苦，在全省妇女中具有很高的威信。她曾代表福建妇女出席了亚洲妇女代表大会，受到了毛泽东主席和周恩来总理的接见。

苏华一直把党的中心工作当作妇联的中心工作，与群众打成一片，关心妇女干部，工作也特别讲究实效。她要求每个妇联干部每月下一次乡，甚至要求大家学会简单的方言，以便更好地与群众沟通。

1985 年离休后，苏华仍关心福建改革开放和现代化建设事业，积极为老区建设献策献力。2008 年 4 月 9 日，这位巾帼英杰，传奇女性在福州因病逝世，享年 101 岁。

"傲寒霜斗冰雪，国难家难矢志不渝，八闽巾帼第一人；攀悬崖穿闹市，苏区白区屡建奇功，海西同庆老寿星。"这是苏华的老战友、福建省政协原副主席许集美对她百年传奇人生的高度概括和由衷赞颂。

缪敏：情系闽北

张金锭　方晓萍

　　缪敏，原名缪细，化名李祥贞，江西弋阳县人，是革命家方志敏的夫人。青年时期在家乡私塾念书，参加儿童团后跟着方志敏闹革命，成为一名女青年农运积极分子。

　　1927年4月，蒋介石发动"四一二"反革命政变时，方志敏因遭国民党右派通缉，隐藏在南昌党的秘密机关里。经邵式平介绍，缪敏担任方志敏的交通员。一天，时任全国农协秘书长的彭湃来到南昌，也住在南昌党的秘密机关。当彭湃获悉方志敏与缪敏的相爱故事后，便风趣地对方志敏说："共产党人又不是和尚，紧急时刻献衷情，只有革命者才能做到。来得早，还不如来得巧，就让我当个证婚人吧。"在同志们热情的鼓励下，4月上旬，方志敏与缪敏在南昌黄家巷31号结婚。澎湃和罗亦农参加婚礼。

　　在这富有诗意的革命化婚礼上，彭湃挥笔赠送他俩一副对联："拥护中央政策，方缪奋斗到底；加强农运工作，准备流血牺牲。"新婚夜，方志敏送给缪敏一支金笔作为礼物，并给她起个化名李祥贞，他自己化名李祥松，以兄妹相称，作为秘密联络的用名。从此，缪敏与方志敏相伴相随，并肩战斗和生活在闽浙赣苏区大地上。1929年4月，缪敏在南昌党的秘密机关加入中国共产党。

闽北是被毛泽东同志誉为"方志敏式"革命根据地的重要组成部分。缪敏作为无产阶级革命家方志敏的妻子兼战友，也把闽北当作自己的第二故乡，长期工作战斗在闽北，与闽北的一山一水、一草一木和闽北老区人民结下了深厚的革命感情。本文就缪敏同志与崇安和顺昌的革命情缘分别做介绍，以飨读者。

四进崇安

土地革命战争时期，这里是闽北苏区的"红色首府"，又是闽浙赣苏区和中央苏区的重要组成部分，是方志敏率领红十军入闽作战的主战场。抗日战争中期，这里是中共闽浙赣特委、新四军第三支队崇安留守处和福建省委机关驻地。缪敏四进崇安轶事，既体现了她对崇安老区的情怀，又体现了她对崇安老区的贡献。

一进崇安。1931年2月，赣东北"三杰"（方志敏、邵式平、黄道）创建的中国工农红军第十军，在江西挫败国民党军的锋芒后，决定进行战略转移，并做短暂休整和补充给养。就在这时，崇安苏区遭到国民党军"围剿"，局势大为紧张，便派人向方志敏汇报战况。同年4月28日，方志敏率领红十军进入崇安苏区坑口村，与闽北党政机关及红军会合，双方决定攻打坑口长涧源敌碉堡和赤石商业集镇。

1931年，22岁的缪敏，是一位身姿矫健、腰插短枪的女红军。在这两地激烈战斗中，缪敏既是战斗员，又是指挥员，还是战地记录员。

在记录红十军第一次进军闽北散记中，缪敏写道："第一仗攻打崇安县坑口长涧源敌碉堡。当年，长涧源地处坑口以南，与坑口闽北党政机关相距5华里，是国民党设在苏区腹地的一个重要据点。守敌卢兴邦一个连，利用一座四面是开阔地，又处于红十军前进必经的要道口的古庙，构筑了坚固的碉堡。反动派自吹嘘这个据点是个进可攻、退可守的铁据点，附近土豪劣绅也依附这个据点进行反攻倒算活动。"

1931 年 5 月 1 日下午，红十军先头部队包围了长涧源敌据点，并发起攻击。敌人得知来了方志敏率领的红十军，顿时乱作一团。红十军为减少阻力，当即发动进攻，但因时近黄昏，未获战果。第二天，红十军发起强攻，守敌凭借有利地形和坚固碉堡，组织了强有力的火力，封锁了四周开阔地。红十军强攻未能奏效，随即转变战术，改强攻为巧攻。就在敌人敲锣打鼓庆"胜利"的当夜，红十军把地道一直挖到敌人碉堡之下。天亮时，红十军在地道点燃了浇上火油的柴草，并在地道里打枪喊话。守敌突然遭此攻击，纷纷缴枪投降，少数企图夺门外逃的敌军也被守卫在碉堡外的红军击毙。长涧源，首战告捷。

　　5 月 3 日凌晨，红十军又打响了围攻赤石之战。赤石镇内商店林立，茶庄星布，人口稠密，经济繁荣，历来是国民党重兵把守之地。敌林秉周旅推进到苏区腹地后，在镇内布置了一个团的兵力，构筑了两道防线。第一道防线由四周山头的 8 个碉堡群组成，每个碉堡都配了一个排兵力，轻重武器齐全。第二道防线利用围绕全镇的高厚土墙，在每个进出口处筑有碉堡，并派兵防守。敌军的指挥机关就设在镇内。

　　围攻赤石之战打响之后，红十军即以强大的火力攻打外围碉堡，方志敏亲临前线指挥，广大指战员更增添了克敌的勇气和信心。指战员们个个奋不顾身地向敌碉堡冲击，不怕牺牲的气概使敌军望而生畏。敌求助援军落空后，更加丧失了固守的信心，激战不到 3 个小时，便相继逃窜。红十军打垮了外围之敌后，不给敌军以喘息之机，一口气攻进赤石镇，全歼守敌。

　　红十军占领赤石后，缴获了敌军的大批枪支弹药及军用物资，没收了官僚买办反动资本家的财产，筹集了银圆 10 万块、黄金 3000 多两，解决了部队的给养问题。红十军指战员严格遵守纪律，不拿群众一针一线，买卖公平，秋毫不犯，深受群众拥护和欢迎。当红十军战士押着俘虏离开赤石镇时，全镇锣鼓齐鸣，鞭炮不绝，群众夹道相送，表现了红军和群众的鱼水深情。

5月7日，红十军在坑口休整期间，为胡烈团长召开追悼会。方志敏还在坑口村的土墙上，挥笔写下"中国红军万岁"6个大字。

红十军此次进军崇安，前后作战11次，取得了"仗仗皆胜"的极佳战绩。在红十军的有力打击下，崇安苏区不仅打破了国民党军事上的围攻，又扭转了崇安苏区的战局，奠定了崇安苏区大发展的基础。

缪敏随军记录《红十军第一次进军闽北散记》，收录于中共南平地委党史办和建阳地区文化局合作出版的《战斗在闽北》一书中。

二进崇安。1932年9月，方志敏为了执行赣东北省委"从争取战争的胜利中来扩大闽北苏区，特别是着重打通闽北与赣东北两个苏区的联系"的重大使命，于9月上旬率领红十军第二次进军崇安。全军从江西横峰出发3天后到达紫溪。为明确二进崇安作战任务，红十军在紫溪召开了全军团以上干部会议，方志敏在会上做了重要讲话，确定了在崇安和浦城行动的作战计划。第一步，以红十军的大部攻打崇安的赤石，另派小部分配合闽北红军独立团同时攻打星村；第二步攻占浦城县城，解决一批军事给养。9月14日，红十军在闽北苏区首府大安，与黄道等闽北党政军领导会合。

缪敏记录道："第一步，1932年9月15日，红十军、闽北红军独立团一夜行军，于16日凌晨分别包围了崇安县星村与赤石两镇。随即，由闽北红军独立团首先发动对星村镇守敌的进攻，激战2个多小时，全歼星村守敌一个营。这一捷报传到赤石时，红十军已将赤石外围之敌压迫到一座小山包上，敌人凭借坚固的工事顽抗。为了迅速解决战斗，方志敏在观察了周围的地形后，立即命令部队停止攻击，并向敌人发起政治攻势，命令守敌缴枪投降。敌人自知山上缺粮断水，在红十军实施政治攻势几分钟后即放下武器投降。红十军完成了攻打赤石、星村两地后，缪敏随军回到坑口村宿营。

"第二步，1932年9月17日晚，红十军从崇安进入浦城县城阵地，闽北红军独立团配合作战。次日凌晨4点45分，红十军炮火猛轰拟登城的攻击点，同时轰击敌军指挥部和县政府，随之总攻开始，各团敢死队利用天尚未亮的时机，在炮火掩护下，抬着竹梯奋勇登城。这时，城内的敌军乱作一团，不断向城下抛掷醮着火油的燃烧物，很快点燃了靠近城墙的居民住宅。国民党浦城县县长在慌乱中穿街走巷敲锣强迫群众去'守城'，就在这时一颗炮弹落在县衙门口，虽未爆炸，却吓得他再也不敢露面。而敌人的暴行，更加激起了红十军干部战士为群众杀敌报仇的决心，抢先登上城墙的指战员一批接着一批，顿时城头杀声震天。当红十军把城门打开后，攻城大军蜂拥而入，攻城成功了。此仗计俘敌600多人，歼敌2个团又1个营，缴获步枪700多支、轻重机枪35挺，迫击炮5门、电台2部、筹款50万余元，并缴获大量军用物资。"

红十军二进崇安，战绩辉煌，影响重大，中共赣东北省委、赣东北省苏维埃政府的机关报《工农报》《红色中华》《列宁青年周报》均发表了社论。红十军二进崇安作战的光荣历史，永远载入闽浙赣3省革命斗争的光荣史册。

缪敏随军记录《红十军第二次进军闽北纪实》，也收录于中共南平地委党史办和建阳地区文化局合作出版的《战斗在闽北》一书中。

三进崇安。1938年2月，中共江西省委决定，缪敏从江西来到她战斗过的崇安。经中共福建省委书记、新四军第三支队崇安留守处主任曾镜冰同志安排，缪敏在留守处一边调养身体，一边做统战工作。留守处共有9位女干部，对外称"女官员"，其中还有方志敏的亲密战友黄道爱人陈清凤。

留守处的公开任务是：密切与新四军办事处的联系；密切与安徽岩寺新四军军部的联系，往军部运送枪支弹药，输送兵员，接待军部同地方上的来往干部；与国民党政府交涉新四军北上以后留守地方的事宜；宣传、组织和发动群众参加抗日战争；继续收编失散在各地的红军游击队员。

时年29岁的缪敏，是9位女同志中的大姐。在她的带领下，姐妹们成立了抗日妇女救国会，积极开展抗日宣传和组织工作，以民族利益为重，积极团结和争取一切抗日爱国力量，受到留守处主任曾镜冰的称赞。

1938年6月，经中共中央批准，缪敏从崇安坑口赴延安。一路上，由新四军派部队护送，经历万水千山到达延安，被送往中央党校学习深造，受到毛泽东主席的接见。毛泽东主席在缪敏的笔记本上题词："没有什么困难，可以阻碍人们前进的。只要奋斗，加以坚持，困难就赶跑了。"毛主席的题词，她始终牢记在心中，落实在实践上。

中华人民共和国成立后，缪敏从延安回到江西，历任江西省上饶地委组织部副部长兼地区妇联书记、江西省总工会组织部部长、江西省卫生厅副厅长等职。

四进崇安。1952年仲春，时任中共上饶地委组织部副部长兼地区妇联书记的缪敏，从上饶专程到崇安进行三项故地寻亲活动。一是到红十军第二次挺进崇安作战宿营地大安村，参观了当年方志敏与黄道见面的地方和休整地，看望了大安村参加长征回家乡务农的老红军刘太古，还与革命"五老"女代表见面。二是到张山头闽北红军中医院遗址，向当地的干部群众述说她陪同方志敏到张山头红色医院看望和慰问红十军治病养伤的指战员的情况。三是到乌山寺红十军宿营地，登门看望当年房东盛贵娇，共叙1932年9月红十军第二次到崇安苏区作战时，她与这位革命"五老"的革命深情。离别时，双方互相拥抱，共祝平安。

战斗在顺昌

处于邵（武）、建（阳）、顺（昌）交界的华家山，纵横百里，支脉四面延伸，与大金山、二金山、笔架山等山连成一片，周边分布着3个县的上百个村庄。这一带山高林密，地形险要，进可以控制，退便于隐蔽，是建立革命根据地的好地方。第二次国内革命战争时期，华家山是闽北游击队的根据地之一，缪敏率领的红十军一部就在这一带活动。

自1934年起，国民党反动派先后抽调李玉堂的第三师、刘和鼎的五十六师、周志群的十一师以及钱东亮的建（阳）、崇（安）、浦（城）警备部队共数万人，不断追击"围剿"活动在这一区域的红军游击队，还多次纠集3个县的地方武装搜山，兵力有时多达五六千之众。

为了打破敌人的"围剿"，1934年3月初，缪敏率领红十军的部分队伍400多人突破了敌人围追堵截，向顺昌县山高林密的华家山、郭岩山方向前进，到那儿一带开展游击战。缪敏率领的队伍到达仁寿区的矮坪、洪地、地村一带活动时，每到一地，总是先开展革命宣传活动，张贴安民告示，刷写"打土豪分田地""保甲长像锁链一样套在农民身上"等革命标语。在仁寿，红军召开群众大会，那天晚上，除富户和部分群众因受反动宣传害怕红军而逃离村庄、没能参加大会外，所有留在村里的群众都参加大会，人数五六百人，红军战士与群众欢聚一堂，气氛非常融洽，场面十分热闹。会上，缪敏向群众做了宣传讲话，内容主要是共产党的革命目的和主张。因她的宣讲，群众对红军有了认识，会后，红军宰杀了地主家的猪，并将肉分给与会群众。

同年4月，缪敏率领队伍向顺昌北部地区运动，于农历三月九日到达桂溪，11日移驻余塘（当时叫余墩坝）。由于国民党反动派的长期欺骗宣传，余塘村的群众听到红军到来的消息，纷纷逃进后山。为了让群众了解红军，戳穿国民党反动派的欺骗宣传，红军进村后，即分头行动，向留在村里的群众进行宣传，动员他们叫回山上的亲人，在红军苦口婆心的劝说和群众四处招呼下，全村男女老少陆续回到家里。当人们走进家门，看到庭院干净，家什井然，红军个个和蔼可亲的样子时，原先的惧怕顿时消除了。当晚，红军战士分住在土豪吴善廉家以及部分群众家中，缪敏则住在贫苦农民吴月荣家的大厅里。当时缪敏穿着红军制服，高个身材，圆圆的脸庞，腰间插着两支短枪，显得英姿飒爽，人称"双枪女将"。

是夜，国民党十一师约600人，从建阳境内悄悄地自北向南向余塘逼进，而从顺昌境内跟踪红军的另一股敌人也从南向北到达仁寿，他们企图南北合围，一拳歼灭缪敏率领的这支红军。12日上午8点左右，北面之敌抵近，并与红军接火，红军北进受阻，幸好此时南面之敌还停留在桂溪寻找红军行踪，未能与北面之敌合围，趁着这个机会，缪敏率领队伍迅速冲出敌人的包围圈。

据余塘村妇女李莲英1984年回忆说："那天早晨，大家刚吃过早饭，缪敏拿来一块约两尺见方的红布，微笑着教我在上面绣红五星，正在她用铅笔往红布上画格子时，突然远处传来枪声。据说有六七百号的国民党兵向余塘包围过来了。当时，缪敏沉着冷静，她对我和其他群众说：'你们都不用怕，躲在房间里，不要乱动。'接着，她拔出腰间的两支短枪，一阵风似的冲出大厅，指挥红军作战去了。过了一阵子，枪声渐渐地消失了。"

这次战斗来得十分突然，缪敏出去后即令驻新市（距余塘1千米）的连队进行阻击，掩护主力撤退，又布置部分兵力控制余塘后山，防止由新市左侧山岗运动的敌军切断红军退往江元的道路。据守新市关帝庙的红军战士，以轻重机枪组成密集的火力网，把敌军压在一个左傍陡坡、右临深涧的狭长地段，敌人几次冲锋都被打退。经过一个多小时的战斗，缪敏又命令这个连迅速撤出阵地，改做后卫跟进。这时，红军退路被切断，于是这个连队就沿着小河道，借两岸丛生的杂草掩护，边打边撤，迂回至油山小径，从那儿冲出敌人的包围圈，奔向江元与主力会合。之后，队伍又马不停蹄地向华家山方向前进。行至鹧岩，队伍又与桂溪向余塘合围的一支敌军遭遇，红军在短促接战后即甩开敌人，由矮坪驰往华家山。

中央苏区第五次反"围剿"斗争失利后，方志敏受命担任红十军团军政委员会主席，率红十军团北上抗日。此时缪敏怀有身孕不能随军行动，按照组织的指示，留在地方坚持游击战争。1935年6月7日夜晚，由于叛徒告密，缪敏不幸被捕。敌人将她囚禁于南昌女子监狱。此时，她与囚禁在军法处看守所的方志敏咫尺相隔，但始终未能相见。

"卢沟桥事变"爆发后，国民党被迫与共产党再次合作，中共代表向国民党江西地方当局提出释放缪敏的要求，缪敏获释出狱。出狱后，缪敏革命意志更加坚定，带病担任中共闽北特委秘书兼妇委主任。中华人民共和国成立后，缪敏同志先后担任中共上饶地委组织部副部长兼妇委书记、江西省卫生厅副厅长等职务。1977年7月9日，她因病去世，终年68岁。

20世纪80年代初，百姓为缅怀缪敏的革命功绩，在位于顺昌仁寿镇上白石与建阳市南槎交界处海拔800米的二金山之红云禅寺前，建立起一块石碑，碑文为："顺昌北陲二金山，山峦起伏洪山寺，白军追杀方夫人，旧殿焚烧数十载……"

（原载于《红色武夷记忆》《红色历史永恒记忆》）

陆如碧：红军双枪女政委

罗永胜　张金锭

陆如碧，又名陆牵仔，1913 年 8 月出生，福建省崇安县星村村人。曾任闽北红军司号员、警卫连指导员、特务连指导员和机炮营政委，在肃反扩大化中被当作"改组派"错杀于崇安县大安村，1966 年平反，追认为革命烈士。

1930 年 5 月，崇安苏区进入火红的创建时期，崇安县苏维埃政府在上梅成立，设有人民、土地、军事、经济、财政、文化、裁判等 7 个委员会和 1 个秘书处，下辖 18 个区苏维埃政府，星村区苏维埃政府是其中之一。

在星村区苏维埃运动进入热潮时刻，陆如碧兴奋地报名参加革命，因为她身强体壮，思想进步，组织上便安排她到星村区黎源村开展妇女工作。陆如碧不受封建思想的束缚，从外村跑来宣传革命道理，这里的妇女既惊喜，又受鼓舞，她很快便打开了工作局面，建立了黎源村苏维埃政府、村民众队、村妇女组织，受到星村区委和区苏维埃政府的赞扬。

同年 8 月 8 日，国民党军对星村区苏维埃政府驻地发动进攻，陆如碧接到上级命令，与战友们连夜从黎源村火速赶到星村，投入保卫星村区苏维埃政府的战斗。这次星村保卫战，打了一天一夜，直到进攻兴田的红军队伍于9日早晨回师助战，形成内外夹击，才击退敌人的进攻。她和战友们共缴获了10多支快枪，消灭敌人数十人，还有不少敌人在逃窜中跌进河里和山崖下丧命，红军获得大胜。部队领导根据陆如碧的表现，把她调到崇安红军五十五团当战士，后她又被调到团部学习吹军号。从此，她在红军队伍开始了军人的战斗生活。

陆如碧进了司号班，上课时勤学苦练，虚心向老司号员学习，并坚持早起晚睡，苦练吹号基本功，有时嗓子练哑了，唾沫都带着血丝，但她仍坚持天天练，做到功夫不到家不松劲。仅2个月，她就较好地掌握了吹军号的要领，成为闽北红军中第一位女司号兵。在军营里，她处处以红军战士的纪律严格要求自己，服从命令听指挥，作战勇敢灵活，夜行军也不掉队，胜过一般男子汉。

10月，根据中共中央关于调闽北崇安红军到赣东北编入红十军的决定，崇安红军五十五团和教导团1500多人，于10月5日在五十五团李克敌团长等的率领下，从崇安开往赣东北。17岁的陆如碧身背军号，与男红军一样，徒步100多里，首次跨省出征江西，到达赣东北军营，参加红十军。从此，陆如碧便成为红十军中的一名司号员。

此时的崇安苏区，因受李立三"左"倾冒险主义路线的影响，只保留徐福元带领的警卫连支撑局面。国民党反动派趁机调集重兵围攻，崇安苏区的大部分乡村都落入敌手，形势十分严峻。11月，赣东北特委贯彻党的六届三中全会精神，纠正了李立三"左"倾冒险主义路线，将编在红十军的部分崇安籍红军组建成一个300多人的独立团，取番号"中国工农红军第十军闽北独立团"，派回到以崇安为中心的闽北苏区作战。

1931年1月，在团长谢春篯的率领下，闽北红军独立团回到崇安苏区。这时，陆如碧随团从江西上饶县回崇安的途中，在铅山县的杨村，遭到国民党部队的埋伏阻击。初上战场的陆如碧，身背军号，紧跟着团长冲锋，子弹在她头顶上飞过，她全然不顾，一个劲地勇敢战斗。这一仗，从凌晨3点打到5点，敌人还在不断进攻，红军一时被打散。天快亮时，谢春篯团长发现敌人展开队形往山上冲锋，企图抢占有利地形，军情万分危急。时间就是胜利，谢团长立即下令吹号集合，意在把分散的兵力集中起来，抢占山头，阻击敌人。陆如碧听到命令，想的都是"冲！冲！冲"，火速冲到山顶，抢占制高点，消灭敌人。她用尽全身气力吹起响亮的冲锋号，高昂的号声顿时响彻整个山谷。在她身旁的谢团长听她突然吹起了冲锋号，着急地对她说："我们身边只有几个战士，谁去冲呀。"但她还是一个劲地吹响冲锋号，而且声音越来越大、越来越急切。敌人忽然听到我军阵地接连吹起响亮的冲锋号，以为红军的增援部队赶到了，生怕被围歼，立即仓皇撤退。这时分散的部队已集中起来，迅速占领了山头，红军见敌人撤走，便继续向崇安苏区挺进。大家都为陆如碧的机智勇敢点赞。由于陆如碧的突出表现，由谢春篯团长亲自介绍，她光荣地加入了中国共产主义青年团。不久，陆如碧又转为中国共产党党员，并被破格提拔为闽北红军独立团警卫连政治指导员，时年18岁。

1931年4月，方志敏急崇安苏区所急、帮崇安苏区所需，他率领红十军第一次到崇安苏区作战，重创了国民党军对崇安苏区的进攻，并将在崇安缴获的武器弹药，全部留给崇安苏区，还把红十军英勇善战的特务营营长黄立贵留在崇安苏区，担任闽北红军独立团团长。

同年6月14日，黄立贵团长指挥闽北红军独立团，一举解放了崇安县城，以崇安为中心的闽北苏区开始进入巩固和发展时期。7月，中共闽北分区委在"闽北苏区首府"大安创办中共闽北分区委党校，陆如碧作为培养对象，被选送到党校，学习政治、军事和文化4个月。她在思想、政治、军事和文化方面，均得到系统的提升和增强。结业后，陆如碧被调到闽北红军独立团特务连担任政治指导员。

陆如碧带领特务连干部战士们，白天学军事，提高杀敌本领；晚上学政治和文化，提高阶级觉悟和文化水平。也就在这期间，江西国民党地方杂牌军，多次到大安村北部闽赣边界铅山县石塘镇一带，对当年隶属崇安苏区的村庄进行袭击，破坏这一带苏区群众的生产和生活。陆如碧受中共闽北分区委黄道书记指派，曾三次单独率领特务连在江西铅山县石塘镇等地作战，击退了国民党地方杂牌军的进攻，取得了"三战三胜"的优异战绩，保卫了石塘苏区政权，保护了苏区群众的生产和安全，被苏区军民誉为"常胜女将"。

　　1932年初，闽北红军独立团为了加强警卫营的政治工作，由黄立贵团长提议，经中共闽北分区委黄道书记同意，陆如碧从闽北红军独立团特务连，被破格提拔到闽北红军独立团机炮营担任政治委员。机炮营从此有了一位有勇有谋，闻名闽北苏区的女指挥员，有如猛虎添翼。此时，陆如碧是闽浙赣苏区红军队伍中，年龄最小的一位营级指挥员。

　　这位年仅19岁的女指挥员，为了适应军事斗争的需要，出色完成党组织赋予她的重任，给自己立下三项指标：一会双手举枪射击，二能骑马驰骋战场；三有一双神行飞腿。此后，陆如碧每天起早摸黑苦练射击、骑马、跑步。一次在学习骑马时，腿部受伤了，皮肉青一块、紫一块，军医劝她休息治疗，停止练骑马，但她想早日学会驾驭战马，忍着疼痛，仍坚持练习骑马。她这种顽强的练武精神，大大激发了全营官兵的练兵热情。

　　功夫不负有心人。陆如碧经过一段时间刻苦训练，很快就掌握了双枪射击、在战马上飞骑返身射击以及飞腿快行的技能。陆如碧迅速成长为一位名扬闽浙赣苏区的女军事指挥员，而且打了多次有影响的胜仗。有一次她指挥攻打江西广丰县二十四都的敌人，因敌方有了准备，红军队伍被敌人增援的部队包围，陆如碧采用灵活战术，果断指挥部队占领有利地形，强攻敌人火力弱的部位，突破了敌人的包围圈，打得敌人溃散而逃。陆如碧在火线上英勇善战是一个指挥员，但每当战斗结束，她便是一名普通士兵，与战士们同练兵、同娱乐。在生活上，她对待战士像对待亲人一样。有一次，有个小战士发高烧，几餐吃不进饭，她就守在这个战士身旁，又是喂药，又是喂汤。全营官兵都十分爱戴她。

这位参军3年，连升3级，为巩固和发展以崇安为中心的闽北苏区做出重大贡献的巾帼英雄。正当她为革命大展宏图的时候，闽北苏区掀起了肃反扩大化的恶浪，意想不到的横祸向这位心如澄碧、一心为党为民、忠贞不屈的女英雄飞来。1932年10月15日，陆如碧被诬指为"改组派"，惨遭错杀，牺牲时年仅19岁。1966年，陆如碧获得平反昭雪，被追认为革命烈士。

（原载《红色武夷记忆》，有删改）

蔡翔云：傲霜斗雪的红梅

李伯春 郑格民

蔡翔云烈士，又名蔡凤仪，曾用名蔡明，江苏省无锡人。1916 年 4 月 8 日生，1932 年入伍，参加苏州女师小教抗日救亡运动工作组，次年加入中国共产党。蔡翔云早年在校就学期间，就参加党领导的各种进步政治活动，后参加无锡青年抗日流亡工作团，随团到南昌。历任江西省上饶县委书记、南平工委委员、妇女部部长和福建省委机关支部书记等职。1943 年国民党顽固派发动了对我设在邵武的省委机关的第三次残酷围攻，蔡翔云被困于山上，因贫病交加而光荣牺牲，时年仅 27 岁。

蔡翔云同志出身于富有的家庭，且是蔡家中唯一的女孩子，长得又格外逗人喜爱，加上她那能歌善舞、口才过人的天赋，因而她父母视她为掌上明珠，格外疼爱。但是，蔡翔云同志为了追求真理，反抗日寇的侵略，不惜离开温暖舒适的家，投身到火热的革命洪流中去，经受艰难生活的考验，这对她来讲，就更显得难能可贵了。1932 年，蔡翔云在苏州女子师范学校就学，年仅 16 岁的她，就积极参加了中共领导的各种进步政治活动，诸如作为由学校组织的小教抗日救亡运动工作组的成员，到过建瓯树林里，参加了反对苏州女师学校当局迫害学生、压制民主的罢课斗争；积极参加了京沪大学生赴南京请愿卧轨的爱国行动等。由于她表现积极，意志坚强，不畏强暴，不怕牺牲，终于经受了学校党组织的多方考验，1933年光荣地成为中共党员。

1935年，蔡翔云从苏州女子师范学校毕业，回到无锡老家的蔡氏小学（现九中校址）任教。任教期间，她不顾劳累，听从党的安排，参加了党所掌握的工人文化夜校教学，唤醒工人的觉悟，并参与了"左联"的文化活动。由于她积极从事革命活动，影响颇大，遭到国民党无锡当局的注意，不久，无锡警察局对她下了通缉令。幸而她及时转移到上海，才免遭逮捕。

到上海后不久，正逢抗战全面爆发，蔡翔云即投入抗日救亡活动，积极参加救护伤病员工作。"八一三"上海沦陷后，她便重返无锡。同年9月，蔡翔云参加当地救亡运动。10月无锡告急，沦陷在即。11月间，江苏省委派宋振枊同志到无锡领导抗日运动，由于形势日益紧张，省委外县工作委员会准备组织一批青年到丽阳打游击，后省委又派陈丽萍传达指示，要他们向后方撤退，集中到周城组织"无锡青年抗敌流亡服务团"，打到外线去。他们兵分两路，一路到八路军驻武汉办事处；一路到新四军驻南昌办事处。蔡翔云与陈佩三（即其夫陈公生）一道离开无锡来到南昌。之后，这支以"锡流"为主的百人队伍便去了铅山，辗转到了石塘镇，参加军训。

翌年3月，部队开往皖南，从无锡、上海来的大多数同志也随部队出发。根据需要，留下了一小部分人在中共闽赣省委工作，有的在赣东，有的到福建。蔡翔云与其夫陈公生被分配到了福建。7月，陈公生调任中共南平工委书记，蔡翔云为委员、妇女部部长。其间，蔡翔云曾参加旧福建省教育厅战时巡回演出团，先后在永安、福州、南平、建阳、浦城、崇安等地参加进步戏剧的演出，以唤起民众，团结抗日。1939年，陈公生由福建省委调到新四军军部，蔡翔云始终留在福建坚持斗争。

陈公生是因受嫌被调去新四军军部受审查的，此别可能成永诀，蔡翔云忍受着家庭的不幸，克制感情上的痛苦，坚持在南平从事党的秘密工作。1940年夏，她因受到宪兵的监视、追捕，被迫离开南平到建阳，找到叶独青的住所，请叶独青找车辆去崇安根据地。此时，特务已跟踪到了建阳。在他们谈话时，发现门外有人盯梢。第二天一早，蔡翔云便在叶的帮助下，搭上了去崇安的车辆，只身来到了崇安根据地。因这事，叶独青暴露了身份，省委通知其及时转移到浦城，蔡翔云也受到省委的批评，受到党内警告处分。尽管她遭遇了挫折，但她仍一如既往，意志坚定，充满着革命的乐观主义精神。在省委机关，她那悦耳的歌声不断，不仅自己唱，还教大家唱，指挥大家唱，丰富了战斗生活。蔡翔云同志经受了严峻的考验，得到了党的信任，不久担任了省委机关支部书记。

1941年"皖南事变"后，国民党当局发动了对闽北苏区的进攻。这时，蔡翔云单枪匹马坚持在上饶金竹排山区（省委机关附近）做群众工作。她一个人住在一个山棚里隐蔽，白天精心照顾伤病战友杨兰珍，晚上独自一人，摸黑上山，到几里路外的群众家里做工作，打听消息，买米买菜，直至深夜才回。杨兰珍在她的悉心照料下，才得以恢复健康。

1943年4月，国民党顽固派对闽北发动了为时最长、规模最大、最为残酷的第三次"围剿"。此时省委机关已迁到邵顺建地区（先在太阳山，后撤到老虎岗），为保存力量，省委采取化整为零、分散活动的办法与敌周旋。蔡翔云与蔡敏一组，一起隐蔽在邵武大山上，在20多天中与省委失去了联系，被困在山头，仅带的一小袋米也吃光了，加之蔡翔云染病在身，倍受折磨。但为了寻找省委，他俩仍顽强地爬行，饿了以野菜充饥，渴了就喝冷水，后虽被省委派出接应的同志寻找到，但蔡翔云由于过度饥饿、身染重病抢救无效，终于不幸地离开了人间。

　　蔡翔云烈士的一生，是光辉的一生，战斗的一生，她那顽强的革命意志，像开在闽北山区的一丛傲霜斗雪的红梅，永远激励我们、召唤我们奋勇前进！

（原载《闽北英烈》）

李冬娥：闽北红军之"嫂"

蔡哲安　李元春

李冬娥，江西铅山县人，中国共产党党员，1927 年参加革命。1931 年与丈夫黄立贵随方志敏率红十军进入闽北时，一起留在闽北，负责开展妇女和后勤保障工作。1933 年任中共闽北分区委妇女部部长，1936 年 6 月任中共闽赣省委妇女部部长，是年 10 月在建阳县麻沙镇竹鸡垅（溪头）牺牲。

1930 年 10 月，由于受"左"倾思想的影响，闽北红军被调往赣东北并入红十军，从而导致闽北苏区兵力空虚，国民党反动派趁机进行反扑。在这危急的紧要关头，应中共闽北分区委请求，方志敏等于 1931 年 4 月率红十军入闽到崇安苏区作战。当战斗结束，红十军返回赣东北时，军部特务营营长黄立贵，按照方志敏的指示留在闽北，担任闽北红军独立团团长。黄立贵的妻子李冬娥坚定地坚持丈夫的革命事业，为减轻他的担忧，主动要求从赣东北根据地调到当时条件更为艰苦的闽北工作。在闽北的艰难革命岁月里，从小就缠足的李冬娥，担负起开展妇女和后勤保障工作。她既要负责革命工作，又要照顾子女，为防敌人偷袭还要不停转移住所。面对重重困难，她始终保持革命乐观主义精神，默默无闻地支持丈夫的革命工作，直至壮烈牺牲。

李冬娥和黄立贵结为革命伴侣后，并没有因为丈夫和自己的职务提升而放松对自己的要求，相反她更加积极主动参加并完成组织安排的各项工作。1933年李冬娥任中共闽北分区委妇女部部长，8月她在建阳县竹鸡垄蓝元村郑旺仔家产下一子。为了不影响工作，她忍痛将孩子寄养在基本群众家中。随着革命斗争的不断发展深入，她的工作范围不断扩大，经常要在崇安县黎源村和建阳县的黄坑、麻沙竹鸡垄村等地一带来回行走，开展革命工作。在苏区，她和贫苦群众打成一片，关心群众疾苦，深受群众喜爱。她很快就组建了妇女洗衣队、后勤队、制鞋队等组织支援革命战争。她还组织妇女学文化，教她们唱革命歌曲，并向她们宣传革命道理。由她教唱的《剪掉辫子闹革命》歌曲至今流传在闽北老区。进入三年游击战争后，游击区的条件更艰苦，部队住宿不定，李冬娥虽是小脚，但总是坚强地行走在队伍中，从不需要别人照顾，也从不掉队，而且在行军时一有空，还主动帮助照顾伤病员。李冬娥的革命精神和工作作风，使她受到了苏区军民的一致爱戴，红军战士一遇见她便亲切地叫声"嫂子"，苏区群众也喜欢叫她"嫂子"或"小嫂子"，还喜欢和她拉家常。

白塔山位于建阳县麻沙镇境内，海拔1553米，为建阳道教名山，至今保留龙济道院，山下即是麻沙镇长坪村和溪头（竹鸡垄）村。两村在土地革命初期都建立了区苏维埃政府，其中竹鸡垄村，是中共建阳县委、邵光县委、邵武县委及以后的西南战区委员会、闽赣省委等机关的驻地，至今村中还保存着黄立贵师长的办公桌，是闽北苏区最重要的革命基本村之一。1933年开始，李冬娥大部分时间住在竹鸡垄，和当地群众结下了深厚的革命感情，其子黄义先从出生到离开前往延安，一直由当地群众化名抚养。

1936年6月，中共闽赣省委成立，李冬娥任中共闽赣省委妇女部部长。9月，闽赣省委从武夷山移驻建阳县麻沙镇竹鸡垄白塔山凹背大寨，随同移驻的有黄道、曾镜冰、黄知真、徐莲娇等闽赣省委与闽中分区委领导。此时李冬娥已有身孕，丈夫黄立贵根据闽赣省委的指示率闽北红军独立师主力在外作战，开辟新的革命根据地，无暇照顾李冬娥的起居，但为了革命工作，她完全支持丈夫，自己也全身心投入革命。这期间，扩大红军是各级党委的工作重心，10月，省委指派闽北红军独立师三营营长李福汉率2个排的战士，护送闽中分区委妇女部部长徐莲娇去界首等地开展扩红工作。此时本就小脚且已怀孕的李冬娥活动更加不便，大家多次劝她不要参加这次扩红工作，但她深深地意识到，革命到了危急关头，多一些同志参加红军，意味着增强革命力量，根据地就能坚持下去，革命就能获得更大的胜利。她不顾大家反复劝阻，毅然坚持与徐莲娇一道从竹鸡垄出发，前往界首附近的茶厂发动群众参军，经过五六天的努力，顺利完成了扩红工作任务，返回竹鸡垄。

到达竹鸡垅附近的油坪村时，遇到长坪反动大刀会进村。当他们到小溪涉水上山时，由于马匹受枪声惊吓，一时上不了对岸，李冬娥和护送她的郑旺仔两人被困在小溪中。此时枪声大作，李冬娥在马背上中弹，当场牺牲，马再次受惊，在溪水中跑来跑去。郑旺仔也被赶到的大刀会匪徒射中壮烈牺牲，倒在溪水中。在这一带"围剿"闽北红军的国民党军七十五师宋天才部闻讯赶到，经验明正身，确认她是黄立贵之妻，大为欣喜，立即上报邀功，同时不顾中国人死者为大的传统习俗，命人偷偷将李冬娥尸首运送到麻沙镇乘圩日，还在街头剖腹示众，以发泄对共产党、对黄立贵的不满和仇恨，企图震慑老区人民，以打击和动摇黄立贵的革命信心。

几天后，李福汉等人被国民党军包围，但因枪少弹缺，突围时，大部分同志壮烈牺牲，李福汉和徐莲娇被捕入狱，李福汉在狱中被杀，徐莲娇经党组织营救获释。

李冬娥牺牲后，竹鸡垄蓝元村群众和郑旺仔妻子将李冬娥遗体领回，安葬在离她牺牲地不远的油坪山下竹林中。由于怕长坪大刀会再来破坏，掩埋后移平墓址，郑旺仔被安葬在与之相距20米的山坡上。

噩耗传来，黄立贵悲痛欲绝，立即赶到黄坑。当同志们将李冬娥的遗物交给他时，他大声吼了起来："衣服有何用？我要人活，人没有，尸体我也要。"并四处寻找妻子的尸体。

敌人的恐吓，并没有让老区人民退缩，他们仍然坚持革命斗争。黄立贵化悲痛为力量，继续率闽北红军独立师主力对敌发动进攻，给敌人以有力的打击。1937年7月全面抗战爆发后，为保存实力，黄立贵率部转移山中，中旬带领警卫排前往邵武准备向中共闽赣省委书记黄道汇报工作。7月13日，行至邵武晒溪桥梧桐磜时，黄立贵被国民党保安第五团重兵包围，在突围作战中为掩护战友壮烈牺牲。黄立贵没有牺牲在抗击日寇的战场上，却牺牲在国民党反动派的屠刀之下，这是中华民族的损失，也是闽北人民的损失。

历史已经翻开新的一页，在无数先辈的英勇斗争和流血牺牲下，中国革命取得胜利。但是我们绝不能忘记过去，忘记那些为革命英勇牺牲的烈士们。黄立贵和李冬娥夫妻永垂不朽！

何玉莲：邵顺建的红女兵

陈华宝

在那艰险异常、悲壮可泣的三年游击战争，在那战火纷飞的抗日前沿和后方，无数革命先辈为了中国人民的解放事业，为了今天我们下一代的幸福，艰苦征战，前仆后继，用他们的鲜血和生命谱写了惊天动地，气贯长虹的战斗篇章，给闽北革命斗争史册，留下光辉灿烂的一页。他们的英勇牺牲和献身精神，永远使人千秋敬慕，将永远激励千百万后辈，要更加精神振奋，为振兴中华开拓前进！我们邵顺建的女红军、原福建省邵光顺中心县委妇女部部长兼邵顺建县委妇女部部长何玉莲同志，就是千万个英雄儿女中的杰出代表。

何玉莲烈士，江西兴国人，1913年5月出生在民国初期的动乱年代，1931年在江西省沿山县河口镇投身革命，1933年加入中国共产党，历任邵武二都区委委员、卫闽槎溪游击队政委、邵顺建县委妇女部部长、顺昌县委妇女部部长、邵光建中心县委委员、邵光顺中心县委妇女部长（后改邵武中心县委）兼邵顺建县委妇女部部长等职。1943年国民党顽固派对建阳书坊太阳山中共福建省委机关驻地发动第三次军事围攻之时，因叛徒告密，她与邵顺建县委书记陈和盛俩在邵武朱坊村惨遭敌人杀害，时年30岁。

何玉莲，出身贫苦，父亲是个老实厚道的农民，一家四口以靠租种乡绅的半亩地为生，生活实为清贫。1919年五四运动前夕，由于军阀混战，帝国主义的入侵，袁世凯卖国求荣，民族危机日趋尖锐，父母在封建势力的盘剥下相继去世，她只好跟着大哥何德生到处流浪，相依为命，度过了苦难的童年。

1931年，兴国县建立"民众会"的浪潮席卷了各个乡村，革命风暴震撼着中华大地，流浪在铅山县河口镇的何玉莲兄妹也惊醒了，为求生存、求解放，兄妹二人毅然投身革命。不久，哥哥何德生在入闽的战斗中牺牲了，她失去了唯一的亲人，她悲痛交加。18岁时，她同哥哥的战友红十军的一个王营长结婚，在红军部队的熏陶下，不到一年的时间，何玉莲就练就了能骑马，双手又能用枪的好本领。

1932年9月，红十军在方志敏、周建屏的领导下，为支援闽北红军独立团粉碎国民党的军事"围剿"而入闽作战，何玉莲也随军入闽。刚到崇安，部队就在崇安与江西交界的分水关，遭到敌人的伏击，王营长冲锋陷阵，不幸中弹牺牲。何玉莲在冲锋时与部队失散了，从而流落到崇安洋庄，她在一位绰号叫"崇安婆"的地下党同志帮助下，翻山越岭来到邵武二都寻找红军部队，但部队早已撤回江西去了。从此她与"崇安婆"留在邵武独立营，辗转在邵武、顺昌一带活动，并在朱坊山下台山村将农户陈生仔家确立为接头户，坚持在山区开展隐蔽工作。

1933年4月初，何玉莲等同志由地下党接头户陈生仔带到卫闽槎溪村，结识了江西同乡梅桂秀、冯细妹。她拜认冯细妹为姑妈，将其发展为接头户，在通向卫闽的王溪村口，建立了第一个地下接头交通站。为分散敌人的注意力，便于在中村、漳墩、南礤、谢坊一带活动，她还以梅桂秀的儿媳妇为掩护，积极开展地下工作，逢年过节也都公开以梅家媳妇到卫闽、拿口、朱坊、山下、台下、下源、余家山、绵羊、金口，顺昌大埔、南石窠、苦株礤等山厂走亲串戚，宣传革命，从此在槎溪、王溪口站稳了脚跟。同年 10 月，何玉莲同志与黄立贵领导的红五十八团接上了关系，不久便跟红五十八团红军张家财结了婚，后经曾昭铭介绍加入了中国共产党，这成了她继续革命的依托。她受中共闽赣省委和曾镜冰的派遣，同张家财一起进入闽北苏区领导革命斗争，成了邵武二都区委委员，开始了艰苦卓绝的戎马生涯。

1934 年春，国民党顽固派以重兵开始对闽赣苏区进行军事"围剿"。以黄道、黄立贵、曾镜冰等同志领导的闽北红军独立一、三、五团，从崇安打到邵顺建，又从邵（武）、顺（昌）、建（阳）打到松（溪）政（和）浦（城），直至江西广丰铜钹山，所向披靡，使敌四十五旅、敌十二师受到沉重打击，我军战战告捷。同年 10 月，由于王明"左倾"冒险主义的错误，中央主力红军被迫长征，闽北红军又与中央失去联系，敌人卷土重来，从闽、浙、赣调集 10 万重兵，向闽北各路红军进行报复性的疯狂进攻，于是，何玉莲随闽北红军转入了艰苦卓绝的三年游击战争，同张家财坚持战斗在邵（武）、顺（昌）、建（阳）地区。

1935 年 2 月，闽北各路红军整编成师后，由于闽北军分区司令员李德胜的叛变，游击战争的局面一天天恶化，敌人修筑碉堡，施行保甲制，编练壮丁队，组织反动"大刀会"，实行计口售盐，运用炮楼战术，对闽北游击区进行层层封锁，妄图把红军游击队困在山上。这对女红军何玉莲来说，是一场生与死的考验。她紧紧依靠党，依靠红军独立师和游击区人民的力量，红军走到哪里，她就跟随红军战斗到哪里，从不落后一步。同年 6 月，为粉碎敌人的封锁政策，坚持游击区斗争，保存和发展红军力量，根据中共闽北分区委的指示，她跟曾镜冰、王忠华、刘水生、张家财、左丰美、王弟子、何天福、陈兴仔等又一次进入由黄立贵、吴先喜、林敏、刘新友等新开辟的书坊游击区。他们从邵武苦竹坪、天罗磜路经拿坑、陈塆、饶坝、丁厝、坝下、黄岑、江厝、王厝、枧头、岑根墙，抵南门丁厝天武坪，行程 100 多里，找到中共邵顺建县委地下交通员陈和盛和中窑区委委员陈凤鸣，并在邵、顺、建三县交界的菜寮安基坪建立了书坊地区第一个游击据点，先后发展了贵溪的花园岑、菜垱、南桥下、砺溪、垄磜下、华家山、中窑、饶坝、洋山、冯垱、坝下，邵武的上山坊、山下、横排、下山坊，顺昌的仁寿、大布、余塘、吴坑等游击基点村，秘密发动基点村群众抗捐抗税，帮助红军游击队送粮、送情报，开展打土豪筹款。在那艰苦的岁月里，何玉莲与男同志一样，不畏坎坷，不畏敌人的封锁"围剿"，踏遍了邵、顺、建三县的山山水水，走过了邵光建的村村寨寨，给游击区人民留下了深刻而难忘的印象，为巩固游击区工作做出了积极贡献。

1936年，由于"西安事变"的发生，国民党三师、七十五师、七十六师加紧了对邵顺建游击区的"清剿"攻势，敌七十六师在书坊民团、大刀会的配合下，向书坊、华家山苏区发动了大规模的军事进攻，闽赣省委曾镜冰同志为保存红军实力，继续开辟游击新区，发展地方赤卫队，扩充红军力量，又派何玉莲、张家财等同志到邵光特区委工作。此时何玉莲、张家财配合雷荣华、聂显书先后进入邵武二都、四都、卫闽槎溪、南磜、樟垱、中村、王溪口，光泽茶坡等地开展游击活动。她亲手组建了槎溪游击队，发展了张生仔、邱重环、朱蓑衣、朱石福、邱贵发、江志明、李契林、杨义贵、郑小、曾继春、冯细妹等人为槎溪游击队员，何玉莲为政委，张吉生为队长。攻打召元村时，她腰插双枪，英姿飒爽，把守在召元村的"剿共"敌兵打个措手不及，当场击毙敌队长陈其观，缴获枪支19支、子弹500多发、手榴弹100多枚。槎溪游击队首战告捷的事，至今还在卫闽槎溪、王溪口一带的老区群众中传为佳话。同年11月，敌三师与七十六师驻扎邵武朱坊，大举"进剿"池下、上下山坊、山下、金口、中村、下源、槎溪、王溪口等游击基点村，实行"三光"政策，强迫移民并村，有90多户山厂被烧毁，

40 多个老区群众遭捕捉。此时，正在山下洋圹村开展工作的何玉莲同志也被捕，遭敌兵打得双脚不能行走，用睡椅抬进朱坊炮楼，当作"匪嫌"和被捕群众关押在一起。南磜被捕的游击队员梅生玉同志，看到何玉莲同志遭敌毒打坚强不屈的情景，暗暗地流下了敬佩之泪。敌黄团长几番审讯，都一无所获。不久，何玉莲被准保出狱，又回到槎溪村假婆婆梅桂秀家中，养精蓄锐，坚持斗争。1937 年 9 月，中共邵光建中心县委组建后，何玉莲又积极配合闽北抗日军政委员会主席王文波、妇女部部长吴牵娣工作，投身于抗日救亡运动。9 月 23 日，她在王溪口，组织地方游击队在通往顺昌的大江上拦截敌人的往来货船，并组织群众把红军所需的物资挑进山里，挑不完的东西都分给贫苦农民。她先后动员该村曾双发、郭永松、曾继春、兰新亮、邱贵发、邱重环等 6 人参加了红军游击队，从此更加受老区群众的拥护和爱戴。1938 年春，为适应抗日救国工作的需要，闽北特委决定改"邵光建"为"邵光顺"中心县委。不久，历经战争考验的何玉莲，被派任邵光顺中心县委妇女部部长（后改称邵武中心县委）。她同王文波、方梓生等领导同志，历尽艰辛，又开辟了邵武何家岑、杨梅岑、漠口、李家垱游击新区，并在卫闽王溪口、中村一带活动。尔后，她又受组织派遣随张家财、程胜福、汪林兴等领导同志到建阳书坊南门丁厝协助顺昌县委工作，用她能说善唱的歌喉，唤醒了沉睡的妇女群众。"春季百花开，春季百花开，叫一声情郎哥，请到这里来，情郎请开会，劝郎当红军，郎当红军为革命，巩固苏维埃呀，勇敢向前进！""一早起来做到日落西，满身枷锁就像活奴隶，真正痛苦呀，真正可怜呵！劝我妇女们，赶快来革命，共产党领导，妇女来工作，劳苦男女站在一条线，解放我穷人，解我妇女，努力去奋斗，胜利归我们。"这就是何玉莲同志所到之处给妇女群众所教唱的《四季劝郎歌》和《妇女解放歌》。她在邵（武）、顺（昌）、建（阳）地区，深入发动妇女群众参加革命斗争，积极组织她们帮助红军游击队采买、制鞋、洗衣、送菜。她积极发展党员，半年时间先后在书坊苏区就发展了李兰英、沈九妹、李细妹、郑宝仔、夏招仔、阙乃兰、邹龙秀、刘汝咕、朱金凤等妇女为中共党员，为抗日后援工作培养了骨干。1939年2月，张家财接任邵武中心县委书记时，恰逢光泽县委书记蔡诗珊与组织部部长黄花苟发生摩擦，何玉莲同志协助中心县委做好工作，主动配合程胜福前往光泽检查工作，对蔡、黄二人进行耐心地说服教育，很快解开了他们之间的疙瘩，加强了光泽县委班子的团结。同年6月，她又配合方梓生到邵武李家垱村，积极稳妥地介绍李秀秀加入中共地下组织，使李秀秀家成了中共福建省委在此设立的可靠交通联络站。1940年5月，何玉莲为贯彻福建省委在崇安坑口召开的扩大会议精神，执行省委有关"为应付突然事变决定组织武装，隐蔽精干，对内进行清查和审干工作，对外发动群众拖租、拖税、拖壮丁"的指示，她和程胜福、何天福等同志到书坊丁厝天王寺的顺昌县委机关驻地开办审干学习班，并亲自给顺昌中共党员上课，生动地分析了"吃水卖水"的危险性，从而提高了顺昌县委和区委党员干部的政治思想觉悟，更加坚定了他们革命到底的信心。7月以后，国民党顽固派不仅从政治军事上不断向我进攻，而且借"抗日"之名加紧对游击区人民进行经济勒索，大发国难财，闽北群众食不果腹，饿殍遍野，斗争局势日趋紧张。这个时期，国民党的反动军、警、便衣特务队、壮丁搜山队，也在邵顺建各地蠢蠢欲动，不少地下党同志遭到敌人伏击，何玉莲的丈夫张家财同志也在邵武狱中惨遭敌人杀害。尽管何玉莲同志受到接踵而来的打击，但她还是忍受着家庭的不幸和悲痛，一如既往，充满革命乐观主义精神，以压不倒、拖不垮的坚强革命毅力奋战在邵（武）、顺（昌）、建（阳）地区。即使到1941年冬，邵武中心县委只剩下她和方梓生、程胜福3人，她还是忠其职、尽其责，坚守在中心县委的岗位上。

1942年春节刚过，国民党顽军八十师向邵（武）、顺（昌）、建（阳）地区发动历时4个月的第二次军事进攻。何玉莲同志受中共福建省委曾镜冰书记的派遣，同汪林兴、何天福等同志辗转于邵武、光泽、建阳、顺昌、崇安等地乡村，开展革命工作。2月中旬，她随汪林兴同志来到邵顺建县委驻地书坊南门丁厝村。有一天，她在丁厝南山香菇厂正召集县委和区委领导联席会，突然，在厂外放哨的陈昇宝听到装在山径路上的"竹狗"响了，发现敌八十师和壮丁搜山队正围上来，忙叫："阿爸，兵来了！"在大家慌乱之中，身经百战的何玉莲同志，非常沉着地掏出手枪，指挥同志们迅速向厂后密林中转移，直看到同志们都撤完了，她才转身往石岩山上爬。一个壮丁搜山队员发现了她，正抓住她的衣衫后角，她机智地脱掉被抓的外衫，攀上了岩头，然后挥手一枪结果了这名壮丁搜山队员的命。等追兵赶到时，她和同志们早已跑得无影无踪了，使八十师敌兵又扑了个空。"好险呀！幸亏何玉莲同志，要不我们又要遭殃了！"这是撤到菜窠时，同志们所说的话，而她心想：现在，我们的担子更重了。

同年5月，福建省委机关从书坊南门丁厝天武坪转移到丁厝菜窠里厂。中共顺昌县委书记翁赫贵调回省委工作。根据曾镜冰的指示，顺昌县委改为原来的中共邵顺建县委，由陈和盛担任书记，何玉莲任妇女部部长，原属顺昌县委、区委的领导班子成员保留原样。此时，程胜福、翁赫贵、王忠华同省委警卫班的陈维新等人到太阳山搭棚，准备举办第五期武夷干校。是年7月，左丰美率部到顺昌仁寿、建瓯吉阳一线开辟新区工作，何玉莲随陈和盛到顺昌仁寿、矮坪、大布、只坑、余圹、苦株礤，邵武山下、山坊、横排、南礤、中村、王溪口等连成一片的基点村，发动群众进行筹粮筹物。他们为党的事业，同甘苦、共患难、顶烈日、攀高山，结下了深厚感情。当她看到陈和盛同志一家七口，由于孩子失去母亲，家庭生活无人照料之时，她总是坚持晚上下村工作，白天到陈和盛家主动帮助，无论打柴、挑水、洗衣、做饭等家务活，均打理得井井有条，充分展示了何玉莲同志毫不利己专门利人的共产主义崇高品德和慈母般的善良胸怀。不久，组织上为了使陈和盛同志不受家庭拖累，专心为党工作，经汪林兴同志撮合，何玉莲与陈和盛结成了生死与共的革命伴侣。他们一起重上太阳山，参加省委举办的"武夷干校"第五期学习班。在这期间，由于日寇全面扫荡冀中、冀东抗日根据地，从而牵制了国民党在闽顽军。书坊局势也因福建省委统战工作的作用，趋于平静。何玉莲同志却没有一天闲着，白天在山上参加整风整训，晚上还得回家照料不满4岁的子女。面对数九寒天，火笼当被，房不遮雨，饥不果腹的艰难岁月，她从来就没叫声苦，始终充满着革命的乐观主义精神。

1943年4月，平静的太阳山风云突变，以钱东亮为总指挥的"闽北绥靖指挥部"调集3个团的兵力，在建阳麻沙和邵武朱坊设立指挥所，重点围攻省委驻地太阳山周围的乡村，形势十分危急。这时正在太阳山武夷干校学习班学习的何玉莲同志，根据省委部署，立即赶回丁厝，找县委书记陈和盛研究，将县、区委人员立即转入地下进行隐蔽斗争，她还走村串户发动群众把粮食物资埋藏起来，坚壁清野。她一面组织县委游击队，声东击西，牵制正面进攻太阳山省委机关的敌保六团三大队七、九中队，一面带领县委骨干协助省委疏散机关家属，从而为省委主力部队的突围和省委机关安全撤至饶坝洋山，赢得了宝贵时间。这年5月，在省委主力部队突围中，由于省委机关司务长邱金生叛变和敌人的疯狂扫荡，以书坊南门丁厝为中心的邵顺建县、区、村三级党组织遭到了严重破坏，根据地人民遭到了严重摧残，太阳山周围的34个基点村、74个笋厂、5000多亩山林被烧毁，300多名干部群众遭捕押，陈和盛和何玉莲的4个子女也被关在书坊的炮楼里。在农历四月二十七日这天，敌人在书坊抄斩4门11人，制造了血洗书坊的惨案。

此时，何玉莲、陈和盛、许凤梅（许杰）、陈林章等6人，与省委、县委的联系完全中断了。何玉莲当机立断，6人分成三路走，她同陈和盛带着16岁的长子陈昇宝，强忍着满腔怒火和悲痛，连夜告别了菜窠的众乡亲，前往邵武朱坊、横排等地寻找省委留在闽北坚持斗争的王文波同志，以期得到上级指示，好重整鼓旗报仇雪恨。在横排，她考虑到陈和盛后代的安全，又同生死与共的丈夫连夜写好两封"寄子托亲信"，一封交给县委接头户朱家合，一封转交给堂兄陈龙球，表达了何玉莲夫妇革命到底的赤胆忠心。同年6月，何玉莲夫妇，日伏夜行，翻山越岭，从横排村转移到顺昌交界的王溪口，找到姑妈冯细妹，并在她家里隐蔽下来。何玉莲白天帮姑妈洗衣、做饭，晚上又到槎溪南磜等村探听省委和王文波等同志的下落，秘密开展恢复原来苏区的群众工作。就在这时，一个曾经搞过内线工作的甲长郑阿勤叛变了，他引来了谢坊民团便衣队，便衣队把何玉莲、陈和盛二人绑送到卫闽谢坊乡公所，几经严刑拷打，一无所获，敌人只好将她俩转送朱坊指挥所。敌督剿官曹集云，听叛徒密告，说男的是县委书记，女的是妇女部部长之时，便欣喜若狂，立即开堂审问，妄图从她口中挖出省委去向的情报。但是，备经考验的女红军何玉莲同志，早已置生死度外，无论是敌人的利诱还是酷刑，她都和丈夫一样，坚贞不屈，视死如归，守口如瓶。经过多次折磨，何玉莲被打断了两根肋骨，陈和盛被打断了左手、左脚，但他们仍然骂不绝口，同敌顽进行不屈不挠的斗争，表现了共产党员坚贞不屈的英雄气概。敌人无计可施，便于农历五月二十日下午，将何玉莲、陈和盛夫妇，拖到朱坊炮楼附近的牌坊边沙坝上杀害。临刑前，这对革命夫妇同声高呼："打倒国民党反动派！""中国共产党万岁！"最后壮烈牺牲。

何玉莲烈士的一生，是光辉的一生，她为了党的事业，从江西战斗到福建，走尽了闽北的群山峻岭，踏遍了邵顺建的高山村寨，点燃了妇女解放火种，唤醒了沉睡的妇女大众，献出了年轻的生命。她不愧为我党的英雄儿女，她那英勇善战、坚韧不拔的革命精神永远活在邵顺建人民的心中。

英雄业绩存千古，洒尽热血照千秋！

（原载《建阳革命史》）

叶珍珠：为了五颗"滴血"的子弹

黄文富

1936年底，国民党反动派拼凑了10多万兵力，在敌总指挥刘建绪的统领下，对闽、浙、皖、赣进行"清剿"。他们采取"分头包剿，围追堵截""军事政治双管齐下"的战略，重点"围剿"坚持在闽浙边、浙西南进行游击战争的红军游击队。敌人在军事上采取由东到西、由南到北进行拉网式的包围逼近；在政治上强化保甲制度，实行"一户通匪、十户连坐"的"连环切结法"，对粮食、食盐、药品等物资进行严格的封锁。同时，四下张贴布告："通红军者，为红军送粮、盐者，送情报者，知红军不报者，格杀不赦。"敌人新一轮的"清剿"来势汹汹，反动气焰甚嚣尘上，一时间，闽浙边、浙西南游击根据地形势急转直下，相当严峻，敌人白天看烟火、夜晚看火光，稍有风吹草动便轮番"清剿"、逐段搜山。红军游击队粮尽弹绝、缺医少药，只能化整为零，昼伏夜行，转入深山竹海，过着天当被，地当床，野果、苦笋当食粮的野人般的生活，坚持进行艰苦卓绝的游击战争。

浦城忠信毛洋，地处闽浙边界，这里群山逶迤，重峦叠嶂，峡谷幽深，交通闭塞，土地贫瘠，加之土豪劣绅的剥削压迫……居住这里的群众，大多是终年劳累不得温饱的穷苦山民，他们的身上蕴藏着强烈的斗争愿望。

1935 年 2 月，粟裕、刘英同志率中国工农红军挺进师，冲破敌人的重重封锁，挺进闽浙边、浙西南开辟游击根据地，建立了龙（泉）浦、龙（泉）遂（昌）县委，县委机关一度驻毛洋。

叶珍珠就出生在毛洋一个山高路险、地处偏僻的小山窝里，她家一贫如洗，四壁斗空，童年是在挨冻挨饿的泪水中泡大的。粟裕、刘英同志率红军挺进师来到这里，发动群众，组织斗争，建立党组织，成立苏维埃政府，打土豪开粮仓，查田插标分青苗，毛洋一带革命烈火熊熊燃烧，武装斗争如火如荼。在红军游击队的宣传教育下，叶珍珠懂得了许多的革命道理，她积极参加革命斗争，经常为红军游击队洗衣、做饭、打草鞋、护理伤病员，传递情报，做向导引路……叶珍珠在毛洋开了一个饭店，名为饭店，实为红军游击队的地下交通站。

1937 年春，国民党反动派"围剿"闽浙边、浙西南。国民党六十三师有一个营驻扎在毛洋，营部就设在叶珍珠的饭店，为了获取敌人的情报，叶珍珠假意热情接待了他们。日子久了，国民党兵就放松了警惕，不把她当外人看待，敌人部队行动时，有的匪兵还会向她透露消息，叶珍珠得知消息后，及时地向红军游击队传递了情报。由于掌握了敌人的情报，红军游击队就有了主动权，只要国民党军队一出发，红军游击队就无踪无影，有时还在途中埋伏袭击敌人，或是叫敌人腹背挨打。这样一来，驻毛洋的国民党军便不敢轻举妄动了。

一天，敌人又要进山"清剿"了，敌营部的几个匪兵，因头天晚上漏夜打麻将，清晨正在梦中，猛听到集合哨声，匪兵慌慌张张收起武器弹药就集合出发了，慌忙中匪兵有 5 颗子弹忘在打麻将的饭桌上。敌人走后，叶珍珠正要打扫饭店收拾饭桌，她发现饭桌上有 5 颗子弹，心想：红军游击队正缺枪支弹药，这不是雪中送炭吗？便机警地把 5 颗子弹藏在了红军游击队接情报的隐蔽处。

傍晚，上山"清剿"的敌人回到了饭店，敌营长气喘吁吁、火冒三丈，大骂营部几个匪兵，要追查是谁透露"清剿"情报，使他扑空而归，一个红军游击队员也没有"剿"到，上峰还不知怎样拿他是问呢？联系到清晨集合时丢失 5 颗子弹的事情，便将怀疑的目标放在了叶珍珠的身上。这天"清剿"，红军游击队虽然没有损失，但因敌营部一个军医的告密，第二天叶珍珠被国民党兵抓捕了。

叶珍珠被捕后，敌人以为她是一个普通山民妇女，在审讯中对她百般利诱，想要她嘴中说那五颗子弹的下落，从而诱捕红军游击队。谁知叶珍珠一言不发。敌人气急败坏，又对她进行严刑拷打。叶珍珠浑身被打得皮开肉绽，十指鲜血淋淋，敌人以死相威胁，叶珍珠始终守口如瓶。敌人无计可施。为向上峰显示"清剿"功劳，便以"土匪婆"的罪行将叶珍珠押解到忠信高溪，游乡示众、砍头杀害，最后敌人还残忍地割下叶珍珠的头颅，挂在浦城城关北门城楼上……

叶珍珠牺牲后，敌人以"通匪罪"抓捕了她的丈夫，想让这个老实巴交的山民说出那五颗子弹和红军游击队的下落，叶珍珠的丈夫伺机连夜逃离了毛洋，流浪外地不敢回乡，后来死在了流浪途中。

为向上峰交差，敌人还将叶珍珠的大儿子以"土匪家属"的名义抓捕，先是将他押送闽、浙、皖、赣"剿匪"总指挥部，后又押回浦城仙阳第三战区军人监狱，几经辗转，问不出什么名堂，无奈将其释放。谁知他在回家的路上刚走到忠信游枫，又被国民党兵抓了壮丁，关押在浦城城关妈祖庙，因他不愿为国民党军队卖命，加之又是"土匪家属"，被国民党兵活活打死了。

叶珍珠的二儿子，尚未成年，母亲被杀害后，父亲出走毙命他乡，哥哥又被抓捕，孤苦伶仃，只好投亲靠友，寄人篱下过着有一顿、没一顿的悲惨生活。国民党兵得知其下落后，便要"杀一儆百，斩草除根"，又以"补充壮丁"的名义抓捕了叶珍珠的二儿子，将他也关押在浦城城关妈祖庙。可惜兄弟俩虽关在同一妈祖庙内，却未能见上一面。

在叶珍珠大儿子被打死后没几天，体弱多病、重疾染身的二儿子也被折磨死了。

敌人还妄想"竭泽而渔"，隔绝毛洋群众与红军游击队的鱼水关系，斩断红军游击队和毛洋群众血肉相连的骨肉亲情；敌人还以"土匪窝"的罪名，一把大火烧毁了叶珍珠饭店的房子。

后来，红军游击队从叶珍珠传递情报的隐蔽处取回了那5颗子弹。根据地群众述说了这5颗子弹是叶珍珠一家牺牲了四条生命、被烧毁了一座房子的代价保留下的。红军游击队员们个个同仇敌忾、义愤填膺，都说这是"五颗滴血的子弹"，我们要以血还血，以牙还牙，用这"五颗滴血的子弹"奋勇杀敌，坚持游击战争，粉碎国民党反动派的"清剿"阴谋。

就这样，"五颗滴血的子弹"的革命故事一直流传在三年游击战期间的闽浙边、浙西南根据地群众中。

（原载《红色浦城》）

新四军八女：血洒武夷山

占宽明 张金锭

新四军是中国共产党领导的坚持华中抗日战场的人民军队。新四军在抗日战争中的光辉业绩，惊天动地，气壮山河，为中华民族的独立解放建立了不朽功勋，曾被毛泽东誉为"华中人民的长城"。

1941年1月，国民党反动派制造了千古奇冤的"皖南事变"。随后，在上饶设立法西斯式的集中营，羁押被俘新四军排以上干部和从东南各省抓捕来的共产党员、爱国人士700多人。

1942年5月，日本侵略军发动浙赣战役，浙江的金华、衢县、江山等地相继沦陷，日军的飞机频繁空袭上饶。5月25日，茅家岭监狱26位新四军干部，赤手空拳举行夺枪暴动，冲出牢笼。面对时局和军事形势的突变，国民党第三战区司令部万分恐慌，匆忙决定将战区机关和集中营同时向闽北崇安县转移。转移前夕，集中营第六中队秘密党支部果断做出决定，在转移途中选择爬山、越岭、过渡等时机，举行集体暴动，并确定了暴动的组织领导、联络讯号等重大事项。

1942年6月17日下午2时左右，集中营到达崇安县赤石镇，在此等待过渡前往下梅村宿营。集中营第六中队80多位被俘新四军将士和爱国志士，在中共秘密党支部的领导下，在赤石镇渡口对岸举行了暴动。赤石暴动成功后，恼羞成怒的国民党当局，以重新编队为名，从各中队抽出 59 个所谓的"顽固分子"和"危险分子",押送到与赤石镇毗邻的角亭村的虎山庙旁,分三批进行血腥屠杀,除一位幸存外,共牺牲 58 位。其中新四军女兵 7 位,加上在兴田公路牺牲一位女兵,共有 8 位新四军女兵热血洒在武夷山,她们是新四军的骄傲和荣光。现将这八位新四军女兵闪光人生主要亮点,按其姓氏笔画——做介绍。

朱平,江苏省灌云县人,1922 年出生于江苏灌云县板浦镇。1935 年夏,她以优异成绩考入灌云县立初级中学。朱平的成绩拔尖,学校让她免费就读。

1939 年 5 月,朱平来到位于江都县吴家桥的新四军挺进纵队三支队队部,向他们提出参军的要求。支队领导高兴地接收了朱平,介绍她到皖南新四军军部学习。

1940 年初,朱平被分配到军部直属印刷所做校对工作。她是一个很要强的人,工作任劳任怨,一丝不苟,绝不放过一个错别字,保证了党报党刊和学习资料的印刷质量,经常受到上级领导的表扬。当年 9 月,18 岁的朱平光荣地加入了中国共产党。

1941 年 1 月,国民党顽固派制造了震惊中外的"皖南事变",朱平和战友们在东流山阵地浴血奋战,因寡不敌众、死伤过大,东流山阵地失守。朱平在跟随军部突围中,因极度疲倦不幸被俘。

1941 年 2 月,被俘的新四军干部被押至浙江的淳安、开化一带。3 月上旬,由浙入赣,到达上饶,囚于上饶集中营的周田监狱。4 月,上饶集中营的对外名称"军官大队"和"特别训练班"撤销,改称为"战时青年训导团东南分团",同时进行第三次编队,朱平被编在第四中队第三分队。5 月下旬,日本侵略军占领浙江金华,攻陷衢州。国民党军队望风而逃,日寇长驱直入,攻占江山,逼近上饶。国民党第三战区长官司令部一片混乱,匆忙向闽北崇安县转移。

1942 年 6 月 17 日,集中营第六中队在狱中秘密党支部领导下,在崇安县赤石镇利用过渡，成功举行了集体暴动。19 日，国民党特务在角亭村虎山庙侧屠杀了 58 名英勇不屈的新四军干部和爱国志士。23 日，集中营从赤石镇向建阳县徐市镇行进。朱平因身体原因走不动，被特务中队长枪杀在崇安兴田的公路旁，年仅 20 岁。

李捷，江苏省南京市人，1915 年出生于江苏南京市西华门一贫民家庭。7 岁时在仁孝里读私塾，8 岁转入沈平桥小学读书，后又转到大行宫小学读书。13 岁小学毕业后，她又以优异的成绩考入南京中区实验中学（后为南京市第一中学）就读。她在学校读书期间，积极参加了进步人士组织的剧社演出活动，向广大市民宣传抗日救亡道理。

1937 年"卢沟桥事变"发生后，李捷逃到安徽乌溪镇小学教书。她激于民族义愤，参加了当地抗日团体，积极宣传抗日救国的道理。1938 年，她参加了新四军，在皖南泾县教导二中队学习。结业后，她分配到青年队任文化教员，后调军部政治部新闻台当青年委员，同年加入中国共产党。

1941 年 1 月，国民党顽固派制造了震惊中外的"皖南事变"，李捷不幸被搜山的国民党军所捕。同年 3 月，李捷被押解到上饶集中营，编在"军官大队"第五中队第三区队七班。这年 5 月，女生第三区队成立了中共秘密组织，由李捷、瞿淑、戴庆哲三人负责，主要领导人是李捷。

1942 年 4 月，上饶集中营对外改称"东南分团"。同年 5 月，日军进犯浙赣线。金华沦陷后，集中营从上饶往闽北崇安县转移。6 月 17 日下午 5 时左右，集中营第六中队 80 多名新四军干部和爱国志士，在第六中队中共秘密支部领导下，他们在崇安赤石镇渡河时举行了暴动。不甘心失败的敌人，疯狂报复。19 日下午 3 时左右，在角亭村虎山庙侧对被囚的新四军和爱国人士中所谓的"危险分子"和"顽固分子"进行集体屠杀，李捷在高呼革命口号声中英勇就义。

汪企求，江西省新建县人，1920 年 10 月生。在当地初中毕业后，到南昌就读。1937年抗战全面爆发后，她高中尚未毕业，就到南昌参加了抗敌后援会文工团，投入了轰轰烈烈的抗日民族救亡运动。1938年2月，汪企求与新四军驻南昌办事处取得了联系，加入中华民族解放先锋队，不久加入了中国共产党。

1938年4月，汪企求要求上前线，组织上将她送到皖南新四军军部教导总队学习。她在军部教导总队经过半年的学习结业后，被分配到军部当速记员。

1941年1月，血腥的"皖南事变"发生，经过七昼夜的浴血奋战，新四军军部及直属部队指战员终因敌众我寡，粮尽弹绝，被敌人四面围困封锁，大部分壮烈牺牲或被俘。汪企求被俘后，关押在上饶集中营"军官大队"第五中队。

汪企求在集中营一直在策划着越狱逃跑。1942年4月的一个傍晚，她和陈丽霞同志，一个穿旗袍，一个穿短衣长裤，扮成姑嫂二人，趁宪兵换岗的时机，悄悄地从狱中逃了出来。第二天，她们在江西玉山县城一家小饭店吃饭时，遇到两名国民党兵。国民党兵把她们送到镇上国民党的空军指挥部，经将两人分开审讯，审出她们是从集中营逃出来的，于是把她们送到玉山县地方监狱，并通知上饶集中营派人领回，于是，她们又被押回上饶集中营关押。

1942年6月，日军沿浙赣铁路线进犯。国民党三战区长官司令部向福建崇安迁移，集中营也随之向闽北崇安县转移。6月17日，集中营第六中队秘密党支部在赤石镇河畔，领导了集体暴动。19日下午，汪企求在角亭村虎山庙侧，被国民党特务屠杀，汪企求高呼革命口号英勇就义。

徐瑞芳，广东东莞人，1918年出生于一个富有的南洋华侨家庭。1936年高中毕业后，考入上海同济大学医科就读。1937年抗日战争全面爆发后，同济大学等大专院校远迁昆明，合并成立西南联合大学，徐瑞芳转到西南联大继续读书。她爱读革命进步书刊，接近进步师生，走向街头，积极参加抗日救亡活动。

1940年冬，徐瑞芳到皖南参加新四军，她积极进行抗日反顽的宣传鼓动和救护伤员工作。1941年1月，国民党顽固派制造了震惊中外的"皖南事变"。徐瑞芳在战场上，被流弹打伤，一度昏迷，后被押送到上饶周田村，囚入上饶集中营"军官大队"第五中队三区队。

1942年4月，上饶集中营"军官大队"和"特别训练班"撤并，改称"战时青年训导团东南分团"，下辖两个大队、六个中队，徐瑞芳与女同志均被囚于第四中队三分队。6月初，由于日本侵略军逼近上饶，"东南分团"奉命往闽北崇安县转移。

6月17日下午，第六中队秘密党支部领导全队举行集体暴动，并取得成功。敌人不甘心失败，疯狂报复，于当月19日在角亭村虎山庙侧，集体屠杀了58位新四军干部和爱国志士。徐瑞芳在敌人屠杀中，壮烈牺牲。

杨瑞年，江苏省镇江人，1916年生。14岁时，杨瑞年考入扬州中学，后又考入苏州女子师范学校。毕业后，回到镇江当小学教员。1937年"卢沟桥事变"，抗日战争全面爆发。同年冬，她经长途跋涉，先到西安，后到山西临汾参加了八路军一一五师女兵队。1938年春，新四军军部迁至南昌，她调到新四军军部工作。不久，随军部转移到皖南，分配到新四军服务团任民运队队长，后在军部教导总队任文化教员。同年冬她加入了中国共产党。

1941年3月，国民党顽固派将"皖南事变"中被捕的新四军排以上干部，押解到江西上饶的周田村，关进上饶集中营。杨瑞年被编在"军官大队"第五中队第三区队。

1942年4月，国民党顽固派为了加强对全国各地集中营的控制，将上饶集中营的"军官大队"和"特别训练班"合并，对外改称为"战时青年训导团东南分团"，下辖六个中队，并进行了第三次编队。杨瑞年与其他女同志，被编在第四中队第三分队。

1942年6月初，在日本侵略军进逼上饶之际，"东南分团"在荷枪实弹的特务宪兵押解下，向崇安县方向转移。6月17日，第六中队新四军干部和爱国志士到达崇安县赤石镇，他们利用渡崇溪河的时机举行暴动，冲上武夷山，暴动成功。第二天黄昏时，杀人不眨眼的特务匪徒，杀气腾腾来到第三分队，放大嗓门："女生队全体集合。"并拿出一本花名册，点了杨瑞年等7位女兵的名字，并慌称：编到另外一个中队去。

6月19日下午，杨瑞年被端着刺刀的宪兵押到角亭村虎山庙侧，进行屠杀。杨瑞年身上被射中三颗子弹，仍没有倒下去。她使出最后的力气高呼："打倒国民党反动派！""中国共产党万岁！"壮烈牺牲。

胡珍水，江西省南昌市人，祖籍安徽省芜湖县，1919年出生。1936年胡珍水在家乡中学读书时，曾参加抗日救亡运动。1938年，她停学参加新四军，在军部服务团民运队工作，1939年加入中国共产党。

1941年1月，国民党顽固派发动了震惊中外的"皖南事变"，以七个师8万多兵力，对奉命北移途中的新四军9000多人突然包围袭击。胡珍水在分散突围中被国民党军一○八师俘虏，被关押在蒋介石嫡系部队五十二师师部。3月，胡珍水被押到上饶集中营，编入"军官大队"第五中队三区队。在上饶集中营里，她在狱中秘密党组织的领导下，与全体女同志紧紧地团结在一起，坚贞不屈，英勇顽强，同敌人展开了面对面的斗争。

同年8月，敌人将全体被囚女同志押在"大礼堂"举行测验。20道试题中夹杂着政治题目，如果照答，就等于写了一份自首书。胡珍水为了抵制敌人的所谓测验，一字不写，交了白卷。特务中队队长曾恭生见状，又气又恼，处罚全体女同志在烈日下出"特别操"。

1942 年 4 月，上饶集中营对外改称为"战时青年训导团东南分团"后，胡珍水被编在第四中队三分队。6 月初，日本侵略军已逼近上饶，"东南分团"往闽北崇安县转移。6 月 17 日，第六中队新四军干部和爱国志士在崇安县赤石镇举行集体暴动成功。18 日，宪兵特务到女生队，放大嗓门点了胡珍水的名，要她出列站一边，并诓骗说："你将要编到另外一个队去。"19 日下午，胡珍水被敌人屠杀在角亭村虎山庙侧，为祖国抗战英勇献身。

戴庆哲，湖南省长沙市人，1912 年 11 月生。1933 年，毕业于湖南省立第二中学高中师范科，之后到湖南湘潭、长沙、宁乡等地任小学教员。1937 年冬，戴庆哲参加了小学教师寒假回乡服务团，积极开展抗日救亡宣传工作。

1938 年，在参加抗战救亡的活动中，戴庆哲阅读了不少进步书刊，接受了党的思想教育。不久，她被吸收成为一名中国共产党党员。1939 年 5 月，戴庆哲到邵阳找到新四军驻湘办事处，见到了新四军驻湘办事处的负责人王凌波，取得了去新四军工作的介绍信。

1939 年 11 月 6 日，戴庆哲到达安徽泾县云岭村的新四军军部，她被分配到军部战地服务团民运队工作。1940 年春，由民运队队长张祖尧带队，出发到新四军三团驻地的铜陵、南陵、繁昌三县农村开展民运工作。1941 年 1 月，国民党顽固派制造了震惊中外的"皖南事变"，戴庆哲在突围中被捕关进了上饶集中营，编到集中营的女生队。

1942 年 5 月，日寇进犯浙赣铁路线，国民党第三战区长官司令部慌忙逃离上饶，集中营跟着转移到闽北崇安县。集中营第六中队在狱中秘密党组织领导下，在崇安赤石镇利用过渡机会，举行了震动大江南北的赤石暴动，冲向武夷山革命根据地。6 月 19 日，敌人为了报复，将新四军干部和爱国志士中 59 位所谓的"顽固分子"和"危险分子"绑押至角亭村的虎山庙侧，分三批集体枪杀，只有秦烽幸存。戴庆哲面对凶恶的敌人枪口，高呼革命口号，英勇牺牲。

瞿淑，江苏省靖江县人，1912 年 5 月出生。1920 年，瞿淑先在靖江第一女子小学读书，后转学上海江湾劳动大学附属小学读书。1926 年毕业后，她回到老家靖江，考入镇江中学师范部。中学毕业后，她曾在靖江、江阴等地担任小学教员。

1937 年"七七"卢沟桥事变，抗日战争全面爆发，瞿淑辞去小学教员职务，离开家乡，西上武汉一带进行抗日宣传活动，寻找救国救民的真理。1937 年底，瞿淑投奔革命圣地延安参加革命，在抗日军政大学学习。1938 年，瞿淑加入了中国共产党，同年夏结业，由组织分配到湖南衡阳、广西桂林一带，以小学教员身份做掩护，从事党的地下工作。

1940 年由八路军驻桂林办事处介绍，瞿淑转到新四军，被分配在二支队三团任服务团团员。1941 年 1 月，国民党顽固派制造了震惊中外的"皖南事变"，对奉命北移的新四军突然包围袭击。瞿淑隐蔽在山上茅草中，被搜山的国民党军所捕，囚入上饶集中营，编在"军官大队"第五中队三区队（又名女生区队）。

1942 年 4 月，上饶集中营改称"战时青年训导团东南分团"，瞿淑被编在第二大队四中队三分队。同年 5 月，日军向浙赣沿线侵犯，步步进逼上饶，上饶集中营往闽北崇安县转移。6 月 17 日，集中营第六中队 80 多位同志在狱中秘密党支部领导下，成功地举行了集体暴动。6 月 19 日，敌人对集中营新四军干部和爱国志士进行集体屠杀，瞿淑被枪杀在崇安县角亭村的虎山庙侧。

（原载《永远的丰碑》，有删改）

叶起莲：满门赤诚的女共产党员

吴翠英　季守岐

　　叶起莲，1923年10月出生在浙江龙泉县宝溪乡坑里源头一个贫苦的农民家庭。11岁时，因生活所迫，由父亲送到与家乡相距20里的浦城县东坑桥，在吴礼生家做童养媳。

　　东坑桥是个小山村，位于闽浙要道上。全村17户中除客栈、货栈各一户，其余都是贫苦农户，靠种山、扛木材维持生活。当时，吴礼生也未成年，一家人全靠他父亲一人养活。父亲背一天木头得到的工钱多则三四斤米，少则一斤多米，全家人常常填不饱肚皮。吴礼生和叶起莲只好上山挖山粉、找野菜，过着半饥半饿的生活。

　　1935年3月，红军挺进师转战闽北苏区开辟革命根据地，先后建立了浙西南特委和龙浦县委。东坑桥也常有红军活动。1937年春，有几个红军到东坑桥联系买猪。热爱红军的吴礼生、叶起莲就将自家的猪宰了，卖给红军，并由吴礼生、吴礼根兄弟抬着送到红军驻地。天将拂晓，叶起莲见遍地猪毛，感到不安全，迅速地把地上猪毛扫净，将猪毛塞到灶里烧掉，把杀猪用具收拾清楚。天亮后，果然数十个国民党兵闯进东坑桥，挨家挨户搜查。吴礼生送猪回来，在路上听到枪声，十分担心家里出事，待国民党军一走，他就跑步回家，当看到叶起莲停立门口，家里地面清清爽爽时，也称赞妻子警惕性高，手脚伶俐。

1937 年 6 月，龙浦县委派曹景恒、傅家立带领一支红军，辗转于龙泉的宝溪高山和浦城的东坑桥一带，宣传党的政策，团结抗日，提高群众觉悟，壮大革命队伍，东坑桥的吴礼生、吴礼旺、张林松等参加了中国共产党，并建立了东坑桥党支部。这时，叶起莲虽然还未入党，但在党组织的教育下，懂得了穷人为什么穷，富人为什么富和阶级划分、工农求解放等道理。此后，她自觉地在党支部领导下参加革命活动，协助丈夫做好工作。

1938 年春，在党领导下的抗日救亡运动全面掀起，中共龙浦县委书记宣恩金在竹垟乡天师坛召开了一个群众大会，宣传党的政策和法令，动员农民群众为抗日战争服务，争取抗日战争胜利。东坑桥党员吴海兴参加了这次大会，他回来后，向大家做了传达。这时，叶起莲的阶级觉悟和对党的认识又进一步提高，经曹景恒同志介绍，加入了中国共产党。入党后，她积极投入抗日救亡运动。村里的女党员发展到 9 名，专门成立了一个妇女党支部，由女党员范陈秀担任党支部书记，叶起莲担任党小组长。

1940 年，国民党顽固派消极抗日，积极反共，封锁路口，搜捕共产党员。为此，共产党员就转移到深山密林中搭棚住宿，坚持斗争。许多群众主动为游击队送饭、送菜、传递情报，这多数是由妇女承担的。游击队在离东坑桥村三里路的老鼠窝山寮里隐蔽时，叶起莲就经常把辣椒、茄子干送去给他们吃。

叶起莲生了孩子后，因婆婆年老力衰，她的家务事更繁重了。但她并没有忘记自己是一名共产党员，不管家务多忙，也不顾革命道路怎样艰险，总是任劳任怨，披荆斩棘前进。逢遇女党员秘密开党小组会，她都准时参加，从无缺席。婆婆看她常常夜里奔波，埋怨说："一个女人，黑夜到处串，成个什么样子……"叶起莲为了严守党的秘密，又不能直言，只好不作声。由于地下党活动频繁，引起了敌人的注意，驻高山村的国民党军汤某带兵到东坑桥时，威胁妇女说："哪一个女的为红军做鞋，我们就对她不客气。"叶起莲毫无惧色，带领妇女继续为游击队做鞋，仅她一人前前后后就做了30多双，还秘密送上山去交给游击队员。住在山上的游击队需要米，叶起莲就采取分散买米的办法，买来后合在一起送上山。送粮路上碰到探子或可疑的人进村，就以挖猪草、采茶叶做掩护，坚持为红军送粮食。一天夜里，叶起莲刚上床，听到家门口有猫叫，这是一种约定的信号。她一骨碌地起来，轻轻地开门，把游击队迎进家。

1941年下半年，国民党反动气焰十分嚣张，到处屠杀地下共产党人。中共浙西南特委书记张麒麟安排一部分人去遂昌一带打击敌人的气焰，叶起莲的叔子吴礼旺也参加了。由于地主告密，敌人放火将东坑桥村烧了9户房子，好在叶起莲和丈夫吴礼生、3岁的儿子吴先华以及妯娌叶金莲（即吴礼旺的未婚妻），事先已转移到五里外的石砻坑山棚前居住，才幸免于难。叶起莲在环境恶劣、生活艰苦的情况下，仍然毫不泄气，继续开展革命斗争。

1942年11月的一天早晨，叶起莲、叶金莲在山上烧饭的烟火被宝溪乡焦下村的吴张旺发现，吴张旺即到宝溪乡坑口村向国民党告密。当天夜里，反动头子肖公健（龙泉保安大队队长）派了一中队的保安兵，把枪架在岩头上，包围了山棚。敌人不知棚内有多少人，拼命喊话。吴礼生在睡梦中被惊醒，连忙推醒叶起莲，自己则一闪身滚下岩沟里。敌人一听有响声，就用机枪扫射。叶起莲抱着孩子刚冲出门外，不幸背部中弹倒在血泊中，牺牲时年仅20岁。敌人闯进山棚，点起火把山棚烧了，还抢走叶起莲的孩子吴先华，并卖给塘溪洪某（税务警），不久孩子病死。叶起莲的丈夫吴礼生后来也被国民党反动派捉去杀害了。

（原载《红色浦城》）

陈珍珠：冒险买药救伤员

张玉仁

　　陈珍珠，1898 年 5 月生，福建省光泽县华桥乡牛田村人，20 岁时嫁入增坊村，出身贫苦农民家庭，小学文化。1932 年 10 月参加革命，翌年 2 月入党，11 月任增坊村妇女会主席。1933 年 2 月任中共牛田区委妇女会指导员，4 月任抚东分区委妇女部部长。

　　1933 年 5 月的一天，正在家中忙碌的陈珍珠，听说前方送来一批伤员在红军医院，她立即停下手中的活，叫上同村 3 位姐妹赶往医院帮忙。红军医院设在增坊村桥庵自然村邓氏宗祠内，与增坊村相隔仅 1 公里，医院有医生人员 3 名，没有护理人员。陈珍珠担任妇女主任后，经常组织妇女到医院帮助伤员做些洗衣做饭、包扎伤口等事情，在工作中慢慢学会一些护理常识，有时充当起护士的角色。

　　她们 4 人来到医院，院内聚集有 10 多人，医生正在给伤员包扎伤口，说话声、伤员叫喊声混杂在一起。陈珍珠想找医院黄主任，问问需要什么帮助，在宗祠内找了一圈没见着他。她又走进宗祠左边的一个厢房内，看见黄主任正在给一重伤员处理包扎伤口，旁边还站着一位红军战士。

　　见到陈珍珠进来，黄主任摘下口罩，走上前来，握住她的手说："陈部长，我们正要找你，刚好你来了，真是太好了。给你介绍一下，这位是红军张连长，是他和几位战士把伤员送到这里的。"说完，黄主任做了一个请坐的手势。

陈珍珠刚坐下，张连长就说："陈部长，你来得正好，我们有重要事情和你商量。是这样，这次红军在江西黎川和敌人打了一仗，红军受到很大损失，伤亡很重，其中7名伤势较重的伤员被送到这里，还有2人伤势更为严重，身上有多处枪伤，需要立即手术。医院的情况你也知道，手术需要麻醉药和消炎药，可我们医院没有。你是当地人，这边情况熟悉，请你想办法买些药回来，尽快实施手术，不然伤员就没命了！"。

以前买药，陈珍珠都是到江西资溪县城联系地下交通员的。这次陈珍珠毫不犹豫地答应下来。临走时，黄主任交给了她几块大洋。

接受任务后，陈珍珠回家做了一番安排，又从自己陪嫁品中，取了几件金饰品，放在内衣兜里。她晚饭也顾不上吃，就连夜赶往资溪县城。

到达资溪县城，已是晚上9点多，资溪大街上已没有什么行人，她一个人快步来到城西交通联络员家，轻轻敲了敲门。过了一会儿，门才打开，探出一个人头往外瞧，陈珍珠看清楚正是熟悉的老吴，"老吴，是我，陈珍珠。"陈珍珠轻声地说道。

"是珍珠啊，快请进！"老吴立刻把她请进屋。

来到内屋，还没等坐下，陈珍珠就急切地说道："老吴，我找你有急事，增坊红军医院送来一批伤员，有2个伤势很重，需要手术，急需麻醉和消炎药品，请你想办法买些回来，如能买到就是多花些钱也行。"

"资溪城北前不久开了一家西医诊所，那里的医生我和他们打过几次交道，有些交情，我去看看能否买到。"老吴回答道。

"好！老吴，你快去快回，尽可能多买些回来，增坊那边还在等着用药救人呢。"说完，她从怀里拿出用布包好的大洋，交给老吴。

"好，我这就去诊所，你在这儿等着。"老吴接过银圆，只身就往外走。

等了一个多小时，老吴才回来。"珍珠，珍珠，药买到了！"一回到家，老吴就高兴地对陈珍珠说。听说药买到了，陈珍珠立马站起来，紧紧地握住老吴的手，兴奋地说："老吴，谢谢你，谢谢你！这下伤员有救了。"说完，她从老吴手中接过一大包药品，打开看了看，包里面有针剂，口服成药，还有麻醉消毒药品，共几十种。

"老吴，这回你立大功了，这么多药，够医院使用一阵子。时间不早了，我还得赶回去！"

"好吧，救人要紧，我也不留你。可现在这么晚，已经是深夜了，你一个女同志，太不安全了！"

"不怕，这条路我夜晚经常走，很熟悉，都没发生什么。另外，我到现在还没吃饭，你家有什么吃的东西，我带路上吃。"

"还没吃饭？我家也没什么吃的，还有几块饼干，可以不？"

"行，只要能填肚子就行。"

说完，老吴从房间拿来一小包饼干交给她。陈珍珠接过饼干，背起药包，和老吴挥手道别，走出老吴家。回去的路上，陈珍珠一边吃饼干，一边快步走。

回到桥庵红军医院，已是下半夜3点多了，医院的灯光依然亮着，她用力敲了敲大门，开门的正是黄主任。他带着惊奇的目光说道："陈部长，你这么快就回来，真是辛苦你了，药买回来了？"

"你看，这是什么？"陈珍珠指了指身上的背包。

"啊，买到了？太好了！快，快！立即手术！"黄主任大声说道。听说药买到了，另2位正在待命的医生，也立刻迎了出来。3位医生很快来到手术室，分别给2位重伤员实施手术，手术一直做到第二天中午12点多才结束。手术期间，陈珍珠都陪伴医生身边，担负起护士的角色，协助手术。手术结束后，陈珍珠累倒了，她是在2名战士的护送下，才回到家中休息。

第二天吃过早饭，陈珍珠带着2位妇女会同志，来到医院帮助照顾伤员。黄主任带她查看了伤员恢复情况，在检查到一名重伤员时，黄主任说："这名伤员，名叫何海生，手术后才刚醒来不久，他有3处伤口，虽然弹片是取出来了，没有生命危险，但因失血过多，身体非常虚弱，他的家离这儿很远，医院条件又差，营养跟不上，恢复起来很慢。"

陈珍珠想了一会儿，对黄主任说："黄主任，这样好不好，这位何海生就接到我家去休养，由我来照顾他，平时多做些好吃的给他，补补身体，尽快恢复健康，好上前线打敌人。"

"接到你家去休养，当然比医院要好，但是你家人同意吗？"黄主任说。

"家人的工作我会去做，你放心，我家里人通情达理，都很好说话。我一定会把他当作自己的亲人照看，让他身体尽快恢复。"陈珍珠坚定地说。

"这点我相信你！不过，你还是先回去和家里商量一下，我这边也和另外2位医生说一下，看看他们的意见。"黄主任说。

"好吧，听你的，我这就回去，和家里商量商量。"陈珍珠说完，走出了医院。

回到家，陈珍珠就把接伤员回家休养的事，跟丈夫和公公、婆婆说了，家里人都很支持她。获得家人同意后，陈珍珠很快又回到医院。

"陈部长，这么快就回来了，你真是个急性子，其他2位医生没意见，你可以把伤员何海生带回去。"黄主任一边说，一边把她带到病房。就这样，陈珍珠把重伤员何海生接回了家中疗养。

把何海生接到家里后，陈珍珠每天都精心照顾，给他清洗伤口换药，按时喂食喂药。伤口稍好后，陈珍珠几天杀一只鸡或者鸭，煲汤给他喝。还不时叫丈夫到河里捕鱼，每天都变着花样给何海生做好吃的，比照顾妇女月子还细心。除了照顾何海生，陈珍珠还组织妇女做鞋，给红军送慰问品，动员青壮年参加红军，帮助红军家属代耕等。

在养伤过程中，何海生的伤口慢慢愈合，身体得到恢复，和陈珍珠一家人建立起深厚的感情，并和陈珍珠丈夫结拜为兄弟。3个月后，也就是这年8月，何海生痊愈，重新加入红军队伍。临走那天，何海生向陈珍珠一家行跪拜大礼，感谢他们的照顾。

1933年12月，国民党军第九师、十二师进攻牛田，陈珍珠不顾自己安危，一面组织男女老少撤退，安置保护已经暴露身份的妇女干部、积极分子；一面帮助转移红军医院伤病员、医疗器械等重要物品，协助红军、赤卫队运送粮食、送食盐、被服及其他军用物资。在组织转移中，陈珍珠不幸被捕，关押在增坊村源头自然村敌人临时设的牢房，两个星期内遭遇敌人酷刑18次之多，她忍受着火烫、钉竹签的剧痛，仍坚贞不屈，不向敌人吐露半点秘密。1934年1月初，陈珍珠被押解去江西省资溪县，途经下长岭村时遭敌人杀害，壮烈牺牲，年仅35岁。中华人民共和国成立后，陈珍珠被民政部追认为革命烈士。

（原载《红色记忆》《光泽历史文化传奇故事》）

陈珠钦：英名永留青山绿水间

范永光 苍锐

在建（瓯）、松（溪）、政（和）地区的红土地上，一个英烈的姓名至今仍被传颂，她就是牺牲时年仅 22 岁的陈珠钦。

陈珠钦，女，福建厦门人。生于 1919 年，孩提时在战乱中与父母走散，后在亲戚的帮助下就读于福州音乐专科学校，是一个品学兼优的学生。在校学习期间，她结识了许多进步同学，接受了马克思主义思想，开始从事革命活动，1937 年加入中国共产主义青年团，1938 年转为中共党员，是一个活跃的地下工作者。

1940 年 5 月，闽北革命形势骤然紧张起来，当时的福建省委根据闽北地区斗争需要，决定从城市抽调一批地下党员到闽北加强各地斗争的领导。陈珠钦积极报名，此后，她与庄征、陈仇等一批城市地下工作者被调往建（瓯）、松（溪）、政（和）地区，充实中共建松政特委，陈珠钦同志任中共建松政特委妇女部部长。

妇女运动在建（瓯）、松（溪）、政（和）地区开展得很早。1928 年冬，建松政苏区创始人杨则仕在政和县风池村创建赤色农会时就有妇女参加。随着革命斗争的深入开展，尤其是 1934 年建松政苏维埃政权创立时期，各地都成立了共青团、妇女会、儿童团等组织，广大妇女响应党和农会的号召，纷纷投身革命。党在建松政边区贯彻苏区婚姻法，提倡男女平等，在政和县风池、西表、朱地等地阻止买卖婚姻案件多起，培养了一批又一批的妇女骨干，留下了无数可歌可泣的妇女运动业绩，奠定了良好的妇运工作基础。

陈珠钦来到建松政结合部的政和县东平镇后，在特委的统一领导下，与坚持战斗在这一带的王金娟、张爱美、刘杏杏等中共地下妇女干部一道，大力宣传党的各项政治主张。她们深入乡里，发动妇女起来打破"四权"（政权、族权、神权、夫权），提倡男女平等，把党的妇女解放政策送到游击区的千家万户，使不少妇女冲破封建礼教束缚，走上革命道路。她经常带着党的宣传任务出现在建（瓯）、松（溪）、政（和）、水（吉）、浦（城）边区的西表、山头、杭头、外屯、路下桥、上垅头、后洋、塘边、壕村等村庄。经过她的积极活动，这些地方很快发展了妇女骨干，建立了地下妇女工作小组，组织妇女积极为我游击队提供情报，传送军需物资，救护革命工作者，动员亲人投入抗日救亡斗争。

陈珠钦是一个自幼生长在城市的女知识分子，到山区从事革命斗争活动所遇到的困难自然要比一般人多得多，但她任劳任怨，努力锻炼适应山区工作的能力，一心扑在工作上。她和队友们除了做好妇女宣传发动工作外，还努力做好游击队的后勤工作，缝补衣服、烧饭做菜、照顾伤员等给广大游击战士带来了革命家庭的温暖。陈珠钦能歌善舞，歌声优美动听，在她的影响下，队伍里革命歌曲广为传唱，各种丰富多彩的文艺活动开展得轰轰烈烈，进一步激发了广大战士的革命热情。她到建（瓯）、松（溪）、政（和）地区的短短几个月时间里，整个建松政妇运工作有着显著的进展。

1940年10月，建松政特委为了加强与省委的联系，决定派陈珠钦、路德等同志以教员身份为掩护，到水吉（今属建阳区）建立党的秘密联络站。他们毅然服从组织的决定，从碗窑下山经步墩、竹尾到水吉回垅。路德留在回垅小学任教，陈珠钦经进步人士崔明娟介绍，俨然以一位阔小姐的身份到水吉初中任教员。

陈珠钦取得中学教员的合法身份后，立即着手建立地下联络站。这个联络站是当时建松政特委与省委单线联系的一个重要中转站，她肩负党的重任，凭着以往的地下工作经验，沉着机智地周旋于社会各界，多次化险为夷，为党传递重要的情报。同时，她还积极团结争取进步同事林明英等，秘密开展革命宣传工作，印发抗日救国宣传传单，在校园内外引起很大反响。

联络站的活动引起了国民党情报人员的注意，这年12月初的一个晚上，陈珠钦正准备翻印一份刚收到的、用米汤写在草纸上的情报，国民党警察突然包围了水吉初中宿舍，并挨门挨户搜查。陈珠钦知道敌人是针对她来的，当敌人凶狠地叫开门时，写在草纸上的情报已无法转移，在这千钧一发之际，她迅速咬破手指头，将殷红的鲜血滴在草纸上揉皱夹在一堆脏衣服上。敌人破门而入，翻箱倒柜，结果一无所获，见到的只是一堆脏衣服和女人用过的草纸，陈珠钦机智地保护了这份重要的情报。联络站引起特务的注意后，她更加细心、巧妙地与敌特周旋，勇敢地战斗在敌人的心脏，为党频频传递音讯。

1941年1月，国民党反动派一手制造了震惊中外的"皖南事变"，驻守在闽北各地的国民党顽固派开始向建（瓯）、松（溪）、政（和）地区猖狂进攻，敌旅长赖金标亲督所属部队、民团大举进攻建（瓯）、松（溪）、政（和）地区。大敌当前，缺乏斗争经验的特委领导人错误地做出"埋枪分散隐蔽"的决定，且在敌人突然进攻中慌乱将公文包丢失，党员花名册落入敌手，导致整个建（瓯）、松（溪）、政（和）地区党员遭敌逮捕，造成惨重的损失。1941年夏，陈珠钦终因身份暴露被敌人抓捕。她被捕后，先被关押在建瓯监狱，不久即被解送到三元梅列集中营。

在狱中，敌人企图从她身上得到他们想得到的东西，因此，又是利诱，又是威胁，但软硬兼施都难以从她那里得到什么。陈珠钦受到了各种惨无人道的毒刑，遍体鳞伤，但她始终坚守革命气节，视死如归，忠贞不屈。

1941年11月的一天，敌人在折腾了几个月毫无所得的情况下，决定活埋陈珠钦。临刑前，敌人还没有死心，劝诱道："现在回心转意还不晚。"陈珠钦毫不动摇，给他们的只是鄙视地冷笑。她昂首阔步，高唱《国际歌》，泰然自若地走向活埋土坑。"起来，饥寒交迫的奴隶；起来，全世界受苦的人，满腔的热血已经沸腾，要为真理而斗争……"洪亮的歌声在空旷阴森的原野里回荡，气壮山河，威震敌胆。

陈珠钦同志英勇就义了，这时，她年仅22岁。

（原载《政和县党史资料》1985年总第7期，《闽北纵横》，《厦门党史通讯》2011年版，有删改）

黄桂香：为革命英勇就义的支前模范

张玉仁

1932年冬，彭德怀领导的红三军团一个先锋营，挺进已解放的光泽县西部的李坊、止马、上观、管密等地，并建立了区乡苏维埃政府，苏维埃革命在光泽西部地区开展的红红火火。

黄桂香出生于一个贫困家庭，靠父亲租种地主的田地维持一家人的生活。她是一个活跃的姑娘，对新生事物都很感兴趣，当时光泽解放区提倡妇女解放，她第一个站出来拥护。红军到达止马后，她看到红军处处为贫苦群众着想，为老百姓办事，便萌生了参加红军的念头。一天，她来到乡苏维埃政府所在地，向领导表达了自己想参加苏维埃运动的愿望，领导很快批准了她的请求。

参加苏维埃革命后，黄桂香工作劲头更足了，她积极在妇女群众中宣传革命道理。她虽然没什么文化，但红军宣传的革命道理她都一一记在心里，并发挥她能说会道的优势，用朴实的当地方言，向群众特别是妇女宣传革命道理。在宣传中，她说道："妇女只有跟着共产党、红军闹革命，打倒土豪劣绅，建立苏维埃政权，才能脱离苦海，解放自己。"许多妇女在她的宣传下，纷纷参加了革命。

1933年4月，黄桂香因工作积极，成绩突出，被任命为止马乡苏维埃政府妇女委员会主席。每次到苏维埃政府工作，黄桂香看到很多同志和战士都是光着脚丫，没有鞋穿。特别是红军战士，他们在前方杀敌，因供给困难，连一双行军鞋都没有，心里很不好受。她想，止马当地妇女心灵手巧，会做草鞋、纳布鞋，何不发动她们为前方战士做双鞋？特别是止马当地有许多妇女还有做斗笠的手艺，所编织的斗笠既美观又耐用，既遮阳挡雨，又携带方便，适合行军打仗。于是，她立即召集各村妇女代表开会，发动广大妇女姐妹为红军做布鞋，编草鞋和斗笠。做完后，统一送到妇女会，然后上交到红军指挥部。任务下达后，全乡妇女很快行动起来，会纳布鞋的纳布鞋，会做草鞋的做草鞋，会编斗笠的编斗笠。不到一个月时间，妇女会就收到全乡妇女送来的 100 双布鞋、300 双草鞋、200 顶斗笠，用以支援了前线红军。

同年 5 月的一天，乡苏维埃寇主席找到黄桂香，对她说："桂香呀，你们妇女会这段时间为苏维埃做了很多革命工作，苏维埃政府很满意。现在有一项光荣任务要交给你们妇女会。红军需要扩充兵力，希望更多的当地青壮年人去当兵，你们妇女会能不能做做工作，多动员一些人参军，这个任务能完成吗？"

黄桂香看了看寇主席，思考了一会儿，站起来对寇主席说："寇主席，组织把这么光荣任务交给我们，是对我们妇女会的信任，我们无论如何也要把这个任务完成好的！"

"好！我要的就是你这句话，你黄桂香做事，我信得过你。"寇主席高兴称赞道。

接受任务后，黄桂香立即召开全乡妇女代表会议，传达乡苏维埃政府的精神，并对大家说："各位姐妹，这次组织把任务交给妇女会，是对我们的考验。要做好宣传发动工作，要动员人员参军，就要先从自己的亲戚、身边人开始做工作，能够起到示范带头作用，群众更会拥护，参军的任务自然就能完成。"

一回到家，桂香就给丈夫做思想工作。她对丈夫说："胜子（丈夫小名），我想叫你去参加红军，你愿意吗？"

"参加红军？可我一走，家里怎么办？家里小孩还小，再加上年迈父母要照顾，整个家庭的重担都压到你的肩上，你承担得了？这些我真是放心不下啊！"丈夫不放心地说。

桂香深情地拉着丈夫的手，温柔地说："胜子，你放心，家里所有的事情，我都能承担下来，我会照顾好小孩和公公婆婆的！"

"我相信你！其实我早就想去参军了，经过前一段时间的观察，红军是我们穷人的队伍，是真心为穷人服务和打天下的，参加这样的军队我愿意。那家里就得辛苦你了。"丈夫搂着妻子的腰说。

"辛苦谈不上，只要你在部队好好工作，多杀几个敌人，我辛苦点也值了。"桂香说。

在广大妇女的动员下，不到半个月，止马就有30多名青年参加了红军，这其中就有黄桂香的丈夫。妇女会很好地完成了任务，受到上级的表彰。

这年10月，红军发起洵口战役，红七军团和郭如岳指挥的抚州军分区独立师出击洵口，与驻守的国民党军队激战一个昼夜，歼敌一个师。战斗胜利结束后，红军退守杉关。听说红军在洵口打了一个大胜仗，黄桂香立即组织慰问团，带上慰问品，到杉关慰问红军，并为受伤的红军战士进行包扎。

1933年冬，国民党军队大举进攻光泽，光泽很快沦陷。光泽沦陷后，敌人进行了疯狂的反攻倒算，占领止马的敌十二师大开杀戒，四处搜捕红军游击队和苏区干部，黄桂香也不幸被敌人抓走。

敌人把黄桂香抓去后，对她进行了严刑拷打，要她说出丈夫的下落和参加苏维埃革命人员名单。一天，一位军官模样的人，打开牢房，走到已是遍体鳞伤的黄桂香跟前，皮笑肉不笑地说："桂香女士，我很钦佩你的勇敢和毅力，但你不想想你的小孩、你的家人？你只要说出我们想知道的东西，我保证马上就放你回去，并能确保你的安全！"

"呸！你们这些狼心狗肺的东西，你们所说的我都不知道，我一个农村妇女，只知道做家务，其他什么都不知道！"黄桂香睁大眼睛盯着他，大声说道。

"只会做家务？已有人向我报告了，你是苏维埃的干部，只要老老实实交代，自然有你的好处，不说，到时候别后悔哦。"

"我不会后悔！你们有什么招数尽管使出来。"

……

此后，敌人又对黄桂香进行了多次审讯，她都视死如归，不透露任何信息，敌人见从她那里问不到什么东西，1934年1月，残忍地将她杀害了。黄桂香英勇就义，牺牲时她还不满23岁。中华人民共和国成立后，黄桂香被民政部追认为革命烈士。

（原载《红色记忆》《光泽历史文化传奇故事》）

刘汝姑：大义凛然的女交通员

刘理保

刘汝姑，1915年出生，家原住建阳县书坊乡南门丁厝村天武坪。丈夫叶元喜，身体略有残疾，他们育有一女，仅靠耕种几亩薄田和采制笋干等勉强度日。

早在1932年，中共建阳地方组织就在书坊乡一带开展活动。闽北苏区陷落后，党组织派到邵（武）、顺（昌）、建（阳）交界地区开展工作的老红军林敏、刘水生、何天福、张家财等都曾在刘汝姑家落脚，对她的思想影响较大。特别是邵武中心县委妇女部部长何玉莲对她的教育培养，使她成为拥护党的主张，并投入革命斗争的积极分子。刘汝姑经常为党和红军游击队送信、购买生活物资，逐渐成长为党的地下交通员。她家也成为党可靠的交通联络点。

在南方三年游击战争期间，由于国民党顽固派大搞移民并村，刘汝姑一家被迫搬到附近更大的岭根墙村。在何玉莲等领导下，她与其他女党员一道，经常秘密组织老区妇女开展为红军游击队编草鞋、筹办物资、送信等工作。新四军成立后，她又积极参加减租减息、募捐物资、抗日征兵等宣传活动。1938年，她秘密加入了中国共产党。1940年5月，她参加了邵顺建县委在书坊南门丁厝天王寺举办的审干学习班。1942年10月至次年4月，中共福建省委在太阳山整风整训和开办第五期武夷干校期间，她积极配合县委开展后勤保障、外围警戒、传递情报等工作。她机智勇敢，积极可靠，人们都称她为智勇双全的老叶嫂。

1943年4月初开始，国民党军政当局针对隐蔽在书坊太阳山上的中共福建省委及其领导的武装，调集重兵开展第三次军事进攻。福建省委命令所属武装主力正面出击北上牵制顽敌，以曾镜冰为书记的福建省委机关仍然隐蔽在太阳山地区。此时，刘汝姑在邵顺建县委和南门丁厝区委的领导下，参加了情报提供、隐藏粮食、接济隐蔽战士等反进攻斗争。她在一次送粮上山的回程中，碰到了搜山的国民党顽军，她急中生智，故意大声高喊"我不是为红军送粮的"，以此发出信号，通知隐蔽战士撤退。敌人抓不到把柄，只好把她放了，但是她也引起了敌人的注意。

1943年5月下旬的一天傍晚，刘汝姑到村里水碓碓米时，发现了隐蔽在附近的县自卫队战士陈升宝。陈升宝是中共邵顺建县委书记陈和盛的长子，当时只有15岁。之前，陈升宝等县委自卫队战士在陈和盛的率领下，完成袭击上山坊顽军哨卡，掩护省委撤出太阳山营地任务后，实行了分散隐蔽。刘汝姑发现他时，他独自一人依靠时断时续的群众接济和野果充饥，在深山老林中已经与顽敌周旋了1个多月。当时，顽军对群众的斗升之米盯得很紧，水碓也是顽军重要的布控地点。此时的陈升宝衣衫褴褛，蓬头垢面，瘦骨嶙峋，如被顽军发现，会难免一死。她急忙将陈升宝带到她弟弟逃壮丁时用的茅厂里隐蔽，并每天避开敌人为他送饭。在一次送饭返回时，遇到搜山的顽军，她只好装着到菜地里采辣椒。顽军上前检查，倒掉辣椒发现篮子里有饭粒，当场就押着她到她家里搜查。她丈夫叶元喜发现妻子被捕，急忙从小路上山通知陈升宝转移。刘汝姑根据之前的情况判断，顽军这次是不会饶过她了。到家后，在顽敌埋头搜查不注意时，她将之前准备好的一包砒霜全部吞下。于此我们才知道，她为了党的事业，早就有了牺牲的准备。顽军为了从她嘴里得到地下党员和游击队员的隐蔽情况，竟取来粪便灌入她的口中，使她吐出毒药。之后，她被带到书坊炮楼严刑逼供。经过各种酷刑，她只有"不知道" 3 个字。顽军头目福建保安第六团第三大队长黄宗浩只好将她移送麻沙指挥所审讯。在这里，顽军虽然动用许多酷刑，但没有从她口中得到任何有用的情报。残暴的顽军头目恼羞成怒，竟下令用铁钱横穿她的双乳，她早已将生死置之度外，强忍剧痛和凌辱，仍然没有向顽军透露分毫。关押数天后，她的双乳溃烂，脓水流出，痛不欲生。顽军头目见她终是不可屈服，只好将她押到书坊与麻沙交界的恩娘岭凉亭里，将她吊在亭子上，进行最后的逼供，但得到的是她对顽军的怒骂。面对铮铮铁骨的女共产党员，顽敌无计可施，灭绝人性地用利刃将她的双乳割下。刘汝姑血染青山，当场壮烈牺牲，年仅 28 岁。

党的好女儿刘汝姑同志虽然牺牲了，但她的英雄事迹永远照耀后人，她永远活在老区人民心中！

杨菊英：宁死不屈的妇女会主席

沈少华

杨菊英是光泽县牛田村左家自然村人。牛田是光泽县华桥乡的一个行政村，位于县域的西北角，与江西省的黎川县、资溪县接壤。这里山高林密，路远隘险，是黎川和资溪之间往来必经之地，也是赣南和赣东北之间一条重要通道。

1915年，才2岁的杨菊英就被送到朱家当童养媳。15岁时，她与朱家的儿子朱友吉完婚。婚后，杨菊英和众多的年轻媳妇一样忙完屋里忙屋外、忙完做饭忙洗衣，还要上山砍柴、下田耘禾，日复一日年复一年。

1932年11月，时任中央工农民主政府国家银行行长的毛泽民、红三军团政治委员滕代远、赣东北红十军军长周建屏和政委方志敏先后带领红军部队来到牛田，在牛田建立了中共牛田区委和区苏维埃政府。

此时红军在牛田来往频繁。有一天，杨菊英看到一支红军的队伍从村里走过，说是去打江西南城，以建立信抚根据地。看着这支威武雄壮的队伍整整走了三天三夜，她的心中久久难以平静。数日后，这支队伍原路返回黎川，并留下部分人员在牛田休整。此后很长时间，常住牛田村的红军都在千人以上。

红军在牛田通过办夜校、教唱歌、演出话剧、书写张贴标语布告、召开群众大会等方法，开展了轰轰烈烈"扩红"宣传和教育活动。以此来提高农民的识字水平和思想觉悟。同时驻扎下来的红军还在牛田村四周的山上构筑了碉堡、战壕等工事，以防国民党军队来进犯。

红军第一次在村里开会时，杨菊英就想去听，但婆婆不让去，说："女子少抛头露面，那是男人的事。"但杨菊英按捺不住对新事物的好奇，就偷偷躲在会场外面听。

红军干部在会上讲妇女所受的种种痛苦和压迫，都是旧社会造成的，妇女们只有自己起来革命，拥护红军，才能翻身求解放，才能当家做主人。杨菊英听得句句入耳，简单通俗的道理让她心里明亮了许多。

见杨菊英聪明好学，已在区妇女会工作的陈珍珠就来到她家，做通了婆婆工作，把杨菊英带到妇女培训班识字学文化（达到小学程度），接受革命道理；又介绍她参加苏区宣传队，唱红军歌曲，演革命戏，宣传党和苏维埃政府方针政策，宣传红军是真正为穷苦人打天下谋幸福的队伍，是穷苦人自己的队伍。

在革命的熔炉里杨菊英进步很快。她热心、勤奋，不怕苦不怕累，获得了大家的赞扬。不久，陈珍珠调往闽赣省委工作，杨菊英就接替她担任了牛田区妇女会主席兼妇女慰劳队队长。

两副担子挑在杨菊英还很稚嫩的肩膀上，她变得更忙了。还好婆婆理解和支持她，使她能够一心一意扑在革命事业上。

1933年1月，红一方面军指挥部迁到牛田，周恩来、朱德在牛田指挥红一方面军接连打了硝石、黄狮渡、浒湾几场重要战斗。

没过几天，又有一支看不到首尾的红军队伍从风扫隘到牛田。短暂停留后开往资溪，说是去攻打浒湾（江西金溪的一个地名），过兵整整七昼夜。这一仗连着打了好几天，作为后方的牛田天天有物资要送往作战前线，而前线天天有伤员被担架队抬到牛田。

牛田的妇女会和妇女慰劳队，则在杨菊英领导下立即开展支前活动，送食物、做布鞋、打草鞋、抬担架、护理红军伤病员等。

一次，在牛田龚家祠堂的红军医院，有位伤员因伤口感染发高烧，热得把衣服脱光。别的妇女不好意思上前，杨菊英就大大方方拿着扇子在伤员身边扇风，用井水浸过的毛巾为伤员擦身，还端来凉茶一口一口地喂伤员，伤员减轻了痛苦才安然入睡。

除了做好"支前"，春耕农忙的时候，许多农户因男人参加了红军而影响耕作。杨菊英还要组织妇女耕田队，为军属代耕代种，以消除在前线作战的红军战士的后顾之忧。

第五次反革命军事"围剿"开始后，国民党调集了重兵进攻苏区。位于闽赣边的牛田形势日趋紧张，原驻扎在牛田的红军领导机关和一部分红军队伍陆续转移到黎川湖坊去，牛田的200多位青壮年参加了红军，跟着大部队前往江西瑞金。

到了年底，"围剿"苏区的国民党七十九师已逼近牛田。敌人的飞机不时地飞到牛田上空进行侦察和骚扰，有几次还投下了炸弹，有一位师长和两名警卫员牺牲，还把田地里劳动的农民炸死好几人。为了减少不必要的损失，杨菊英和区委的干部们紧急行动起来，动员和帮助军属家庭转移到深山中躲藏，以免遭到敌人的迫害。

12月初的一个清晨，七十九师兵分三路对牛田合围并占领了牛田。跟在敌军后面回来的地主还乡团从村头窜到村尾，像疯狗一样叫嚣："牛田石头都红了，要彻底挖掉！"指挥官则下令："挖地三尺给我搜，凡是有参加过赤卫队的，杀！有住过红军的房子，给我烧！烧！烧！"在还乡团的带领下，敌人挨家挨户搜捕苏区干部、党员和红军家属，还在帮助军属做转移工作的杨菊英不幸被捕。

当还乡团确认杨菊英是牛田区委的妇女会主席，还兼了妇女慰劳队队长后，国民党反动派可高兴了，见她年轻，认为涉世不深好哄骗，先是假惺惺地端茶递水嘘寒问暖，想讨好以套出红军和苏区干部的去向，谁知杨菊英根本不吃那一套。

见软的不行，恼羞成怒的敌人就来硬的，将她五花大绑吊在龚家村龚仁丰大宅的厅堂上，威胁说再不交代要上大刑。可是杨菊英威武不屈，咬紧牙关就是一句不说。敌人暴跳如雷，先是用皮鞭、竹篾不停地抽打，打得她遍体鳞伤、血肉模糊几度昏迷过去。

惨无人道的敌人将杨菊英折磨得死去活来奄奄一息，也没有从她嘴里得到想要的东西。

最终，杨菊英在敌人的酷刑下英勇牺牲，年龄还未满 20 岁。一朵鲜花在白色恐怖下而凋零。

中华人民共和国成立后，杨菊英被人民政府追认为光荣的革命烈士。

詹秀英：邵武妇女运动的先驱

邵武市 供稿

詹秀英烈士，江西省铅山县卓家村人，1930 年入党，是邵武早期的第一个女共产党员，曾任邵光县革命委员会妇女部部长。由于叛徒的出卖，不幸在 1933 年的五六月时被捕，在邵武监狱关押一个多月后，被国民党军枪杀于邵武东门的大石前，终年 52 岁。

詹秀英的家乡是个革命老根据地，她从小就饱受艰苦生活磨难，在童年的心灵里，便指望有出头的那一天。20 岁出头那年，她与本村的一个穷哥结了婚，后来"穷哥"参与地下革命活动而惨遭国民党杀害，这更坚定了她的革命意志。

1922 年，她通过亲友介绍认识，又和常来江西弋阳、横拳做贩牛生意的马祥兴同志结为夫妻。婚后不久，她便跟随马祥兴来到邵武，在水北街务农，兼管水碓。

1930 年春，中共赣东北特委与中共闽北临委先后派共青团员兰小妹、共产党员谢细崽、杨正兴三人到邵武，从事地下秘密活动。由于常吃、住在马祥兴家，于是发展马祥兴加入中国共产党，并与他们一道参加地下革命斗争。作为主妇，詹秀英免不了与谢等人的接触而受到党组织的教育和熏陶，并在实际的革命工作中不断得到锻炼成长，终于同年晚些时候，她被批准加入了中国共产党。

1932年10月22日，红军二十二军（原红十二军本月改编）军长罗炳辉、政委谭震林率部解放邵武后，成立了邵光县革命委员会，詹秀英被推选为邵光县妇女部部长。此后，她经常地在县城和附近乡村，深入到妇女群众中，广泛宣传和发动妇女，号召妇女团结起来，为妇女的自身解放而斗争。在具体工作中，她积极组织、发动妇女做军鞋、送粮草，支援红军、游击队。

　　当红军第二十二军在邵武驻扎42天后，于1932年12月初转战到光泽、贵溪、黎川等地开辟新区时，国民党军蒋光鼎部的十九路军和刘和鼎部的五十六师近万人则乘虚而入，占领邵武城。詹秀英于是携带12岁的女儿马桂花，随夫马祥兴团长撤退到光泽，躲藏在原和马祥兴同做贩牛生意的一个朋友家里。

　　1933年2月，邵光红军独立团在光泽县城的北门编入闽北红军独立师，詹秀英亦随马兴祥到邵武活动。同年4月，邵武独立团在二都成立，马祥兴被任命为团长。此时，国民党军周志群旅部"进剿"邵武，她又跟随马祥兴撤离到光泽。马祥兴团长率一排战士在"火烧关"与顽军浴血奋战，马祥兴与全排战士壮烈牺牲。詹秀英强忍着悲痛，带着女儿隐蔽在光泽的"童子庙"内。这年五六月间，詹秀英被叛徒出卖了。这个叛徒到了童子庙，谎报其子被捕的消息，以要詹秀英设法营救为幌子，诱骗她下山。作为母亲听到此不幸消息，哪能无动于衷，丈夫不久前才去世，绝不能再忍受儿子又遭不幸，可她哪能想到这是反动当局设下的圈套。她出于救子心切，更无从考虑个人安危和下山的后果，立即带着小女孩从光泽步行回邵武，当行至龙斗与漠口乡村之间时，却被上龙斗方向的驻邵国民党第十九路军所部拦截，将母女俩解送并关押在邵武监狱。在狱中，詹秀英受到非人的吊打等酷刑，顽军要她招供我党的组织和游击队活动的情况，但她始终坚贞不屈，冷眼相待。无奈，国民党当局得不到口供，便传出可保释出狱的消息。

此时，她的儿子藤信谷获悉后，便四处活动，设法营救母亲。因救母心切，又一时拿不出钱，只得把妹妹马桂花卖了，以换取50元银圆。他将所得之款托付给一个名叫丁寮子的人去保释母亲出狱，但这50元银圆竟被此人赌博输光。国民党邵武县政府当局没得到这笔买命钱，在邵武东门的大石前枪杀了詹秀英。她为革命事业流尽了自己的最后一滴血。作为儿子不能前往收尸，其他亲人只好怀着悲痛的心情，把她安葬在黄沙洲上。

詹秀英同志不愧为革命的妈妈，女中的豪杰，邵武人民将永远怀念她！

廖世翠：铁骨丹心血洒红土地

吴翠英　季守岐

廖世翠，1898 年出生在浙江龙泉县宝溪乡十年田村。年幼丧父，兄妹二人寄居在堂兄家里，整天干着洗衣服、烧饭、扫地等活，抽空学些针线、绣花之类的活。17 岁嫁给邻村浦城县富岭镇双门井李启贵为妻。几年后，廖世翠有了 2 个可爱的儿子，日子有了转机。但好景不长，1931 年，丈夫得病不幸去世，留下孤儿寡母三人，廖世翠含着眼泪，在众乡亲帮助下埋葬了丈夫。失去丈夫后，日子过得更艰难了，亲戚朋友劝她改嫁。廖世翠为了儿子，也为社会对妇女贞节的偏见，婉言谢绝了。从此，孤儿寡母成年累月起早摸黑辛勤地劳动，勉强熬得个半饥半饱。

双门井地处浙江、福建交界，山高路陡，地势险要。全村 22 户，其中李姓占半数，除一户甲长李作炎外，都是贫苦群众，革命最坚决，早在 20 世纪 30 年代，粟裕率领的中国工农红军挺进师就在这一带活动。

1941 年 10 月，中共龙浦县委派傅家立打扮成香菇客在双门井落脚，开展地下党工作。廖世翠的嫂嫂、共产党员陈奕兰，为协助傅家立工作，投奔到双门井廖世翠家里。傅家立经常聚集好多人在廖世翠家里道古说今，说穷人为什么穷，富人为什么富，穷人想富想当家做主，只有团结起来，打倒土豪、地主，分得田地，支援游击队抗日。从小在苦水中受煎熬的廖世翠听说红军、游击队是抗日的队伍，是打国民党反动派、斗地主、分田地、提倡男女平等的队伍，是穷人的靠山。她心里乐滋滋的，暗暗地想，来了救星，我这孤儿寡母得救了。在这期间，她还听了许多关于穷人求解放的革命道理和斗争故事，觉悟提高很快。

1942年正月，红军游击队的领导宣恩金、张麒麟、傅家立、曹景恒率领30多位红军游击队住在廖世翠家附近的高山雷公井山棚里，她家成了游击队落脚的地方。她还把大儿子李贤进交给张麒麟带上山参加游击队，她嫂嫂奕兰白天也转移到雷公井，晚上仍回到廖世翠家里做群众工作，发动群众为地下党游击队买盐、买油，传送情报。廖世翠积极为游击队烧饭、洗衣、缝补，小儿子则为游击队站岗放哨，探听消息，传送情报。母子俩还千方百计为游击队买盐和油等。游击队的同志下山时也为她砍柴、挑水，把她当成自己的亲人，她更把游击队的同志视为亲骨肉，真是军民鱼水情，大家像一家人一样，过着紧张、艰苦而又有意义的生活。

当时，国民党正消极抗日，猖狂"围剿"革命，屠杀大批共产党人，破坏地下党组织。浙江龙泉保安队反共头子肖公健（龙泉保安大队队长），在钱东亮布置各地的特务、军、警、政探听红军共产党的活动时，叫嚣"一家通匪，十家株连""宁可错杀一千，不许放走一个"。革命形势非常紧张，游击队员不得不更加隐蔽，分散活动。

1942年农历二月初二，国民党浙江龙泉保安队大队长肖公健带一个中队100多人，突然袭击了双门井，共产党员陈奕兰恰好在廖世翠家里，世翠不顾自己的安危，也顾不得当时在家的小儿子的安危，赶快把奕兰招呼到身旁，指着屋角的一个旧壁洞："嫂嫂，快沿着壁洞爬上屋顶的栋梁上隐蔽。"说着就把她推过去。敌人来到她家，要她交出游击队或讲出游击队的下落，她说不知道。因为没有确凿"通匪"的证据，翻箱倒柜搜查一阵后，什么也没得到，敌人只好悻悻地走了。

敌军走后，廖世翠叫小儿子李贤科护送陈奕兰沿着一条坑渊去雷公井队部。由于廖世翠机智勇敢，陈奕兰免遭一难，顺利返回游击队。

同年3月中旬，因为甲长告密，肖公健又带兵"围剿"双门井，抓走了村民李志祥。敌人逼他供出地下党同志，李志祥没有暴露一点情况，被敌人枪杀在山岗上。村里积极分子李陈高目睹此景，冒着生命危险，沿着小路，爬到雷公井山棚，把这一情况告诉游击队领导张麒麟。地下党、游击队迅速分散隐蔽，使敌军在雷公井又扑了空。而廖世翠家成了敌人的眼中钉，日夜监视。廖世翠便想方设法通知游击队的同志不要到她家，娘儿俩躲过敌人的监视，逃出家门，过着动荡的、艰难的日子。

敌军几次袭击均未抓到廖世翠和地下党同志，就发疯地屠杀百姓，到处派出暗探，捉拿廖世翠。5月中旬的一天下午，母子俩在村砻湾被伪甲长李作炎发现，李向肖公健报告，敌人当即带领敌兵多人包围村砻湾，廖世翠不幸落入敌人的魔掌，关进李作炎大院的一间黑屋。

当夜，匪军头目坐在中堂，厉声地问道："你把游击队窝藏到哪里，你的两个儿子在哪里，快招出来。"廖世翠答道："他们自己有腿会走，我怎么知道？"匪队长一声怒吼"来人，给这个土匪婆吃点苦头"。立即上来七八个匪军，把她按在老虎凳上，用香熏她的头部。残暴的匪军只能摧残廖世翠的肉体，却不能动摇她对革命的忠诚，对子弟兵的爱戴。廖世翠被敌人拷打得皮开肉绽、遍体鳞伤、死去活来，却始终没有吐出半点游击队的实情。匪队长看硬的不行，妄想用软的办法"讨好"她，假惺惺地说。"你年纪不轻，孤儿寡母，何苦要干这事，只要你叫儿子不要和我们作对，讲出张麒麟等人的下落，就马上放你回去。"

敌军的严刑逼供，更激起廖世翠的愤怒，她坚决地说："要我叫回儿子，讲出游击队的下落，你们白日做梦。落在你们手里，要杀要砍由你们。"

卑鄙的敌人使出更残暴的手段对付廖世翠。当廖世翠昏死过去，就用水泼醒，逼她讲出游击队的下落。她始终忍着敌人的严刑拷打，一句话也不说。敌人就这样把她折磨了一个晚上。

第二天，敌军奉命返回龙泉据点石坑，廖世翠已被折磨得不能行走，敌队长便叫两个士兵抬着她走。不久，敌军嫌路远难抬，又用绳子捆着拖着她走。廖世翠一路高呼："中国共产党万岁！红军万岁！"喊声响彻山谷，就这样拖着、喊着，廖世翠声音越来越小了。鲜红的血洒在1500多米的红土地上，坚强的廖世翠被龙泉保安队活活地拖死了。廖世翠牺牲后，敌人还贴出告示，不准他人收尸。当地一名群众冒着生命危险，躲过敌人的耳目，把廖世翠的尸体抢回来，含着眼泪把她埋葬了。

小儿子李贤科知道母亲被敌人杀害后，疯一样冲下山来，要和敌人拼命，为母亲报仇，结果也落入敌人的魔掌，受尽折磨，幸亏宝溪的乡长陈绍汉将他保释出来。廖世翠的大儿子和游击队的同志听到噩耗，悲痛万分，决心化悲痛为力量，为廖世翠和所有的乡亲报仇。

中华人民共和国成立后，时任中共龙泉市委书记的曹景恒同志，多次到双同村悼念为保护红军而牺牲的廖世翠烈士。直到今天双同村党支部每年清明节都要组织学生、团员、党员到雷公寨，红军训练场及廖世翠墓地进行传统教育及悼念。

陈秀英：威武不屈的"无名女英雄"

范永光　叶相唐

　　在政和县有位战争年代为革命英勇就义的"无名女英雄"，除了党史界人士外，几乎没有人知道这位女英雄的传奇历史。

　　这位"无名女英雄"的名字叫陈秀英，又名陈贞秀、陈翠英，政和县石门村人，1912年出生。陈秀英有二姐一兄，唯秀英聪颖过人，且又娴静秀丽，深得父母宠爱，视若掌上明珠。当陈秀英长到十五六岁时，父母舍不得女儿嫁出，并由父亲做主，招当地一位青年入赘，约定秀英17岁时完婚。

　　陈秀英是大家闺秀，但从小就不受封建礼教约束。她十几岁上学时就不裹足、剪短发、穿新装、行新礼，性格开朗，思维敏捷，学习成绩屡居前茅。由于陈秀英学习勤奋，接受新思想快，一心向往新生活，所以对父母包办的婚姻极为反对。17岁那年，在家庭要她完婚的高压下，她坚决反对当封建礼教的牺牲品，于是毅然出走。然而她在崇安受骗上当，嫁给了一个国民党的军官，成了一名"姨太太"。

　　1932年，陈秀英的丈夫在一次"围剿"红军的战斗中被打死，自己也被俘。经过红军游击队的教育，她恍然大悟，认识到红军游击队才是为拯救苦难百姓的人民军队，毅然要求参加游击队，从此投身于革命洪流之中。

在长期艰苦革命斗争的磨炼下，陈秀英由一名普通的战士成长为闽北特委妇女干部，担任闽赣省委交通员。1938年，她光荣地参加了中国共产党。

但由于革命斗争环境的艰苦和工作劳累，陈秀英的身体渐渐不支。1938年底，当国共和谈达成协议时，组织上根据陈秀英身体状况批准她到南昌养病。然而，国民党顽固派不顾全民族抗日的大义，屡屡挑起事端，制造摩擦事件，闽浙赣边根据地形势日趋险恶。这时，陈秀英的病尚未痊愈，为了保卫当年苏区，1939年初，陈秀英返回闽北坚持斗争。9月，在一次国民党疯狂"清剿"中，陈秀英不幸被捕，后押解到三元梅列"青年训导营"关押。

陈秀英身陷囹圄，但革命意志益坚，她万分痛恨国民党顽固派不抗日，专门与人民为敌的罪行。在狱中，陈秀英团结难友，关心帮助那些因"抗日罪"的同案犯，对那些由于监狱生活艰苦，劳动强度大的折磨而意气消沉的人，她耐心开导，鼓励他们要经得住新的考验，争取出狱，为民族解放事业献身。对那些青年学生出身的女难友，她更是像老大姐那样对她们关怀备至。这些青年学生大多过惯了城市生活，不习惯山区，草鞋穿不来，爬山脚起泡。陈秀英就把自己的衣服、被子拆掉，做成布袜给她们穿，把自己穿得软绵绵的草鞋与他们换回扎脚板的新草鞋。这些女青年学生生病时，她就细心侍候料理，端茶喂饭。狱中一些难友相互串联、互通信息时，陈秀英甘冒风险，为大家望风和掩护，同狱难友无不把她当成最可信任、最尊敬的人。国民党三元梅列"青年训导营"对被羁押的这批青年爱国志士，不仅在肉体上折磨，在精神上更加百般鸩毒，向他们灌输反动说教，诱骗他们集体登报自首，除一些意志不坚定者外，陈秀英团结了大多数人拒不签名登报声明。

敌人一招不成，又生一计，运用各种方法软化她们，如给介绍婚姻、改善生活待遇、安排新的工作等。陈秀英带领大家一一拒绝。敌军官发现陈秀英可能是"共匪要犯"，于是亲自审问，逼她供出地下党员和游击队员的名单，逼她按手印声明退出党组织。要她交代党组织还有多少人在当地隐蔽，敌人所提的问题，陈秀英掌握很多，但她宁死不说。敌人无计可施，就对她施行惨无人道的酷刑。这位铁骨铮铮的女共产党员，在敌人酷刑面前始终坚贞不屈，没有透露任何党的机密，最后她被敌人秘密杀害，英勇就义。

陈秀英，这位封建家庭的叛逆者、共产主义的忠诚战士，生没有留下自己的名字，死没人知道她的葬身之地。她的英名和事迹，是中华人民共和国成立后，从一名曾在"青年训导营"任职的起义人员，所撰写的回忆录中和当时同狱难友的追忆中才被人们所知的。在革命战争年代，有无数像陈秀英这样的无名英雄，他们的辉煌业绩和光辉形象，是值得我们去认真发掘和大力宣扬的。

（原载《政和革命故事集》，有删改）

潘超人：一生中的"四个"荣光

张金锭

潘超人，又名潘贞梅、潘美珍，1907 年出生，崇安县城关人。1924 年就读于福州女子师范学校，并开始参加学生运动。

潘超人父亲潘谷公，早年留学日本，参加中国同盟会，是孙中山先生的忠实追随者，福建著名国民党左派人士，在福州创办《闽报》并任主编，潘超人跟随父亲居住。因潘谷公同情革命，为此，中共福州地下组织负责人方尔灏、翁良毓等，经常在潘超人家中召开秘密会议，潘超人认真做好保密和服务工作，受到大家的高度评价和赞扬。1925 年夏，18 岁的潘超人经方尔灏、翁良毓的介绍，加入了中国共产党，参加福州地下党的工作。大革命时期，潘超人的精彩人生体现在"四个"荣光上。

一、参与中共"五大"的会务工作

1927 年 1 月，党中央指派陈昭礼担任中共福州市委书记，潘超人在福州认识了陈昭礼。同月，中共福州市委指派潘超人到武汉，参加宋庆龄为校长的党务训练班，主要学习党务和政治等课程。4 月，陈昭礼受党中央指派到武汉，出席中国共产党第五次全国代表大会，任大会秘书。潘超人经陈昭礼介绍，参与中共"五大"的会务工作，正式走进党中央机关工作圈。

在这大喜大庆的时刻，潘超人满腔热情，不辞劳苦，日夜加班，整理"五大"文件，建立党内档案。特别是在"五大"文艺晚会上，潘超人受到中国工人运动的先驱、中国共产党早期领导人之一王荷波的接见，这是她一生的光荣。党的"五大"胜利闭幕后，潘超人跟随陈昭礼留在党中央驻地武汉。

此时，中共党员、崇安县农民运动领袖徐履峻，从崇安经江西上饶、九江，乘船到武汉，向党中央汇报国民党右派发动反动政变后崇安的形势，寻求党中央的指示和支持。徐履峻在武汉与崇安籍共产党员潘超人相识，与陈昭礼接上关系。

二、参与中共崇安特别支部的建立

1927 年 7 月，党中央为了尽快恢复福建党的组织，指派陈昭礼偕徐履峻、潘超人秘密回闽北开展建党工作。因为潘超人是女性，易引人注目，怕招来麻烦，她毅然把头发剪成平头，穿一身男装，装扮成学生模样，与陈昭礼、徐履峻同行。

同年 7 月下旬，三人乘船离开武汉，经九江、上饶到达崇安县城。为了躲过国民党警察的耳目，徐履峻特地找了几个可靠的农民，用轿子将陈昭礼和潘超人送到大布村的家中。

安顿完毕，徐履峻立即在县城进行秘密活动。他联络到早时候从福州潜回崇安的董涵球、安宇、衷志纯、董世闻、左诗赞等几位共产党员，回到大布村自己家。

1927 年 7 月下旬的一天晚上，在徐履峻家召开党员秘密会议，针对当时革命形势和党员的思想状况，陈昭礼做了鼓舞人心的报告。他指出，以蒋介石为代表的新军阀，貌似强大，其实内部矛盾重重，统治力量非常脆弱。闽北是国民党反动统治的薄弱地区，尤其是崇安地处闽浙赣三省边区，又有大革命时期工农运动的基础，正是开展革命的最好区域。他要求到会的党员振作精神，努力工作，去迎接新的革命高潮。

在陈昭礼的鼓动下，大家精神振奋。按照中共中央的意图，讨论了发展崇安工农运动的形势，选举产生了中共崇安特别支部，由徐履峻任特支书记，董涵球任组织委员，安宇任宣传委员。

在大革命后期建立的中共崇安特别支部，由党中央直接派人来建立，隶属党中央领导，既体现了党中央的关怀，又体现了崇安党组织的地位重要，还标志着崇安的工农运动将在党的领导下，有组织、有纲领、有计划地在闽北率先展开。

三、参与中共闽北临时委员会的成立

1927 年 8 月上旬，潘超人跟随陈昭礼，在徐履峻陪同下，从崇安到达建瓯县城，住在刘葆康和刘葆彝家。他们首先与刚从上海秘密回建瓯的共产党员葛越溪、季永绥等人接头，参与中共闽北临委的成立。

经过几天紧张有序的筹备，根据党中央关于"闽省暂时划为闽南、闽北两区"的指示，在陈昭礼主持下，在建瓯县城成立"中共闽北临时委员会"，书记陈昭礼、组织委员潘作民、宣传委员季永绥，直属党中央领导。中共闽北临委机关，设在建瓯县城关五通巷刘葆彝故居。

潘超人与陈昭礼经党组织批准，在建瓯结为革命夫妻。自此，这对大革命时期入党的革命夫妻，联手战斗在有福之州的榕城。

四、参与中共福建省委机关党务工作

1927 年 9 月，潘超人跟随陈昭礼离开建瓯到福州。当年 10 月到1929 年 7 月，陈昭礼先后担任中共福建省临委常委兼组织部部长、福建省委常委兼宣传部部长、代理福建省委书记。其间，潘超人在中共福建省委机关从事党内交通和整理文件工作。

因为革命斗争需要，中共福建省委机关驻地时有变动。潘超人化装成学生模样，奔忙在福州、漳州和厦门等地，躲过一次又一次险情，圆满完成省委党内文件保管、投寄等项特殊任务。她多次受到省委分管领导的高度评价和肯定。

1929 年 8 月，陈昭礼被党中央派往广西，配合邓小平、张云逸等

领导了著名的"百色起义"，并担任红七军政治部主任等职。其间，潘超人也调到广西，在红七军部队做党务工作，因为抄写文件需要，陈昭礼特意把他的钢笔留给潘超人使用和保管。

随后，潘超人调至桂林盐务局工作。她身边有一男一女，长时间驻在桂林。全面抗战爆发后，陈昭礼服从党的需要，先后在武汉、重庆等地，担任新四军驻武汉办事处主任、全国抗日战地委员会少将委员等职。1940年8月，陈昭礼到浙江、江西、福建巡视抗战工作。8月13日，他从崇安县城乘汽车返回上饶时，在县城郊区蜈蚣岭处，被跟踪的国民党特务枪杀，时年33岁。

1949年11月桂林解放，时任广西壮族自治区人民政府主席的张云逸，按照潘超人的意见，派员护送其母子三人到北京安置。潘超人的两个子女进北京干部子弟学校读书，潘超人到全国工商联工作，直到1964年离休。

1983年11月，潘超人在北京驻地，接受中共崇安县委党史办同志的采访，提供《潘超人回忆陈昭礼回闽北建党前后的经历》《忆昭礼烈士》和《潘超人经历》三份计15000字的宝贵史料，分别登在《崇安党史参考资料》1984年第1期和1986年第1期。特别珍贵的是潘超人将陈昭礼担任党的"五大"政治秘书、为闽北建党、任中共福建省委代理书记，配合邓小平、张云逸领导"百色起义"等重要会议、重大事件做了记录，把当年留墨宝的钢笔赠送给武夷山，珍藏在闽北革命历史纪念馆。

这支由潘超人赠送的陈昭礼生前使用的珍贵钢笔，成为闽北革命历史纪念馆展厅300多件革命文物中具有多角度党史故事的一件革命文物。

（原载《红色武夷记忆》，有删改）

陈清凤：奋斗一生的老红军

张金锭

　　1914 年 12 月，陈清凤出生于江西省上饶县五府山船坑扁担湾贫苦的工人家庭，她的童年是在苦水里泡大的。在半殖民地半封建的中国，由于帝国主义的疯狂掠夺、地主豪绅的残酷剥削、封建军阀的横征暴敛，广大工农群众生活在水深火热之中。1923 年，陈清凤随父母翻过五府山岭来到毗邻的福建省崇安县，为生存在洋庄乡坑口车盆坑村孟家湾、竹坪的资本家造纸厂做童工，后在坑口王家坪的地主纸厂做工，饱受了资本家、地主的压迫和剥削。

　　闽北是革命开展较早的地区之一。1919 年爆发的五四运动波及闽北。1926 年夏，北京中国大学法律系学生杨峻德等受党的委派回闽北开展建党工作，7 月建立了中共建瓯支部。同年 11 月，北伐军第二军第六师由师长戴岳、副师长朱跃华、党代表兼政治部主任萧劲光（共产党员）率领由江西进入闽北，在崇安、建阳、邵武、建瓯、浦城等地发动和组织群众，宣传"减租减息""耕者有其田"的革命主张，号召人民群众团结起来，"打倒帝国主义、打倒军阀、打倒贪官污吏、打倒土豪劣绅"。这些鼓舞人心的口号，都深深地激发了闽北人民的革命热情。在北伐军支持下，闽北的工农运动迅速在各地开展起来，成立了工会、农民协会、学生联合会、妇女解放委员会、儿童团等组织。革命的火焰燃遍武夷山麓的百里乡村，此时陈清凤怀着对资本家、地主的深仇大恨，参加了崇安县洋庄乡坑口村车盆坑的民众革命运动，担任王家坪、竹坪、王家前三村儿童团长，带领儿童团员站岗放哨，配合暴动队开展活动，参加打倒土豪劣绅和资本家的斗争。在行动中，她敢讲、敢斗、敢冲，展现出了一位少女的勇敢与智慧。

1927年4月12日，蒋介石背叛革命，大肆屠杀共产党员和革命群众。陈清凤不畏艰险，坚定革命信念。1927年9月，陈清凤加入共产主义青年团。她积极组织农友开展抗捐抗税斗争。这年10月10日，崇安全县两三千名农会会员在县城集会游行，击败了心毒手狠、欺压百姓最甚的崇安四大家族之一的万钟棋。这是崇安人民在党的领导下展开的第一次大规模革命行动，狠狠地打击了土豪劣绅的威风，提高了农会的威信。11月，崇安党组织又领导了崇浦边区1000多造纸工人为提高工资、反对吃浸水米、实行8小时工作制的罢工斗争。这是我党领导下闽北工人举行的第一次大规模罢工斗争。这两次斗争的胜利锤炼了陈清凤。

崇安是闽北革命根据地的中心。当年崇安苏区的土地革命中流传着这么几句歌词：

土地革命，工农兵。
男女革命，自己争。
男人革命，女帮助。
革命成功，享太平。

年轻的陈金凤积极投身轰轰烈烈的土地革命运动。她在坑口村车盆坑参加了共产党领导的民众队。1929年10月底，中国工农红军第五十五团在崇安岚谷黄龙岩正式成立，下辖3个营、9个连和1个特务连，共有 500 多人。陈清凤任红军崇安县独立营看护长，负责做护理伤病员的工作。1930 年 1 月，陈清凤光荣加入了中国共产党，在鲜红的党旗下，陈清凤庄严宣誓："努力革命，为共产主义奋斗终身，永不叛党。"在党的教育和培养下，她迅速成长为一位出色的中层女干部，她一心扑在革命工作上，为闽北根据地的妇女工作做了许多有影响的组织和领导工作。4 月，崇安独立营在建阳县竹鸡垄区同反动大刀会进行了激战，陈清凤英勇杀敌、奋不顾身救护伤员。战斗中，陈清凤的背部和脚踝被敌人子弹打穿，昏倒在阵地上。战后，部队在打扫战场时发现她倒在死人堆里，背上、腿上全是血，已危在旦夕，战友们立即把她送到红军医院抢救才脱离危险。10 月，闽北红军主力被调往赣东北，闽北苏区武装力量大为减弱。不久，国民党以钱玉光旅为主力，及江西汤恩伯一部大举进攻以崇安为中心的闽北苏区。留守崇安的红军虽英勇奋战，但因敌众我寡，闽北苏区根据地大片丢失，党组织和红军不得不退守到武夷山西北部的几个大小村庄。其间，陈清凤勇于战斗，不怕艰苦，不怕牺牲，多次出色完成上级交给的任务。

1931 年 6 月，与方志敏等共创赣东北根据地的黄道同志从赣东北调来闽北，任中共闽北分区委书记，以加强闽北根据地党政军的领导工作。这时期，闽北分区党政军机关先设在崇安县坑口村，后转移至大安村，大安成为闽北苏区首府。青春年华的陈清凤，被调到闽北分区委担任机关党总支书记、组织部部长等职。闽北苏区在黄道书记的坚强领导下，于 1931 年下半年至 1934 年上半年，打造出一个政治、军事、经济、文化建设的大发展时期。陈清凤一方面加强学习，提高政治文化水平，一方面努力搞好工作。她和同志们一道深入群众中间，积极组织生产突击队、模范队、冲锋队，通过苏区工会、互济会、反帝大同盟等群团组织，发动群众掀起建设根据地的热潮。通过妇女生活改良委员会，把获得人身解放的苏区妇女组织起来，参加劳动，既解决苏区劳力缺乏的困难，又使广大苏区妇女认识到自己获得解放的巨大力量，自觉为革命进行更为坚决的斗争。陈金凤还把启发妇女革命意识的工作扩大至白区。

为了改变闽北苏区文化落后的状况，闽北分区委大力创办了补习夜校、列宁读书班、儿童小学，以及工农剧团、俱乐部、拳术会等群团组织。闽北分区要求在1932年7至11月的5个月中"解除三千人以上的文盲……增加一百个劳动小学，建立一百个真正名副其实的俱乐部"，"一个赤色师资学校"。其间，苏区各地普遍建立了列宁学校，大安创办了列宁师范学校。同时，在各区苏、乡苏普遍设了工农识字班、识字站。妇女生活改良委员会还有计划地开办妇女训练班。为了提高群众的文化水平，陈清凤积极投入，不辞辛苦，做了许多富有成效的工作。此时的陈清凤在思想、政治、工作上彰显出色才干，成为闽北分区委机关女性群体中一位突出的人物。

1933年，由于受党内"左"倾路线的影响，闽北苏区肃反名单有黄立贵的名字，她深知黄立贵是一位英勇善战的师长，为此，多次找黄道书记交谈对"左"倾路线肃反工作的看法。在黄道书记亲自关怀下，黄立贵师长和大批革命干部得到保护。黄道开始从内心喜欢上陈清凤的人品和才华。

1934年10月，中央主力红军长征后，黄道奉命留在闽北坚持游击战争。此时，国民党调动10万敌军从四面八方进攻闽北苏区首府大安。在黄道书记的正确领导下，闽北党政军机关撤出大安，依托武夷山，依靠人民群众，开展游击战争。陈清凤坚决跟随黄道书记领导的红军游击队，在闽赣边区坚持艰苦卓绝的三年游击战争。1935年是闽北游击战争最困难的一年，敌人在根据地周围建立了无数条封锁线和无数个据点，并采取移民并村的办法强迫群众集中到敌人驻守的据点居住，企图隔离人民群众与红军游击队的联系。这一年的寒冬，红军过着饥寒交迫的生活，有的同志竟被活活冻死、饿死在天寒地冻的武夷山上。1935年2月，闽北军分区司令员李德胜经不起艰苦斗争的考验，在崇安岚谷的东坑篁村叛变投敌，并带领国民党兵搜山，残酷杀害来不及撤退的闽北红军医院伤病员。在黄道书记的指挥下，陈清凤立场坚定、旗帜鲜明，在三港召开党支部会议，紧急动员党员同叛徒作斗争，并指挥便衣队、挨丝炮队，在敌人必经的要道理上地雷，在山道两旁垒石头，用土办法击退叛徒李德胜引来的国民党追兵，确保了闽北分区委机关和部队不受损失。1936年6月，以黄道为书记的中共闽赣省委在崇安县岚谷的黄龙岩成立，陈清凤被提升为中共闽赣省委机关总支部书记、妇女部部长，直接参与闽赣省委的重要会议和军事行动，并被黄道书记带在身边当助手。

飞雪迎春到。1937年10月，国共两党达成协议，将南方8省14个地区的红军游击队改编为国民革命军陆军新编第四军（简称新四军），闽北红军游击队奉命下山参加整编，整编为新四军第三支队第五团，投入抗日战场。在闽北革命获得重大转机的时刻，陈清凤和黄道由革命友情发展为革命爱情，经中共中央批准，陈清凤与黄道在江西省铅山县石塘镇结婚，结为革命夫妻。

1937年11月，陈清凤与黄道住在石塘红军整编驻地。为了闽北红军游击队顺利改编为新四军第三支队第五团，陈清凤全力协助黄道书记，日夜加班找干部、战士谈心，做了大量的思想工作和宣传工作，直到1938年2月闽北红军游击队离开石塘开赴皖南抗日前线。此时，新四军军部发布命令，在崇安县坑口的村头村设"新四军第三支队崇安留守处"，主任曾镜冰，副主任汪林兴。这个留守处公开任务是：1.密切与新四军各地办事处的联系。2.密切与新四军军部的联系，接待军部同地方的来往干部。3.与国民党政府交涉新四军北上以后留在地方的事宜。4.宣传和发动群众参加抗日。5.继续收编失散在各地的红军游击队人员。留守处有9位女红军，陈清凤、缪敏（方志敏夫人）、徐莲娇（中华人民共和国成立后为南京市政协副主席）等。陈清凤在此工作期间，为留守处做了大量的组织和宣传工作，受到曾镜冰主任的高度评价和肯定。

黄道任中共中央东南分局委员、中央军委新四军分会委员、东南分局宣传部部长和统战部部长，新四军驻南昌办事处主任（少将军衔）后，陈清凤随黄道调南昌担任中共中央东南分局机关总支部书记、妇女部委员和新四军驻赣办事处文书。陈清凤一面协助黄道处理文书信件，一面做统战工作，动员青年参加抗日参加新四军。陈清凤在黄道身边夙夜办公，既勤奋工作，又对黄道的生活百般照顾，被称是黄道的亲密战友、贤内助，受到中共中央东南分局领导的称赞和表扬。1939年4月中上旬，陈清凤跟随黄道陪同周恩来视察三战区，在上饶等地日夜忙于处理新四军后方事宜和抗日宣传等重大任务，黄道因工作劳累过度而患病，住进江西省铅山县河口镇大同旅社。5月23日，国民党第三战区特务买通医生，趁给黄道治病之机，注射毒药针剂，害死了黄道。此时陈清凤已怀孕，从黄道被害现场到参加河口的悼念活动，从河口送棺到崇安县长涧源村安葬，陈清凤自始至终以极其悲痛的心情守候在黄道遗体的身边，表达了她对黄道的深厚感情和真诚的革命情谊。

1939年6月3日，黄道追悼会在铅山河口隆重举行，曾镜冰同志代表中共福建省委主持追悼会，陈丕显同志代表东南分局和新四军军部前往参加并致悼词。根据中共东南分局的指示安排，由陈丕显同志把怀有身孕的黄道夫人陈清凤和黄道儿子黄知真、黄知琛接到皖南新四军军部。陈清凤住在安徽泾县丁家山云岭镇白果树村，仍任中共东南局机关总支部书记、妇女委员，并兼任新四军军部党训班组织干事。她在白果树村住了几个月后，根据形势的发展，新四军军部会议决定，党训班同志提前毕业，一部分回原地工作，一部分去扩大抗日根据地，还有一部分发展新四军。此时，组织决定陈清凤以中共中央东南局巡视员、妇女部特派员的身份，派到陈毅领导的茅山抗日游击根据地工作。陈清凤在党组织的领导下，团结同志，依靠群众，有组织、有计划地开展党的建设、政权建设和扩大新四军等各项工作，发展了抗日力量。1940年元月，陈清凤在茅山革命根据地生下女儿黄知慧。

1945年8月日本战败投降。10月，江南新四军主力按照中央指示北撤，陈清凤奉命留守茅山地区从事党的地下工作，兼任中共茅东县天湖乡支部书记和乡长，在杨家舍、十字沟和三郎庙一带，参与领导地下党组织和秘密联络交通站的工作，一直坚持到1949年3月，为保持和发展茅山革命根据地做出了积极的贡献，受到上级党组织的充分肯定和称赞。

1949年4月，毛泽东、朱德发表向全国进军的命令。在人民解放军渡江南下前夕，陈清凤在茅山地区，发动和组织干部群众，破坏敌人的交通线和通信设施，瓦解国民党地方武装，缴获国民党自卫团的枪支弹药，为接应大军南下解放金坛地区扫清了障碍。4月24日，金坛地区解放，陈清凤组织人员将缴获的枪支弹药如数送到中共金坛县委办事处，受到解放军和金坛县委高度称赞。

"文革"中，陈清凤虽遭受迫害，但丝毫没有动摇她对共产主义的信仰、对党和人民事业的忠诚。她坚持实事求是，对错误路线进行了不屈不挠的斗争。1979年和1982年，中共金坛县委坛发〔1979〕142号和坛发〔1982〕155号文件撤销了原金坛县革委会对陈清凤的错误结论与处理决定。中共金坛县委〔1979〕142号文件决定："根据党的老干部政策精神，经县委研究，报请中共镇江地委组织部批准，恢复陈清凤同志的党籍，党龄从1930年入党时算起，工资从1979年1月份按行政十七级发给。"1981年至1986年，陈清凤为金坛县第一、二届政协委员，她积极向县委、县政府反映社情民意，提供切实可行的建设性意见。

1982年8月，陈清凤离职休养，享受厅局级政治生活待遇。2000年11月起，她享受副省级医疗待遇。离休后，她仍然关心当地经济社会发展事业，继续发扬党的优良传统，经常到机关、企业、学校作革命传统教育报告，还担任了多所学校的校外辅导员，教育青少年珍惜美好时光，努力学习，健康成长。陈清凤是工人的女儿、人民的女儿，她坚定地跟着中国共产党走过了70多年的风雨历程，参加了第一次国内革命斗争、第二次国内革命战争、抗日战争、解放战争和社会主义建设，把一切献给了党和人民的伟大事业。2004年1月28日，陈清凤同志在江苏金坛市病故，享年91岁。

（原载《红色武夷记忆》，有删改）

徐莲娇：巾帼不让须眉的骄女

吴成钢 罗永胜 张金锭 方晓萍

　　徐莲娇，1917 年 6 月出生于福建省崇安县岚谷乡练边村一个富裕的大家族。祖父是工商业主，父亲徐福元是崇安赫赫有名的革命家，母亲黄生珠是家庭妇女，上有一哥哥徐奎茂，大她 2 岁多，后来家中又添了一个弟弟、一个妹妹。在徐莲娇 3 岁不到全家就搬到崇安县城去住了。徐家是个三代共居的大家庭，祖父祖母、伯父伯母一家、叔父婶婶一家，在一大幢祖屋下生活。徐莲娇自小听话、胆大、机灵，徐福元对她喜爱但不溺爱。徐福元早年在外当兵，后来又从事进步活动和参加革命，在家时间甚少，一年间也就在过年过节时回家，但凡回家就将徐莲娇带在自己身边，讲故事或趣闻乐事给她听，父女感情笃深。徐福元虽不能亲带孩子，对培养孩子的要求还是高的，他要黄生珠对孩子要"放养"而不是"圈养"，还十分注重道、德、仁、礼家风的传承，如敬重长辈，相互谦让，大让小，小尊大，勤俭持家，礼貌待人，热情待客，邻里和睦。徐莲娇从小就养成了自己有想法、习惯好、品行端。徐莲娇跟着哥哥上树逮鸟、下水摸鱼到处玩耍，像个男孩子，哥哥总会像"大人"一样护着徐莲娇，如果妹妹被人欺负，会出手相援。哥哥上小学后，学了点知识，会给徐莲娇讲故事或照葫芦画瓢地传习简单的识文断字。黄生珠因徐莲娇是女孩而没送她上小学，徐福元虽反对妻子的做法，但他常年在外，做不到时时、事事都亲盯细管，只能留下遗憾。这一大家子家庭和睦、家业兴旺、家族和谐。

大革命时期，工农运动在崇安蓬勃发展，各种活动此起彼伏，徐莲娇看着父亲徐福元忙碌地穿梭于城镇和乡村。受徐福元的影响，徐奎茂也在学校积极参加罢课和游行示威活动，回家后会把情景描述给徐莲娇，"抗争"的景象从小就深深地印刻在她的脑海里。1926 年 11 月北伐军攻占崇安县，徐莲娇随徐福元在崇安城欢迎北伐军的入城，徐奎茂也与同学们一起上街喜庆相迎。工农运动借势生威，到 1927 年初，崇安的工会、农会、妇女会陆续成立，民众组织起来了。徐福元参与崇安县农民协会的领导工作，并积极推动、组织成立各级基层农会，农民运动在县乡轰轰烈烈地开展，大人、小孩、妇女都发动了起来。徐福元从自己的经历认识到，孩子要有出息，必须经风雨见世面。徐福元奔波在田间地头，走村串户，宣传鼓动、开班讲习，常常带着徐奎茂、徐莲娇兄妹俩。对父亲的革命举动耳濡目染，革命的种子深深地植入了她稚小的心灵，徐莲娇渐由一个懵懂孩童成长为有思想、有行动的儿童。儿童在农会的组织下成立了儿童团，辅助农会做一些儿童能力所及的工作。徐奎茂是乡儿童团团长，徐莲娇则成了一名儿童团员。儿童团积极帮助农会进行放哨、蹲守、送信等工作，既帮助了农会工作，也为农会储备了后备力量，夯实了农会的组织基础，儿童自身也得到锻炼。儿童团员一人一根削尖了头的竹棍做红缨枪，徐奎茂带领大家识字写字，进行操练，舞枪弄棒，既锻炼身骨又可防身。得空徐福元也会亲自到儿童团来，上阵教习、传授武技和实用套路。徐莲娇第一次有了自己的组织，以此为开端，她将一生献给了她孜孜追求的革命事业。如果说父亲是徐莲娇走上革命道路的引路人，哥哥就是徐莲娇走在革命道路的护路者。

1927 年蒋介石发动反革命政变，国共决裂，崇安的各级农会遭到国民党的破坏，基本处于瘫痪状况，斗争形势异常严峻。1928年初，徐福元按县委的部署，开始在西乡组织民众会，以取代老农会，并着手进行武装斗争准备，徐莲娇与哥哥跟随其左右。此时民众会的活动已不能像大革命时期搞农民运动那样轰轰烈烈地进行，往往要隐蔽开展。徐莲娇人小，不太会引人注意，就主动帮助父亲串联民众，通风报信，瞭望望风，做父亲的好帮手。1928年6月，崇安县委决定适时举行武装暴动，徐福元积极进行暴动的准备工作。徐莲娇跟着暴动队的叔叔们一起到山里进行军事训练。夏天天气热，间歇她就到溪水边打水给大人们喝，跑前跑后，不知疲倦。暴动的一部分武器需要花钱购置，徐福元准备拿出家中积蓄和变卖部分家产。此时，徐莲娇的祖父祖母已经去世，当家的是伯父徐侯全。起初徐莲娇的伯父、伯母和母亲黄生珠是反对的，徐莲娇和哥哥则理解、支持父亲的做法。徐福元虽然很少掺和家里的事，但在家中是有威望的，说一不二。他对兄长很尊重，此事事关重大，希望大哥理解。最终全家统一意见，变卖了祖上就创业积蓄下来的家业，去购买武器。徐福元经常以喝茶的形式召集民众会骨干商量暴动事宜，徐莲娇就按照父亲的要求一个人一个人通知，开会时就在屋外和小伙伴们玩耍，实则看门，有时还会爬到树上望风。

是年9月，暴动临近，徐福元把徐奎茂、徐莲娇叫到身边，严肃又沉稳地告诉他们，崇安民众即将干一场惊天动地的大事，推翻国民党反动县乡政权，打倒土豪恶霸，他们听罢当即表示要跟着父亲一起干。徐福元说："暴动刀光剑影，十分危险会死人，但你们不愧是我徐福元的孩子。"兄妹俩明白这是生死考验，但有父亲在什么都不怕，父亲就是泰山，父亲就是依靠。徐福元欣喜地发现两个孩子虽然按年龄还是个小人，但心理上已是"大人"了。徐福元给他俩一人一支梭镖做武器，他俩成为小暴动队员。要他俩听指挥而动，并表示如果自己牺牲了，你们要跟着暴动的叔叔们继续干，吩咐哥哥要带好妹妹，保护好妹妹，听父亲一席话既激动又悲壮。这就是作为暴动指挥的徐福元给自己子女的"特权"——上阵父子兵。

1928年9月28日暴动日，西乡暴动队整齐列队，等待着徐福元的号令。徐奎茂、徐莲娇站在队伍的最后很是自豪，有暴动队的叔叔关心地问他们怕不怕，徐莲娇把梭镖用力往地上一杵说："不怕！"暴动约定时刻到了，徐福元一声大吼，暴动揭竿而起，威震闽北的崇安农民武装暴动打响了。徐莲娇和哥哥只顾跟着暴动叔叔们东冲西闯，危险和死亡早已抛在脑后。徐莲娇看到那帮地主武装，平时欺压农民"八面威风"，但在徐福元率领的暴动队员面前，根本没有什么战斗力，畏于暴动武装的阵势和声威，顷刻土崩瓦解。徐莲娇亲睹了父辈们浑身是胆，舍生忘死的英雄气概，心灵得到了极大的震撼，她决心要做像父亲一样的革命者。10月1日，徐莲娇随西乡暴动队参加在上梅召开的庆祝暴动大会，见到了徐履峻、陈耿等暴动领导，徐履峻搂着徐莲娇对徐福元说，小小年纪都出来干了，我们的事业后继有人喽。徐莲娇看着父亲在庆祝大会上激情号召，看着洋溢着胜利喜悦的暴动队员，看着个个喜气洋洋的民众，心中无比兴奋。

很快，闽北的国民党当局就调兵进行反扑，派军队和民团对各暴动区进行镇压，是对民众武装真正的考验。虽然民众武装打得很顽强，但敌人有正规军作为主力，武器装备好，人又数倍于民众武装，徐福元带领民众队员以少打多，以弱抵强，以肉身挡子弹，终因寡不敌众。徐莲娇看到身边一个个倒下的战友叔叔，心如刀割，亲历血雨腥风的残酷。暴动总指挥徐履峻在上梅英勇战斗，壮烈牺牲，民众局机关被捣毁，暴动的胜利果实得而复失，暴动失败了。徐福元率部分队员退守山区打游击，等待时机、蓄势再起。国民党当局和地主、土豪开始反攻倒算，徐莲娇家更是首当其冲，父亲是暴动的领头者，国民党当局恨之入骨，没收了她家的全部财产，家里一日间变得一贫如洗，上无片瓦下无立锥之地。敌人四处抓捕她全家人，她和哥哥跟着父亲进了山，家里的其他人东躲西藏，一时无安身之地，幸得好心群众的收留安置，才暂时得以安避。弟弟在逃难时就此失踪，再无音信。

经过 3 个多月的积蓄力量和精心准备，1929 年 1 月第二次武装暴动在陈耿、徐福元等的领导下再次打响。近万民众排山倒海、攻城略地，打土豪开粮仓，砸碎旧政权，建立新政权。国民党当局故技重施，重兵压境，"围剿"暴动区，民众队武装在广大群众的支持下，与国民党军和反动民团开展殊死地战斗，反复争夺根据地，寸土不让，顽强抵抗反动武装地疯狂反扑，徐莲娇跟着父亲参加战斗。为了避敌锋芒，徐福元带领民众队进山打游击，坚持斗争，昼伏夜出，打击和骚扰敌人。他们住宿在用毛竹搭成的竹屋里，透着寒风。徐莲娇打草编草垫，没粮食就挖野菜、竹笋，为伤员熬草药，帮助包扎伤口，放哨瞭望，下山送信等。民众也自发地绕过敌人的封锁，送粮食和衣被等物品，使民众队熬过了寒冷的冬天。历时 4 个多月地坚持和对国民党军地持续打击，终于粉碎了国民党军的"围剿"，使敌人退缩到崇安城等几个区域，成功地在崇安建立了东、西、北三块游击根据地，红色根据地由此起步。

暴动成功后，上梅解放。上梅成了中共崇安县委和红色政权机构民众局所在地，徐福元作为县委领导主要在上梅工作，徐莲娇也随父亲留在上梅工作，负责组建上梅乡儿童团，任团长。此时的儿童团，由共青团（少共）领导，与大革命时期农会领导的儿童团相比，体系更紧密，组织化程度更高，平时是集中住宿的，工作内容更贴近战时的斗争需要，实际就是儿童准军事组织，武器是红缨枪。儿童团要学习识字，要破除迷信，要了解政治形势，要进行军事训练，要站岗放哨查坏人，需要时还要上战场等。从 1929 年至 1933 年，徐莲娇陆续担任下梅区儿童团长、下梅区团委组织部长、星村区少共区委组织部部长等职，主要都在负责少儿和青年工作。她年纪不大，但工作起来有闯劲，干劲十足，毫不逊色男同志。

徐莲娇头顶着徐福元的光环，但她得到父亲的"照顾"却是"有难同当"。1931年6月，徐莲娇再次随父亲参加战斗，攻打崇安县城。战前，黄立贵对徐福元说："徐大哥你要让小英子（徐莲娇小名）当花木兰啊！"徐莲娇把头一昂说："我已经是'老兵'了。"攻城是在晚上进行，那天崇安暴雨如注，敌人利用天时和地利，我军是工农的子弟兵，为百姓而战，则占有"人和"。徐福元挑选出敢死队，乘夜色用竹梯攀上城墙与敌人肉搏，消灭敌人后打开城门，徐福元、黄立贵一马当先，率队冲进城内，暴雨夹着子弹倾泻而下，天空划出一道道"流星"，擦过耳边"嗖嗖"响。战斗激烈，战况惨烈，我军、敌军都有相当的伤亡，真是血流成河。两军相逢勇者胜，我军虽付出了代价，但打下了崇安城。徐莲娇站在血水中，看着父亲视死如归的身影，抚摸着身边静静躺在血泊中的战友，心灵再次得到洗礼。革命不怕死，怕死不革命。

1931年8月徐莲娇由上梅区委书记丁侯余、黄玉金两人介绍加入了共产主义青年团。一日，徐莲娇和10多名新加入共青团的青少年，来到一山间密林，新团员们聚集在一个竹棚里，棚子的一面悬挂列宁的画像，他们列队面对画像，举起左手庄严宣誓："……要勇敢斗争，不怕困难，勇于牺牲自己，保护组织和同志，永不背叛革命……"宣誓完大家紧紧地抱在一起，唱起了苏区的革命歌曲。入团后，团组织送徐莲娇到共青团崇安委团校受训3个月，经过培训，她的革命意识得到进一步加强，革命意志得到进一步升华，革命经历得到进一步锤炼。

这时期，徐莲娇在几个不同地方担任区共青团组织部部长，每到一地都能得到战友、领导的帮助和关心，如上梅的丁侯余、星村的童慧贞，徐莲娇政治上迅速成长，工作能力快速提高。尽快克服人地生疏，用火一样的热情投入工作，她能够适应角色，团结同志，主动融入集体，工作得得心应手，收放自如。她把团组织建设放在首位，有条件的地方就建立团组织，发展积极青年入团员。有意识地加强儿童团、少先队、共青团组织的梯队衔接，对他们进行培养，以提高素质和能力，为党储备后备力量。积极推动少年儿童的教育、文化和体育活动。动员有适龄儿童的家庭，送孩子进列宁小学或劳动小学学习。组织有特长爱好的少年儿童成立宣传队、歌咏队、业余剧团，还自编和表演节目，经常会到各级苏维埃机关所在地，红军驻扎地进行演出。带领少儿、青年参加经常性的体育锻炼，体育运动以军事体育为主，体现体育为作战需要服务，如刺杀、拔河、赛跑、跳高、跳远、操练、刀术、投弹等。1932年闽北分区体育运动会在大安举行，徐莲娇带着本区的青少年参加，自己也报名参加了赛跑比赛，名列前茅。这一时期，和敌人打仗也是常事，但凡出现战事，特别是红十军两次入闽作战中，她都带领青少年积极参加支前活动，承担运送补给、救治伤员、缝洗衣服等工作。她把动员青少年积极参加红军作为一项重要的常态性的工作来抓，为红军源源不断地输送优质兵员。徐莲娇工作有激情，不怕困难不怕死，表现突出。她先后受到过苏区政府的4次奖励：一次是积极扩红，提前和超额完成扩大红军任务；一次是战斗中舍生忘死打敌人碉堡；一次是奋不顾身抓地主；一次是动员发动青年男女接受军事训练。她在战斗中成长。

　　苏维埃政府成立后，苏区逐步进入建设发展的轨道，徐福元一方面带队伍在外与国民党军队作战，一方面还要主持党和政府的重要工作。总体上家庭生活比暴动时要稳定、有规律，父女相谈的机会比较多。徐福元回到家会了解关心徐莲娇的工作情况，传授工作经验，教女儿一些工作方法，有时也会谈自己早期的人生经历，徐莲娇对父亲的认识更加全面，感情进一步加深。

1934 年 2 月徐莲娇任建阳县少共组织部部长，8 月由共青团员转为中国共产党的正式党员。1934 年至 1936 年，徐莲娇先后任建阳县少共县委书记、闽北西南战区少共书记、闽北分区青妇部部长兼儿童局书记等职。1934 年，国民党加大了对苏区的"围剿"，10 月，中央红军实施战略转移，中央苏区沦陷，11 月，国民党 10 万大军向闽北苏区进攻，苏区部分地区失守。1935 年 2 月，国民党军进占岚谷，崇安最后一个苏维埃政府丢失，各级组织全部转入山区进行游击战。当月闽北分区委批准，中共西南战区委员会在星村成立，汪林兴任书记，左丰美任团委书记，徐莲娇任青年部部长。西南战区实行党政军一体化战时组织体制，把党领导下的群众斗争、秘密斗争和武装斗争紧密结合，在军事上统一领导，分散活动。徐莲娇此时工作重心主要是实施军事斗争，参与领导红军、游击队袭扰和打击国民党军。1936 年 6 月，徐莲娇调闽赣团省委任青妇部部长。9 月，徐莲娇随闽赣省委机关撤到邵武的竹鸡垄地区，任闽北第二特委（邵武特委）妇女部部长兼青年部部长。

　　中共闽赣省委书记黄道、省委组织部部长曾镜冰十分重视在严酷的斗争中培养和锻炼徐莲娇。1936 年 10 月下旬，徐莲娇受黄道、曾镜冰、黄立贵之命，与闽北独立师三营长李福汉率两个排 40 多人，其中有 6 个干部，从竹鸡垄出发到官溪、界守一带开展扩军工作。一同出发的还有黄立贵的妻子李德娥一行，没走多远，两路人分道而去。到了官溪村与界守区委和游击队接上关系，他们告诉徐莲娇一行，离界守 5 里路有一个茶厂，有很多制茶工人，多数是江西来务工的，在那里完成扩军任务问题不大。五六天后完成了扩军任务，准备带新兵返回前，徐莲娇等和当地地下党和游击队开会，指导他们下一步的游击工作，黄立贵遣人送信来，说形势起变，国民党军重兵"围剿"竹鸡垄地区，省委、特委机关准备转移，要徐莲娇等速回。为了弄清情况，徐莲娇和李福汉商量后决定由界守党支部书记进城探个虚实，等书记回来后决定行动计划，游击队长江友良执意要留吃中午饭。支部书记到中午还没回来（实际已被抓），他们开始吃午饭。此时有放哨的战士突喊"有敌人"，敌人已包围了村子，所有人立刻拿起身边的武器就占有利地形。立即派两个战士用排子枪把敌人压制在院子外，其他同志撤到土楼上，居高临下进行抵抗，敌人兵力多，火力猛，打了一阵子，徐莲娇命同志们跳窗往山上撤，按照新兵先撤，然后老兵，党员最后撤。同志们刚翻过一道山，要再上一道山，中间要过一片水田，人踩在上面深一脚浅一脚，根本跑不起来，敌人的机枪发挥作用，我军伤亡很大，鲜血把田水染红，英勇的红军战士，且战且退，战士们一个个倒下，仍拼死抵抗，但冲不出敌人的包围圈。徐莲娇猫着身子在水田里艰难跋涉，用驳壳枪还击，撂倒了几个追上来的敌兵，正当徐莲娇走出水田，即将要上山时，抬头看见一敌军迎面用枪瞄准她，没来得及反应，突然她感觉右胳膊和腿被东西猛撞了一下，顿时眼冒金星，如脚踩浮云，瘫倒在地上，鲜血染红了衣裤，很快昏死过去。终因寡不敌众，大部分同志牺牲，徐莲娇、李福汉、江友良等20多人被俘，其中不少人负了伤。李德娥一路也遭到敌人的袭击，最后李德娥牺牲。此次扩军非但没扩成，而且伤亡惨重。有经验的干部、战士非死即俘，足见斗争的残酷。

当徐莲娇醒来时已在国民党军界守的团部，后她又暂关押在界守的一家店铺。老板娘是一位好心人，看徐莲娇浑身是血，腿和胳膊都负伤，面色苍白、憔悴，毫无血色，很是心疼，就端了一大碗米汤悄悄地让徐莲娇喝，徐莲娇抿了一口，从未感觉到米汤竟如此香甜，满心感激。老板娘喃喃自语道："中国人打中国人，作孽啊。"徐莲娇想在国民党统治区的老百姓，对共产党也是同情的，说明党的群众基础是多么牢固。敌人在团部对徐莲娇进行审讯，主要问是哪一路红军，有多少人，在哪一带活动，是不是中共党员，什么职务，领导是谁等，但徐莲娇守口如瓶。连续几天提审，问的都是这些情况，敌人仍然没有得结果。过了几天又把徐莲娇等押至邵武旅部，进行审讯，被审的同志个个守口如瓶，审讯的军法官气急败坏，说："你们等着掉脑袋吧。"不久徐莲娇等20位同志被转至邵武监狱关押，每周提审一次。监狱分"男号""女号"。徐莲娇在的"女号"里，还有两位共产党员，一位年纪稍大的叫何玉莲，一位年轻点的叫嵇福娇。她们看徐莲娇有枪伤，行动不便，就主动照料她。她们仨相互鼓励，保持乐观的心态，经常哼唱苏区的歌，对面"男号"听到后也唱起来，歌声响彻整个监狱，极大地振奋大家的斗志。

监狱里有地下党支部，负责人是红军的一名团长叫蔡金楷，被判了20年，还有一位是邵武县苏维埃主席，大伙叫他老苏，他是作为政治犯罪嫌疑人被抓进来的，因为没有定案，他在狱中的行动相对自由，让他在狱中兼做"伙夫"，他的真实身份当时只有蔡金楷知道。徐莲娇刚入狱时，伤口严重化脓、溃烂，老苏就很热情地给徐莲娇送烧开过的水让她冲洗伤口，徐莲娇不知道他的底细，还拒绝过他的好意。在"放风"时，蔡金楷跟徐莲娇说，人家是一片好意，国民党里也有有良心的人。狱中各"号"之间的联系主要是靠老苏，起到很重要的作用。监狱在蔡金楷的领导下进行过一次绝食活动。起因是徐莲娇等负伤同志的伤口得不到医治，开始溃烂，生蛆，发臭了，更有同志已是奄奄一息。伙食也很差，每人每顿一碗霉米饭，饭里还有沙粒，菜就是一点盐巴和发了黄的菜叶子汤，看不到一点油花。再加上来往信件要检查，不准看报。因此决定绝食，并向狱方提出四点要求：一是要改善伙食，每顿要保证一菜一汤，饭要让吃饱。二是要让犯人洗澡，特别是伤员要及时清理伤口和治疗。三是要通信自由，不得随意检查并允许看报。四是要对"犯人"长期受虐待给予营养的补偿。起初监狱当局并没有把的政治犯的绝食当回事，不予理睬。政治犯就坚持绝食，并带动了监狱中的其他犯人跟着绝食，惊动了国民党邵武县县长，迫于压力亲自到监狱来谈判，逐步答应政治犯提出的要求，先是同意每顿一菜一汤，给了一个星期的一天半斤牛奶补充营养，洗澡、洗衣服也答应了，看报和通信自由不行。于是犯人就继续绝食，监狱又退了一步，同意他们可看商业性的报纸，但通信自由始终不同意，同志们看提出的要求基本达到，绝食斗争以胜利而结束。此次斗争打击了国民党当局的气焰，大大鼓舞了政治犯的斗志。

狱外的党组织时刻关心着狱中自己的同志，徐莲娇经常会有自称"姑妈""姨妈"的人来探视她。她们每次总要带点吃的、用的或药品之类的东西，十分亲热，对她给予关怀和鼓励，还会夹带些外面的信息告诉她。起初徐莲娇很纳闷，自己不是当地人，哪儿来的这些亲戚？徐莲娇出狱后才知道是王文波、聂显书安排地下党组织做的，体现了组织的关心和战友的情义。

1937 年 3 月的一天早晨，徐莲娇还没吃早饭，忽听警铃拉响，监狱一片嘈杂声，一阵手忙脚乱。徐莲娇想今天有情况，果不其然，不一会儿，两个宪兵和一个敌旅部的师爷来号子提徐莲娇，说"恭喜你啦"，老"犯人"都知道这是要处决人的暗语，何玉莲、嵇福娇围拢到徐莲娇身旁安慰和鼓励她。在男号那里提了李福汉、江友良、司号员小刘、传令员小马，他们 5 人戴着手铐、脚镣，被一队士兵押往敌旅部，到达旅部门口两侧站着若干拿着军号的士兵，一片肃杀的气氛。他们让徐莲娇等 5 人在一门房的长木凳上坐着。小马说："看今天的架势，不像以往的提审，是枪毙还是把我们送南京。我们还没吃早饭呢，吃饱了再上路。"遂叫道："我们要吃早饭。"敌人倒也"慷慨"，送了半桶肉丝面，徐莲娇他们饱餐了一顿。过了一会儿，一个敌军法官出来，把写有 5 人名字的牌子往桌子上一放，徐莲娇明白最后的时刻到了，但此刻她镇定从容，从被俘第一天起她就做好了准备，已经无所畏惧了。她心里暗思，爸爸、妈妈、哥哥我可以见到你们了，又可以跟随在你们身旁了。军法官开始点名，点到一人就五花大绑，插上牌子，押往刑场。杀人号吹响，顿时间杀气腾腾，徐莲娇他们更是热血沸腾，一路高呼："打倒国民党反动派，打倒卖国贼蒋介石，中国共产党万岁，苏维埃万岁，红军万岁。"敌人暴跳如雷，急忙用布塞住徐莲娇等的嘴。到邵武东门桥头刑场后，要他们跪下，徐莲娇等誓死不跪，个个昂首站立。敌人说给你们最后5分钟，说出黄道、黄立贵在哪儿，可免一死。徐莲娇等怒目而视，大义凛然。听到拉枪栓声，一阵密集的枪响，李福汉倒在血泊中，其他同志安然在立。敌人又叫嚣再给你们5分钟，不说就跟李福汉同样下场，无人回应，敌人只好悻悻地把徐莲娇等押回，敌人玩了把陪杀场的把戏。徐莲娇原本也是判死刑的，后认为还有价值，改为无期徒刑。几位战友真是生死一瞬间，阴阳两隔天。

徐莲娇被押回监号，狱友们对她的死而复生倍感惊喜，被她视死如归的气概所折服。何玉莲、嵇福娇两位同志对徐莲娇更是关心，同时三人相互鼓舞斗志。晚上躺下的徐莲娇思绪万千，革命的情景一幕幕浮现在眼前。父亲把她领进革命队伍，平时一次次对她的教导和叮嘱。在党组织的培养下，她一步步成长。儿童团里持缨操练，站岗放哨；上梅暴动，面对死亡的危险，不曾退缩。加入共青团时的庄严宣誓。父母、兄嫂被杀，在自己处境最艰难时，经受住了组织和对敌斗争的考验，光荣地转共产党员，并誓言斗争到底，永不叛党。她战斗勇敢、中弹被俘、监狱折磨、杀场恐吓，没有一点含糊，她以自己的实际行动无愧于父亲的教诲，践行了对党的诺言。

1937年7月间一日，有狱警对徐莲娇说："你们师长黄立贵被打死了，头被拿下了。"徐莲娇听罢根本不相信，认为黄立贵机智灵活、一身胆气，不可能被敌人打死。过了两三天后，敌旅部来人提徐莲娇。敌师长亲自坐堂，对徐莲娇说："你不要紧张，只需你指认一下，此人是不是黄立贵，好好看一下，如果你说实话，马上可以给你改有期徒刑，如果愿意在我们这里做官，做太太都行。"徐莲娇看到一个玻璃罩里放着一个头颅，正是黄立贵。心里一怔，两眼发黑，但立刻镇定下来，强忍着悲痛。黄立贵既是闽北独立师长又兼邵武特委书记，是徐莲娇的直接领导，徐莲娇父亲徐福元和黄立贵，一个是赤卫军长，一个是独立师长，经常在一起配合作战，结下了生死友谊，两家的感情笃深。徐莲娇一口咬定不认识此人，一下午敌人反复问，徐莲娇始终坚持说不认识。晚上她又转移到邵武县的公堂继续审问，敌人之所以不甘心，是因为黄立贵的遗物中有一日记本，上有徐莲娇的名字，因此断定徐莲娇认识。敌人看徐莲娇如此"冥顽不化"，遂对她用刑，但她开口就是3个字"不认识"，最后也只好押回牢房。气急败坏的敌人决定将徐莲娇押至南京高等法院处置。但是，两次在押送途中，车子刚出邵武就遭到游击队伏击，没能得逞，后因敌七十六师调防，才搁置下来了。敌人之所以如此看重此次认人，一是黄立贵打仗勇猛，威震闽北，敌人闻之胆寒。敌人认为如果他死了将会严重打击红军的士气。二是红军、游击队还在不断地袭扰敌军，仍然放风是黄立贵带队出击，所以不敢确定他死了没有。三是敌人曾悬赏5000元捉拿黄立贵，如果确定，该部还可以获得5000元的重赏。

"卢沟桥事变"，全民族抗战爆发，抗日民族统一战线形成。一日，黄道派邵武中心县委书记聂显书到监狱来看"政治犯"，并告诉大家，国共再一次合作，党中央已向蒋介石提出释放政治犯的要求，你们很快就会释放。向监狱当局要了政治犯的名单。过了几天，聂显书派人来领政治犯，按名册点人，其他同志都放了，唯独徐莲娇不放，理由是她是重刑要犯，狱方无权释放。黄道直接写信给国民党有关当局，要求他们执行两党达成的释放政治犯的协议，监狱当局仍以无期徒刑犯人需由南京高等法院批准后才能放。黄道又写了一封措辞强硬的信，大意是你们不放，我们就带人来自己放。敌方无计可施，迫于压力屈服了。1937年11月徐莲娇走出牢门，重见光明，终于回到了她朝思暮想的组织怀抱。

关于在监狱还有些轶事发生。徐莲娇出狱那天国民党邵武县县长也到场，对我党派来交接的同志说："小弟在此仅混口饭吃，还望黄大哥（黄道），多多包涵，今后有用得着小弟时只管吩咐。"还有，1938年的某日，徐莲娇奉组织的安排，去崇安监狱探望仍被关押的吴秀珍，此时崇安监狱的监狱长是位洪姓的光泽人，原在邵武监狱当看守，冤家路窄两人碰面，徐莲娇原以为他会怒目相视，恶语相加，哪知反倒是像一见如故，亲切异常，盛情款待，宴请吃饭，席间还令儿子拜徐莲娇为干妈。洪对徐莲娇在狱中"硬骨头"的表现，面对死亡威胁毫不畏惧，心中无比钦佩。回来后，徐莲娇向曾镜冰汇报，曾镜冰说，这关系可利用，你就当这个干妈嘛。由于有了这层关系，此后进出监狱就方便多了，在押的我党干部也得到一些照顾。后来吴秀珍被国民党当局释放出狱又是徐莲娇代表组织去接的。由此看来，有不少国民党人员是"身在曹营心在汉"，多一个朋友多一条道，给自己留着后路呢。

出狱后的徐莲娇即向黄道、曾镜冰报到，汇报狱中情况，要求投入工作。两位领导对徐莲娇在敌人面前表现出来的革命气节和宁死不屈的骨气予以赞扬，让徐莲娇安心休养，让枪伤和身体得以恢复，将会有重要的工作等待着她。1937年10月，中共中央与国民党谈判达成协议，将南方8省15个游击区的红军、游击队改编为国民革命军新编第四军。11月张云逸派孙克骥回福建，传达中央《关于南方各游击区域工作的指示》，指导红军的改编工作，先到闽东找叶飞无果，遂回老家崇安，见到了黄道和曾镜冰，孙克骥就此留在闽北工作，以后任过福建省委统战部部长。同月徐莲娇再任闽北第二特委（邵武特委）特委委员、妇女部部长。此时全面抗战已开始，民族矛盾已上升为主要矛盾，本应枪口一致对外，但国民党军仍然对邵武地区的红军游击区进行挑衅。红军在文武两个方面给予坚决地回击，一方面，邵光建县委书记兼邵光建军政委员会主席王文波与饶守坤、王助、马长炎、左丰美率领独立师二纵队，对国民党军的挑衅给予狠狠地打击，歼灭相关之敌，狠狠教训了国民党党局，打击了国民党军的嚣张气焰，彰显红军的实力，把国民党当局逼到谈判桌上。另一方面，王文波、聂显书与国民党邵武当局谈判，提出严正交涉，提出我方主张，要求他们执行两党协议，双方停止军事行动，共同抗日。1938 年 1 月，新四军军部在南昌成立。同月徐莲娇任闽北分区委妇女部部长。徐莲娇带领妇女部的同志积极开展扩军工作，动员青年参加新四军。闽北是老苏区，很多家庭和年轻人都有一颗"红心"，起初想不通，跟国民党打了十年仗，现在要穿国民党军服，当国民党的兵，徐莲娇就做细致地做群众工作，晓以大义，告诉老百姓，现在日寇入侵，国难当头，为了不做亡国奴，中华民族就必须团结一致抵抗外辱，没国哪有家。闽北的老百姓是知大理，明大义的，无数家庭像当年送子、送郎参加红军一样，送他们的骨肉参加新四军。2 月，闽北红军各路游击队开赴铅山县石塘镇聚集，改编为新四军三支队五团，团长饶守坤、副团长曾昭铭、参谋长桂逢洲、政治部主任刘文学。徐莲娇随黄道、曾镜冰到石塘，送别闽北弟子开赴抗日前线。新四军参谋长兼三支队司令张云逸、东南局委员兼宣传部部长黄道、新四军三支队副司令谭震林看望五团将士，向五团做了开拔动员讲话。张云逸这位参加过黄花岗起义的老同盟会员和谭震林这位参加过井冈山斗争的老战士，都高度评价了闽北党和红军与国民党反动派经过十年苦斗，特别是在三年游击战争中，在失去了与党中央的联系的情况下，独立地开展艰苦卓绝的游击战争，抵御了数倍于我军的敌人的"围剿"、进攻，坚持下来，红旗始终不倒，为党的事业、为国家保留了革命的星星火种。黄道看着自己亲手带出的部队，则鼓励他们为了国家、民族的存亡，发扬闽北红军精神，英勇杀敌寇，再立殊功。面对日寇入侵，这些闽北子弟要离开滋养他们的这片热地，虽恋恋不舍，但为了民族的生存，向着民族的新生，与侵略者决死而战在所不惜。可悲的是，这些革命的精英，没有倒在和日本鬼子拼杀的战场上，却是在"皖南事变"中再次倒在了国民党顽固派的枪口下，这是后话。新四军第三支队设立崇安留守处，闽北分区委的部分领导和同志充任留守处的工作班子，曾镜冰为主任，汪林兴为副主任。曾镜冰、汪林兴根据徐莲娇长期从事青妇工作的特长，让徐莲娇在留守处兼做交通和群众工作，党内在省委机关做妇女工作。留守处有9位女同志，其中有方志敏的爱人缪敏、黄道的爱人陈清凤，其他几位是原在闽北根据地担任妇女领导职务的骨干。徐莲娇这位从一线工作摸爬滚打出来的女干部，作风泼辣，工作麻利，行动利索，工作起来不怕苦不怕累，遇到危险的事总是抢在前，为闽赣边的抗日宣传、开展合法斗争和与新四军的联络做了许多工作。1938年6月，徐莲娇任中共福建省委妇女部部长，一方面统筹好全省的妇女工作，加强对不同区域妇女工作的指导，特别是要适应抗战对妇女工作的需要，广泛地联系、带领社会各界女性为抗战做工作，积极动员、争取知识女青年参加新四军。妇女部和王文波部长领导的省委青年部经常联动开展工作，苏区时期青妇常常是"一家亲"，是由一个部门统抓，工作有相通性，所以工作起来也很便畅。徐莲娇同时继续兼顾留守处的工作。1939年6月东南局鉴于徐莲娇优异的表现，调她到东南局党校学习3个月。徐莲娇经过徒步跋涉，赶到皖南泾县丁家山新四军军部，亦是东南局机关所在地。在这里，她经常接触到叶挺、项英、张云逸、袁国平、曾山等新四军和东南局的首长，这些在中国革命历史上叱咤风云的著名革命家，虽然性格不一，但都平易近人，对各地的斗争情况十分关切，对从一线来的同志也很关心，徐莲娇再次体会到红军官兵一致的优良传统，感到很温暖。在军部，徐莲娇留下了人生第一张照片，身着新四军军服，腰束武装带，打着绑腿的戎装照，飒爽英姿，青春焕发。在学习期间，东南局书记、新四军副军长项英，东南局副书记兼组织部部长曾山，东南局宣传部部长兼统战部部长黄道等领导亲自授课，徐莲娇亲耳聆听了这些老革命的斗争实践和革命理论，她的政治素养、军事素质都得到提高，特别是首次对马列理论有了一定的理性认识。徐莲娇文化程度不高，但学习勤奋，自我要求高，收获颇丰。9月学习结束，东南局决定徐莲娇留东南局妇委（妇女部）工作，任妇委工作团团长。妇委书记李坚真是中央红军30位女长征干部之一，长征前曾任苏区中央局妇女部部长，是我党老资格的妇女工作领导人。徐莲娇在东南局妇委工作期间，她有幸跟多位革命的前辈一起工作，这些同志都是南方诸根据地妇女工作的杰出领导，她们革命履历丰富，斗争经验娴熟，徐莲娇学到了她们的工作方法，聆听她们的教导，这对她以后革命的实践受益匪浅。遂东南局又派她到新四军一支队一团担任工作组组长，协助傅秋涛副支队长兼团长等领导做政治工作。

1939年7月，抗日战争进入相持阶段。中共福建省委于7月22日至27日在武夷山坑口的村头绿村洋山上，召开福建省首届党代会，选举产生新一届省委领导，并选举出席党的七大代表。经过党代会选举，选出范式人、程序、聂显书、毛彪、方言、彭莲玉（后因故未出席）等6人为出席党的七大代表，范式人为福建代表团团长。徐莲娇则由东南局直接提名，确定为福建出席党的七大代表。11月30日，福建出席党的七大代表团从武夷山的坑口出发到江西上饶，经浙江开化到安徽岩寺，转到新四军军部的丁家山，到达中共中央东南局机关驻地，徐莲娇与福建代表团会合。在东南局集中的还有闽粤边、江西、上海、广东、浙江等地出席党的七大的代表共40多人。

　　1940年1月19日代表团从丁家山出发，曲折北上，一路要经过国民党控制区、日占区。中央对代表团的安全十分重视，始终有部队"护航"。经过苏、皖地区是由新四军派部队护送，经过山东、河北、山西时是由八路军派部队护送，各部队接力护航，最多时有两个团的兵力，足见党中央对党的宝贵人才的珍惜。突破国民党顽固派、日伪的封锁线时，经常会有激烈的战斗，所以各代表也是战斗员。此行徐莲娇还有一个重要的"任务"，把黄立贵的遗孤子黄义先带到延安。黄立贵夫妇牺牲后黄义先成了孤儿，徐莲娇出狱后，找到黄义先并承担起"妈妈"的重任，精心抚养他，这次远行出席党的七大，徐莲娇不放心把他独自留下。黄义先是黄立贵的独苗，将他安全地抚养成人是她的重责，不负黄师长、李大姐为革命献出的宝贵生命。黄义先已经失去了父母，不能让他再次失去亲人，所以必须将他带在自己身边。临出发前，徐莲娇请饶守坤将黄义先从崇安带到了丁家山。一路行军，徐莲娇都是用竹篓把黄义先背在背上，黄义先不满7岁，小小年纪就参加了一次"长征"的洗礼。此番征程环境险恶，条件艰苦，黄义先跟着大人吃着一样的苦，经常是昼伏夜出，通过敌人封锁线时是不能有任何声响的，黄义先饿了就会哭叫，因为是急行军，徐莲娇也不能停下来安抚他，就往背后丢一块馒头让他吃，这样他就安静了。代表团的同志看徐莲娇如此辛苦，不少同志主动帮助，其中江西代表团的吴继周一路上经常帮助徐莲娇照顾黄义先。吴继周曾就读于清华大学，是一位经历过地下工作恶劣环境淬炼的知识分子领导干部，亦能吃苦，参加领导过"一二·九"运动，曾任清华大学地下党支部书记，时任赣西北特委书记。他和徐莲娇在行军中相互关心，建立了很深的革命友情，并从战友逐步发展成爱人，他们后在延安结为伉俪，成为一段佳话。代表团途经皖中、苏皖边、鲁南、鲁西、冀南、晋东南、晋西北等敌后抗日根据地，渡长江、淮河、汾河、黄河，过沂蒙山、吕梁山、太行山，穿平汉线，经历千难万险，吃尽千辛万苦，行程万余里，历时 11 个月，40 多名代表终于在 1940 年 12 月全部安全抵达革命的中心延安，为开好党的七大，打下了基础。

徐莲娇既是"红二代"也是"红小鬼"，红色基因深深地嵌刻在她的骨子里。她在武夷山生活、战斗了 22 年，在她 72 年的人生旅程中并不算长，但武夷山是她生命的起点，革命从这里起步，她青春最"华丽"的篇章在这里书写，武夷山的一山一水、一草一木，是她人生"踏遍青山"最精彩的写意。她和父亲徐福元一样，有着勇敢坚韧，耿直率性，百折不挠，宁死不屈的血色精神，支撑着徐莲娇克难制胜，到她生命的最后一刻而不衰。她以武夷山为傲，武夷山以她为骄。

（原载《武夷山报》2022 年 11 月 11 日，有删减）

叶彩菊：矢志不渝的"革命老妈妈"

叶相唐

叶彩菊是闽浙赣边区著名游击队领导人陈贵芳的母亲。在革命战争年代，她一家祖孙三代为革命前仆后继，不畏强暴，英勇奋斗，有13位亲人献身革命。叶彩菊也屡遭迫害，受尽酷刑，历尽艰辛，但她坚贞不屈，矢志不移，为革命虽万死而不辞，得到了老区人民群众爱戴，被称为革命老妈妈。

叶彩菊，政和县东平镇西表车盘村人，1900年生于一个贫困破落的知识分子家庭。父亲颇有才学，因厌恶那豺狼当道、"混浊不清"的社会而隐居山野，拒不入仕，一生清苦潦倒。艰难困苦的生活，叶彩菊从小磨炼出意志坚强、爱憎分明，敢于跟邪恶做斗争。1917年她嫁给凤头高山村贫苦农民陈机水为妻。陈机水1928年就参加革命，是政和县第一批党员，负责党的联络工作。叶彩菊的家成了革命联络站，她为了支持丈夫参加革命，带小侍老，操持家务，还为前来联络的同志站岗放哨，缝补衣服，安排膳食。1933年农民运动风起云涌，农会会员增至千余人，党员发展到100多人，形成以凤池为中心，方圆百里的农民运动区域。叶彩菊置身在火热的革命斗争中，革命思想也不断升华。就在这一年，她参加了党的地下联络活动，经常翻山越岭，踏羊肠小道，蹚山涧溪流，闯过敌人的封锁线，从容镇静地完成党交给的任务。

1934 年 8 月，中央红军五十八团挺进东平，开辟出以西表、凤池为中心的建松政苏区，建立了建松政县苏维埃政府，陈机水参加了苏区工作，担任游击队分队长。叶彩菊跟陈机水一起带领全家积极投入轰轰烈烈的"打土豪、分田地"的土地革命。苏区的创建，农民运动的高涨，反动派惊恐万状，如芒在背，国民党军急忙调集 4000 多兵力，分三路猖狂进攻苏区，逃亡的地主劣绅纷纷卷土重来，向苏区人民反攻倒算，实行"白色恐怖"，大肆捕杀苏维埃干部、党员和革命群众，斗争异常艰巨。叶彩菊处危难心愈红，历险恶志弥坚。她坚信敌人的得势只是暂时的，红军和苏维埃所播下的革命种子是任何反动势力所扑不灭的，仍然义无反顾地为游击队送信，继续承担秘密联络工作。

由于苦难的经历和长期革命斗争的磨炼，叶彩菊对错综复杂的局势有着清醒的认识，斗争观念很强。国共合作初期，存在过多地强调"统一战线工作""合法斗争"的现象，她就告诫当时任政和县委书记的儿子陈贵芳"对国民党要警惕，不要麻痹"。话犹在耳，国民党顽固派就向建松政根据地发动了第一次大进攻，建松政党组织遭受严重摧残，唯政和县因陈贵芳早有思想准备，党员花名册没有落到敌手，保存了党组织和革命力量。这也有叶彩菊的一份功劳。

"皖南事变"后，国民党顽固派反共活动愈演愈烈，从 1941 年 2 月至 1943 年 4 月连续向建（瓯）、松（溪）、政（和）地区发动三次大规模的军事进攻，疯狂屠杀共产党和抗日游击武装，迫害革命群众。叶彩菊先后三次身陷囹圄，转押政和、水吉、松溪、东平等大狱。

在监狱里，叶彩菊进行了英勇顽强的斗争。开始时，敌人哄骗她："你只要把陈牯老（陈贵芳乳名）叫回来，就放了你。"叶彩菊一眼就看穿了敌人卑鄙用意，鄙夷一笑说："我不知道。"敌人进而威胁她："陈牯老在哪里？你要老实交代，说了就没你的事，不说就一直关在这里。"几经审讯叶彩菊总是这么几句话:"我不知道我孩子的事,你们要抓就去抓吧!"敌人见威逼无用,使出了他们惯用的伎俩,把叶彩菊绑在老虎凳上再把两边手指扎紧,在食指和拇指之间钉进竹签,一连钉进去几根,痛得她全身直冒冷汗,眼前一黑,便失去了知觉。敌人用一盆冷水把她浇醒,又逼她供出游击队的下落。叶彩菊愤怒地说:"我不知道,你们把我杀了吧!"敌人捞不到一星半点的稻草,气急败坏,酷刑一次次加重,妄图以此敲开她的嘴,从中得到所需的东西。一次,他们把叶彩菊的双手反绑吊在梁上,一个满脸横肉的敌军官手执皮鞭,一边死命狠抽,一边审问:"老匪婆快讲,陈牯老在哪里?""我不知道。""你不说就给你厉害的!"他命令打手放开吊绳把叶彩菊从梁上猛地往地上撞。她咬紧牙关,破口大骂:"要杀就开刀,要毙就开枪,我什么也不知道。"骂着骂着就昏死过去。

敌人见硬的不行,又改软的一套。一天,他们把叶彩菊从监狱叫出来,假惺惺地说:"我们也是不得已使你受苦的。你只要说了哪一些人是游击队队员,马上就送你回去。"叶彩菊极端蔑视地说:"我做人清白,没有干过伤天害理的事,不能平白无故害人。不要说'土匪'就是陈牯老,就是我叶彩菊,要杀便杀,别人都是好人。"敌人气得龇牙咧嘴拍着桌子:"你真是一个臭死的'土匪婆',来人,给我动刑。"他们先是往叶彩菊手指上扎针,后来用一大捆点燃的香线烧她的小腿肚子,顿时发出"吱、吱、吱"的声音,一下被烧焦了3个洞,叶彩菊又昏死过去。敌人从早晨7点一直审到晚上6点,一无所得,又把叶彩菊拖回了天牢。因慑于游击队的声威,敌人一直不敢贸然对叶彩菊下毒手。

1945年11月,游击队端了离城关仅五六里的林屯乡公所,震惊县城,敌县长吓得魂不守舍,连忙释放了叶彩菊。这样,叶彩菊才结束了历时3年之久的铁窗生涯,获得了自由。然而她6岁的小儿子却因敌人威吓病死狱中，丈夫陈机水在反"围剿"中壮烈牺牲。到她出狱时她家为革命失去了 13 位亲人。至中华人民共和国成立前夕，原是一个 16 口人的大家庭，仅剩叶彩菊、儿子陈贵芳及儿媳林群 3 人。叶彩菊经受住了严峻的考验，像凌寒怒放的红梅，以更加高昂的斗志，迎着暴风雪，投入黎明前的战斗。

中华人民共和国成立后，叶彩菊以主人翁精神投身反霸、剿匪、土改斗争。1951 年 10 月，她应中央人民政府邀请赴北京出席老区革命根据地代表招待会，参加国庆观礼，并受到中央领导的接见。她牢记毛泽东主席"发扬优良传统，争取更大光荣"的教导，积极参加社会主义建设，做出了新的贡献，被选为县、乡人民代表，担任历届县政协委员。1961 年她光荣地加入了中国共产党，实现了为之追求几十年的夙愿。她于 1988 年病逝。

春泥护花，余晖耀人。叶彩菊真不愧为革命的老妈妈。

（原载《政和县党史资料》1990 年总第 10 期，有删改）

赵秀澂：抛弃富贵铸辉煌

沈少华

2017 年元宵节这天，我和作家邱贵平先生来到南平市，慕名采访了原闽北苏区领导人、中共闽北特委书记王文波同志的夫人赵秀澂女士。

严冬刚刚离去，初春还有些微寒。我们在市区梅山坡一栋青砖房子里见到了赵秀澂女士和她的大儿子王易风先生。出生于 1928 年的赵女士，按中华民族传统算法，今年正好是 90 岁。令人惊叹佩服的是，已经 90 岁高龄的她，头发已雪白，但耳不背眼不花，思维敏捷，谈吐清晰。不愧是从解放战争走过来的女战士，饱经风霜的面容上依然不失当年英姿飒爽的神韵。

赵秀澂女士祖籍广东，祖父早年来到福州谋生，父亲是福州一洋行的小职员。家境虽说算不上富裕，却也是殷实人家。在福州华南女子中学读书时，酷爱书籍的赵女士在阅读了许多中外名著的同时也阅读了一些进步的书籍，接触了进步思想，对共产主义有了认识。而当时她小姨家是地下党组织的联络站。不久她在小姨家认识了中共福州地下工作者，并在他们的引导下积极参加地下党组织进步活动。后根据赵女士的表现和对党认识水平的提高，经简印泉（原城工部福州市委领导、1949 年后任福州市人大常委会秘书长）介绍加入党组织。从此，她成为一名立场坚定的共产党员。在她的小姨家，她还先后认识了中共闽浙赣省委的领导曾镜冰、苏华等同志。他们在环境险恶、条件艰苦的闽北、闽中等地开创革命根据地，为革命的事业不怕流血牺牲的精神深深地打动了她，也让她对闽北革命根据地有了深情的向往。

1947 年秋，赵女士在苏华同志的帮助下，通过地下交通员一站一站的护送，告别亲人跋山涉水只身一人从福州沿闽江坐船逆流而上来到南平，又翻山越岭，穿越了数道国民党军的检查站和封锁线后，安全来到闽浙赣边界的浦城山区。

作为城市里来的、有文化有知识的女性，到达闽北后，就被安排在闽浙赣省委当机要秘书，而王文波此时担任闽浙赣省委领导下的中共闽北地委书记。

此时战争格局已经发生根本的转变，人民解放军拉开了战略反攻的序幕，国民党军队已经处于节节败退的困境。但南方的形势依然严峻紧张，反动派不断加大对山区游击队伍的"围剿"，闽北的游击队在闽浙赣省委的领导下，坚守在武夷山脉的深山中，寻找时机消灭敌人的有生力量，迎接大部队到来。

说到在闽北的两年游击战生涯，她记忆深处的青春岁月如雨后的山泉喷涌而出。除了敌人的"围剿"，她最难忘的是饿、冷和爬不完的山。在大山里她没有吃过几餐饱饭，一天吃一餐是经常的事。有时粮食短缺，只能靠竹笋、野菜和野果来充充饥，要是野菜也没有，那就只能煮上一锅开水来"填饱"肚子了。住的是用毛竹搭的竹棚，夏秋季蚊虫叮咬，冬季棚内棚外一样寒冷。上山的那年冬季雪下的特别大，许多战士们都没有棉被，只好烧火取暖来度过寒夜。只有到了老区基点村，群众像迎接亲人一样把他们接到家中才能吃上饱饭睡个好觉。一次她和战友们被敌人围困饿了两天没吃饭，好不容易突围出来转移到一处偏僻的农家。农家主人见到是自己的队伍非常高兴，看他们的样子就知道又饿了几天，马上升火淘米煮了一大锅的稀饭。闻到米饭的香味，饥肠辘辘的战友们不等煮好就端碗盛稀饭吃，看到战友们狼吞虎咽样子，王文波不停地劝他们一次不能吃太多，怕饿了两天的胃会被撑坏了。

但这样的日子并不多，"围剿"的敌人一来马上又要转移。有时半夜睡得迷迷糊糊就被战友们拉起来往山上跑，因为偷袭的敌人已经到了村口。农村的狗警惕性高，有陌生人就会"汪汪"的"报警"，等到敌人进村了，他们已经安全转移到了山上。面对莽莽山林，敌人也不敢贸然追击，只好胡乱放上几枪交差。两年的时间里她随着闽浙赣省委机关经常在浦城、崇安、光泽、建阳的深山打游击，政和的洞宫山、崇安的桐木关、建阳的太阳山、光泽的诸母岗等高山险隘都留下了她的足迹。

一位城市的女孩，为什么能在如此艰苦恶劣的环境里坚持下来而不动摇？她轻声地说那是一种从内心里对党的忠诚，对光明的追求，驱使她在艰难和险境中经受住了磨炼。那样的环境只会使自己变得更加坚强和勇敢。

因为都在闽北山区打游击，机要秘书和地委书记由认识而互生爱慕之情。不久，在组织的牵线搭桥下，由时任中共闽浙赣省委书记曾镜冰同志做证婚人，赵秀澂和王文波在闽北的大山里、在战斗的岁月中结成了革命的伉俪。没有花轿，没有酒宴，没有新衣服，可以说几乎就是一无所有。把一床旧的被子洗洗干净，两人就搬到一个新搭建的、门上扎着松树枝竹棚里一起战斗和生活。晚上，战士们点起松明，在竹林里大家自编自导，在阵阵松涛的伴奏下演出了一场快乐喜庆的晚会，庆贺这对新人在大山里结成革命夫妻。

面对比他小 11 岁的伴侣，王文波像关心小妹妹一样呵护着她；而面对 13 岁就参加儿童团、有着丰富苏区和根据地工作经验的王文波，赵秀澂内心充满了敬佩之情。在艰苦的环境下，他们互相关心，互相帮助，共同渡过一个又一个难关。遗憾的是，由于战争年代环境残酷，条件恶劣，赵女士怀孕后又过着饥一餐饱一餐的生活，营养极度缺乏，造成第一个女孩子出生后先天不足而残疾，不久去世。1949年5月，王文波同志率领闽北游击纵队到上饶迎接陈赓率领的二野部队从武夷山的分水关进入闽北。解放闽北后，王文波任南平地委第一任书记，赵秀澂先后担任建阳县副县长、南平地委监察委常委、建阳地区革委会秘书组组长等职，一直工作到20世纪80年代离休。

　　进城后，物质和生活条件变好了，但夫妻俩没有忘记在烽火岁月里曾经支持过、帮助过的乡亲们。老区百姓来城里看病或是办事，就会找到王文波家，赵秀澂就像接待亲戚一样来招待他们。那时乡亲们来一趟城里不容易，一来就好几人，一住就好几天。床铺不够就打地铺；粮食都是计划定量供应的，领导干部家也一样，但赵秀澂宁愿自己饿些也要让来自老区的乡亲们吃饱吃好。乡亲们来了会带些笋干、腌菜和手工做的布鞋等土特产，等乡亲们回去了，赵秀澂要带上更多的面条、白糖、布匹、解放鞋等物品让乡亲们带回家。她经常教育孩子们说，是乡亲们在他们最困难的时候，宁愿自己饿着也要让游击队的同志吃个饱饭，现在革命成功了，我们不能忘记他们！

　　她的爱人王文波少年就参加革命，由于常年在闽北大山里过着游击生活，身上留下很多伤病。在光泽的司前乡干坑林场，上了年纪的人都会说20世纪三四十年代红军闹革命时，王文波曾在当地一户叫邹顺生农民家养过伤病，并拜邹顺生的老婆邬美凤为干妈。一次邹顺生外出买粮食（干坑为高寒山区无田地不产粮食）被国民党军队抓去，但他宁死不屈，在敌人严刑折磨下咬紧牙关没透露一个字，最后在邵武监狱里英勇牺牲。他以一人的牺牲保护了王文波，也保护了干坑的几十户村民，这一动人的故事在当地一直流传至今。中华人民共和国成立后，王文波以忘我的精神投入到工作中，对自己身体并没有太多在意。1965 年，正值壮年的王文波不幸积劳成疾而去世，赵秀澂强忍悲痛告别了伴侣、战友，用柔弱的肩膀扛起工作、生活和家庭的重担，独自边工作边含辛茹苦抚养 4 个孩子。在赵秀澂的教育培养下，4 个孩子都长大成人，其中老大王易风 17 岁就入伍，走上了保家卫国的军旅之路，转业后回到南平市政协工作并陪伴母亲度过晚年。

耄耋之年的赵秀澂深深体会到幸福生活的来之不易，经历了新旧社会两重天、也经历了解放战争洗礼的她，最能体验到祖国日新月异的变化。她说那时的愿望就是为让老百姓过上好日子，如今的好日子我们应当珍惜，只有对党忠诚，对祖国对人民热爱，我们的好日子才有永远！

2018 年 2 月，优秀的共产党员赵秀澂同志因病逝世，享年 90 岁。

谨以此文献给闽北优秀的女士赵秀澂。

（原载《闽北日报》2017 年 3 月 13 日，刊登时标题与本书不同）

魔窟"女囚"：为理想坚贞不屈

聂炳福

魏志先是国民党制造"皖南事变"时，在战斗中被捕的新四军浙东游击纵队三五支队（注：抗战时期浙东百姓对"三北游击纵队"司令部所辖的三、四、五支队的简称）的女战士，她与"皖南事变"中先后被捕的黎毅、张莹霞、红浣（缅甸归侨）、金掌华、方布、孔小非、路红、岑彩凤等9位女战友，被押解到福建崇安县城区老鼠排监狱囚禁的。她们被捕时都很年轻、很纯朴，有些还缺乏对敌斗争经验，但对面特务们的威胁利诱和刑讯，表现出勇敢坚定，多次巧妙地挫败了敌人的阴谋，保持革命者应有的革命气节，直到1945年《双十协定》后，国民党迫于国共和谈的新形势，不得不宣布释放所有在押的新四军人员。她们终于走出"崇安老鼠排囚禁处"，恢复了自由。

1944年6月间，魏志先等9名"女犯"在6个特务武装人员的押送下，经浙江龙泉和福建浦城到达崇安县。在经过浙江丽水时，被关在第三战区司令部的警备室里，囚房是泥巴地，又脏又湿。敌人连续两天对她和其他女战友们进行审讯，要她们说出为什么要参加三五支队。在敌人面前，她们一口咬定是为了抗日，并编造了假的籍贯和用过的假名，一直没有暴露自己党员的身份。后来敌人对她们进行利诱，胡说三五支队有300多个女同志在丽水工作，要是每人能说出一个来，就给她们恢复自由。她们回答说："这工作我们做不了，因为我们并不认识他们。"敌人扬言要枪毙她们，但她们没有被敌人的威吓所屈服。敌哨兵还暗中告诉她们说，有两名女"犯人"可能要被枪毙，后因敌人内部闹矛盾，这两个女同志幸免逃过了这一关。

到了崇安县城关，关在一座大庙里，这里是第三战区东南分团团部。第二天，敌人要求每人填写一份表格，表格一共4张，一张是自白（即口供），一张是履历（填写从6岁到当时的情况），一张是悔过书，一张是自新书。如何闯过填表这一关，做到既不暴露党员身份，不丧失革命气节，又能巧妙地应付敌人，对她们来说确实是一场严峻的考验。她们编造了一些情况，内容是由于日寇到处强奸青年妇女，怕被鬼子糟蹋，所以参加了抗日队伍，她们认为这样填写，敌人抓不住辫子，但悔过书和自新书就不好写了，因为悔过书除了重复履历表上的姓名、性别、年龄、籍贯、学历之外，还有两大栏，要分别填写对三民主义和共产主义的认识。她们干脆不填这两栏，自新表也没填。敌人问她们，她们干脆回答说："我们不懂得什么主义，所以写不来。我们是学生，只知道抗日救国，不知道什么是共产党。"结果9人都没有填写类似这样的表格。听说后来敌人还发过牢骚说："这种人都抓来，不知道干什么的！"

关押在老鼠排这批难友名义上是东南分团的学员，还穿着军装，实际上是"政治犯"，老鼠排就是一个大监狱。为了防止闽北老革命根据地的游击队来袭击，附近山头的树木全部砍光，周围还拉起了铁丝网，设有五六十个岗哨，宪兵轮班日夜不停地看守。"学员"外出都要有通行证，平时不准相互交谈，更不准单独活动。敌人在上饶集中营用的是高压手段，对我们的同志滥用刑罚，如站铁笼、坐老虎凳、使用电刑等，妄想从肉体上摧残我们的同志的意志。到老鼠排后，则采用软硬兼施的办法，主要还是以软化为主。起先，用填表的办法诱使同志们不知不觉地上当，对于这一点，大家先前有点思想准备，在来崇安的路上，大家相互提醒彼此关照，才使敌人的阴谋不能得逞。

敌人采取软化的手段还表现在诱骗我们的同志学所谓专业技术。敌人把编入三中队的难友们分成男生队和女生队，男生队又叫作农林队，名义上是学习农林技术；女生队叫作会计队，名义上是学银行会计专业。银行会计专业说是学习会计（簿记）出纳，教员是请银行的职员来充当，但很少上课。特务企图以此装潢门面，欺骗大家，麻痹大家的斗志，使大家对国民党顽固派抱有幻想和好感，但事实上完全相反。同志们更多的时间里是被迫从事笨重的体力劳动，如女生队起先要为自己盖住房，特务没有发给泥刀，叫大家用手掌当泥刀抹墙壁，天冷时手指都冻得不能弯曲。后来每天都要上山砍柴火，到城郊挖城墙的砖块，然后放在团部办的"生产合作社"出售，劳动所得自己分文不能享受，每天只能吃两餐粗饭，还要被克扣。在她们9人来老鼠排之前，关押在老鼠排的同志就进行过三次要求改善伙食的斗争，终于赢得了自己管理伙食的权利，但是还是吃不饱。同志们每天上午8点吃早饭，9点出工，干得筋疲力尽，直到下午4点收工回来，晚饭和午饭一起吃，相隔8个小时，怎能有劲头呢！女生队的钟时首先提出要成立伙食委员会，想发动大家想办法，解决吃不饱的问题。敌人对此大为光火，说他们是得寸进尺，就收起软化那一手，使出硬的撒手锏——用刑。特务们把队伍集中起来，叫一个，用皮鞭打一个，逼着大家供出策划的主谋人。钟时不忍看到大家受刑，就主动承认了。特务们马上把她拉到外面关押，班长陈云也被说是管理不严，一起被关。两人受了重刑，后来逃跑出狱，但又被抓回来，受尽酷刑。她们9人刚进老鼠排时，有一位女同志，因为反对特务对她动手动脚，打了特务一耳光。这个特务怀恨在心，晚上借故叫她到外面个别谈话，把她推到大河里去了。敌人除了动用重刑外，平常对所谓不听话的同志经常施用小刑罚，如罚跪、罚跑步、罚挑重担等。在敌人的淫威之下，同志们没有屈服，保持了共产党人坚贞不屈的革命气节。

（原载《武夷山乡村文化旅游故事》）

张彩姬：永葆革命本色的共产党员

张金锭 方建星

1911 年 2 月，张彩姬出生在崇安县洋庄乡大安村石钱坑的一个贫苦农民家庭里。父亲张峰高从小就给富人当长工，在饥寒交迫和屈辱中生活。成年之后，父亲与穷人的女儿袁细妹结为夫妻，组成了一个患难与共的家庭。张彩姬和她的哥哥张耀林、弟弟张耀贵，就先后降生在这样的一个家庭里。

在国民党反动派的统治下，名目繁多的苛捐杂税几十种，娶老婆也要缴乾坤税、人离世要缴地皮税，困苦的生活压折了劳苦大众的腰。当年，在武夷山农村广为流传一首民谣：

> 劳动阶级苦又苦，上无瓦来下无砖，住的是破房；
> 天亮做到天黑归，赚钱不够交捐税，怎么赚到吃；
> 两餐不饱苞萝饭，吃了上餐愁下餐，油盐不必盛；
> 一家穿的破衣裳，冬天盖的烂棉被，睡在稻草里；
> 富人过年鱼鸡肉，穷人过年吃豆腐，菜头煨萝卜。

民谣唱出了穷人在反动派、地主、豪绅和官商统治压迫下，过着悲惨生活的心声。在那暗无天日的社会里，仇恨旧社会、反抗旧社会的斗争意识却不可抑止地在群众心里滋长。张彩姬就是在这苦难的环境和斗争思想影响下成长起来的，她从少年起就在心灵深处种下了跟着共产党闹革命、求翻身的种子。

1928年初春，当中共崇安县委在全县农村点燃了革命的星星之火时，抗租抗捐、打土豪、分田地的斗争，像磁石一样地吸着广大受尽剥削和压迫的贫苦农民的心。同年3月，经江富德同志介绍，张彩姬参加了革命，任大安范畬村民众代表。8月，张彩姬亲自动员小舅舅张耀贵参加了民众队。1930年，又动员大舅舅张耀林参加了红军。这样，张彩姬一家三人都投身于为劳动人民的解放而奋斗的革命事业中。然而，由于我们党发动的武装斗争还处于幼年阶段，每一次斗争都要付出惨重的代价。在斗争中，张彩姬的大舅和小舅先后牺牲了。

1930年2月，国民党反动派向大安苏区发动进攻，土豪地主肖才志与反动势力相勾结，进行反革命破坏活动，张彩姬不幸被捕，囚禁在国民党崇安县衙监狱。在一年多的时间里，张彩姬受尽了敌人的严刑拷打、百般折磨，直到1931年6月14日，黄立贵团长率领闽北红军独立团打进崇安县城，张彩姬才获救出狱。

张彩姬服从组织安排，又返回大安，全心全意地投入革命工作。先在大安工农剧团宣传革命道理，不久调到大安苏区被服厂担任班长。为了保证前线作战胜利，被服厂的姐妹们夜以继日地辛苦工作，出色地完成了支前筹集物资的任务。这年9月，张彩姬由小浆村苏维埃妇女部部长沈尾菇介绍，光荣加入共青团。12月，她担任了小浆村团支部书记。1932年，张彩姬调到闽北红色首府大安，任大安苏区团委组织部部长。1933年9月，由曾镜冰和陈顺昌两位领导介绍，张彩姬光荣加入中国共产党。同年10月，她被派往中共闽北分区党校学习。

1934年夏天，由于紧张的武装斗争和组织需要，张彩姬被派到对敌斗争前沿东村、四渡桥一带，担负阻击敌人的后勤任务。11月，又因对敌斗争需要被调回闽北分区机关所在地大安。其间，张彩姬与闽北分区机关交通员吴宗天结婚，夫妻俩一心扑在革命工作上，努力完成组织交给的各项任务。年底，国民党反动派调集10万重兵，对闽北苏区尤其是大安发起全面"围剿"，1935年1月，闽北分区党政军机关撤出大安，闽北苏区转入了艰苦卓绝的三年游击战争时期。

根据游击战争的特点和对敌斗争形势的需要，闽北分区委采取"白皮红心"形式，在公开场合宣布对身份暴露的共产党员和军人"开除党籍和军籍"，是红军家属的宣布离婚，以瞒过敌人耳目。尔后，由组织派到敌占区，对国民党军队的中下层官兵进行策反工作。1935年5月，组织召开群众大会，宣布"开除张彩姬的党籍"，并宣布让她同丈夫"离婚"，曾镜冰、黄知真两位领导分配她到崇安县城关，开展国民党下层官兵的策反工作。暂时脱离党组织和同志们，离开新婚不久的爱人，还得忍受不明真相的同志们误解，独身闯入龙潭虎穴去进行地下工作，这需要多么顽强的革命意志和忘我的革命精神啊！然而，张彩姬从党的最高利益出发，无条件地执行党的指示。

其间，张彩姬为了更好地执行党交给的策反国民党下层官兵的任务，千方百计地进入崇安县城居住。一次，张彩姬深入虎穴，成功地策反了国民党四十五旅手枪连的一个班，携带12支短枪向崇安红军独立团投诚。接着，张彩姬利用敌军换防的时机，准备再一次开展策反工作时，由于当时的环境复杂，不幸暴露身份落入敌手。

审讯时，敌人妄图让张彩姬供出红军游击队的人数、枪支和活动地点，她毫不犹豫地回答："不知道！"敌人用残酷的手段威胁她，把她捆起来毒打，她还是斩钉截铁地回答："不知道！就是不知道！"敌人黔驴技穷，露出了豺狼本性，往她身上连刺了13刀，鲜血淋漓，她昏死过去。由于党组织和战友的及时营救，并将她送进闽北红军医院抢救，3个月后张彩姬才脱险出院，后转回家中养伤。身体虽然逐渐康复，但张彩姬的脸上、身上却永远留下了斑斑刀痕。这刀痕，向人们控诉着反动派的凶狠残暴，也向人们证实了党的好女儿张彩姬对革命的无比忠贞。

张彩姬的心始终向往着党，向往着革命。那时，崇安红军游击队在闽赣边的大山坚持打游击，她四处寻找自己的队伍同志，一心一意希望继续为党工作。然而，革命形势暂时处于低潮，红军游击队人员分散，联系困难，加上生活处境极为艰难，在战争年代的后期她同党组织和战友们失去了联系。但张彩姬始终坚信革命一定会胜利，国民党反动派必将会灭亡！始终坚信党会回来的，红军会回来的，同志们会回来的。因此，她顽强地生存着，满怀信心地等待着……

1949年5月，崇安解放了，张彩姬日思夜想、望眼欲穿的这一天终于来到了。胜利的喜悦，为张彩姬的生命注入新鲜的血液和活力，她满腔热情地迎来了亲人解放军。兴奋之余，她努力回忆着自己干革命的历程，想起过去革命活动在大安、洋庄一带的地点，现在又居住在上梅，怎样才能找到离散多年的同志呢？怎样才能找到党组织的关系呢？这些问题一直在张彩姬的脑海里辗转着，她总是自勉自励：党是不会忘记自己的儿女的，是一定会派人找我的，也一定会找到我的。

中华人民共和国成立后，许多省内外老同志到崇安老区视察都多方寻找张彩姬，她从内心倍加感动。1961年春，时任福建省政协副主席左丰美来到崇安看望老区人民时，通过有关部门打听到张彩姬住在上梅，就托县政府挂电话请她来县城会见。会见中，左丰美证明张彩姬确实是老革命，她的革命历史应该得到承认。又有一次，时任江西省委常委、秘书长黄知真陪同中共中央朱德副主席来崇安视察时，黄知真特地抽出时间接见了张彩姬，和她一起座谈、合影留念，还赠送了慰问礼品。南京市政协副主席徐莲娇和南平地区妇联主任童慧真生前也十分关心张彩姬，每次来崇安都专程去看望张彩姬。年过半百的张彩姬每次见到老领导时，总是激动地说："领导的关怀，同志们的关心，我永远忘不了！我虽然在农村，也要用实际行动做好工作，来报答领导和同志们对我的关心！"张彩姬深深感到，这么多年了，自己就像离了家的孩子一样，现在又同许多老领导和同志们见了面，真是心花怒放，浑身充满了力量。

张彩姬牢记党的教导，从不夸耀自己的光荣历史，不给党和国家增添负担和麻烦。有时，上梅乡政府见她们家实在困难，发给她们一些补助，她都一再推让给更困难的同志。1959年，继父吴清荣因公砍伐木头受了重伤，卧床治疗5个月，一家四口的生活重担全落在张彩姬一人的肩上。她不分白天黑夜地养猪、编斗笠，解决生活困难。除村部补助的一些生活费外，她没有向国家伸手要任何救济。

对党的号召，张彩姬总是积极响应，事事带头。1950年土地改革工作中，张彩姬主动协助做好妇女姐妹们的思想工作。抗美援朝运动中，她积极带头捐献粮食。1953年粮食统购统销时，她带领广大社员把粮食卖给国家。1957年，张彩姬当选为上梅村生产队的妇女队队长，她积极发动姐妹们多养猪、多贡献。1963年，她担任上梅村妇联主任后，由于工作主动热情积极认真，在妇女中享有很高的威望。大家信任她，有什么事总喜欢找她商量，不论是生产上和生活中的困难，还是婆媳不和、夫妻矛盾或邻里纠纷，她都帮助大家妥善化解，深受大家的好评。

1964年，张彩姬被评为福建省先进工作者，光荣出席了福建群英会。她还多次出席省、地、县老区代表大会，受到老区人民的钦佩和爱戴。

1978年冬，崇安县委在上梅村召开一次老区革命"五老"座谈会，县委副书记张彭林与民政局局长徐进华等领导来到上梅。这时，张彩姬因病卧床已一年之久了。当她接到会议通知，立即从床上坐起，强忍着病痛，要儿女们扶她去村部参加座谈会。她坚持参加了一天的会议，提出了两点建议：一是关于教育问题，要求为老区增设教室，增派公办教师，重视和加强对老区后代的培养；二是关于兴修水利问题，希望尽快兴建"乌龙坝"水利工程，以保护200亩良田不受损失，保证农民不致因灾害而减产减收。参加会议的县委和有关部门的领导认真听取了张彩姬和其他同志的发言，当即表示"意见很好，上级会尽力给予支持解决"。上梅村党支部书记张水龙感动地说："张彩姬同志重病在身，心里仍然想着群众的利益，不愧是革命的老妈妈。"会后，张彩姬已精疲力竭，工作人员扶她坐好，请县里来的领导同志和她拍照留念。后她一直卧床不起。谁能想到，这竟是她一生中参加的最后一次会议。

1979年2月，张彩姬与世长辞了。临终前，她不是交给后人什么金银财宝，而是语重心长地嘱咐子女："要好好听党的话，努力工作，关心群众，培养教育好后代……"张彩姬的一番话，她的子女们至今仍然铭记在心。

（原载《红色武夷记忆》，有删改）

妇女党支部：红旗不倒的山村堡垒

吴翠英　季守岐

1935 年 2 月，粟裕率领红十军团皖南突围出来的部队奉中共中央命令改编为工农红军挺进师，粟裕任师长，刘英任政委，挺进浙西南，途经崇安将洪家云部归建挺进师，编为第二纵队，活跃在浦、龙、遂、江等 6 个县之间，在浦城东坑桥后门山成立中共龙浦县委。龙浦县委成立后，利用二纵在这带活动，采取分散发动群众，集中打击敌人的战略。以单线联系，个别谈心的方式，进行党的宣传教育，吸收斗争坚决、不怕牺牲的穷苦工农群众中积极分子加入党组织，首先创建中共东坑桥支部。支部发展了范陈秀、叶起莲 2 位女党员。

1938 年春，抗日救亡运动在中共的领导下全面掀起，龙浦县委书记宣恩金同志在东坑桥附近的天师山坛草坪召开了群众大会，宣传党的抗日方针政策，动员农民群众投入抗日救亡运动。大会后，共产党员范陈秀在妇女积极分子中间秘密活动，宣传人民要翻身，妇女要解放，必须团结起来，共同抗日的革命道理。党的教育有如雨露春风，受压迫的劳苦妇女很快提高了思想认识，积极参加党领导的革命活动。1939 年春，叶长珠、张四妹、张五妹、张招弟、姚秋英、叶金莲、王马珠 7 名姐妹光荣地加入了党组织。为了便于工作，经上级组织批准，成立了东坑桥妇女党支部，也是浦城当时唯一的一个妇女支部，当时支部书记为范陈秀，并成立了3个党小组，叶起莲、张四妹、张五妹分别担任组长。党支部成立后，她们首先组织妇女学习党的抗日方针和政策，进一步提高思想觉悟。九颗红心，心心相印，目光更加远大，步伐更加坚定，目标更加明确，因而迸发出更大的革命劲头。她们昼夜奔忙，走村串户，与贫苦姐妹促膝谈心，组织群众参加贫农会、草鞋队、洗衣队、送粮队，把东坑桥周围山村的群众都发动起来。

1939年下半年，国民党一些军队不打日本，却加紧对坚持抗日的游击队进攻，游击队员被迫从群众家里撤进高山草棚。在这紧张形势下，党支部的全体党员下了铁心，随时准备牺牲个人，永不叛党。

根据对敌斗争形势，她们更加严格了组织生活。做到定期开会，按时缴纳党费。党员姚秋英、张招弟家住灯盘坪，与东坑桥相隔较远，而且羊肠小道，崎岖不平，但每次开会总是准时到达。

深更半夜，是开展对敌斗争的最好时机。她们将个人安危置之度外，经常在这时出动散发传单，张贴标语，宣传抗日，她们怕桶装米汤容易被敌人看出破绽，便用熟芋头代替糨糊。

地处闽浙交界的东坑桥，自古以来就是往返浦城——龙泉的交通要道。在革命战争年代，也是闽浙的主要交通线。因此，经常有革命同志过往和食住。在那艰难的岁月里，接待革命同志，得担巨大风险，但她们总是一次次地完成任务。一次，特委书记宣恩金同志到达东坑桥，住在一位女党员家里。不巧，有一位陌生人窜入她家，宣恩金同志来不及躲避，被来客发现。这位女党员为了掩护宣恩金同志，不顾自己的声誉，谎说是她的姘夫，并请求来客"不要说出去，要是被丈夫知道了，会被打死的"。1940年上半年的一天，游击队干部张子斌住在柳五妹家里，被敌人发觉，还将柳五妹全家包围起来。张子斌与柳五妹的儿子往后门山逃跑，敌人向他们开枪追击。柳五妹临危不惧，赶紧奔出，向追击的敌军说："不要开枪！不要开枪！刚跑的是我的儿子，他们以为是抓丁的，你们不是抓丁的，请到屋里坐吧！"在柳五妹的掩护下，张子斌同志脱了险。

敌军日夜搜山，游击队在山上缺吃少穿，没粮没盐。她们不顾"一家通匪，十家连坐"的酷令，冒着生命危险，积极发动所有党员和积极分子冲破敌军的封锁，千方百计支援游击队。她们利用妇女在家里时间多，走动不易引起敌军怀疑的有利条件，送饭送菜上山。动员大家把家中仅有一尺布拿来给红军做鞋。1940年，她们共做送给红军游击队400多双军鞋、上千斤粮食，还有大量的辣椒、茄子干、南瓜干等。一天深夜，中共闽浙边特委领导的一支游击队来到东坑桥，那里党的总负责人吴海兴被捕在狱，游击队找到柳五妹，请求帮忙。她一口应承说："只要我有一口气，筹粮食的事，一定办到。"当她知道游击队员们已经两天粒米未进时，即把自己唯一的3升米煮成稀饭，用桶装好，趁夜黑艰难地挑上山去。第二天，又同其他同志一道积极筹粮，及时送到游击队驻地。

1941年，"皖南事变"后，国民党反动气焰更加嚣张，公开举起屠刀残杀坚持抗日的革命战士和群众，执行"宁可错杀一千，不能放走一个"的反动政策。党支部的活动受到敌人的严密监视，但她们坚持斗争，经常更换会议地点，改变接头办法。有一次，她们的活动被一个地主发觉，告了密，凶狠的敌人立即跑来抓人，抓不到人，就将整个东坑桥村烧成一片焦土。从此，她们含泪离开故里，散居各乡。

离了乡，但变不了心。她们利用一切机会，宣传党的主张，揭露敌人的暴行，坚持革命活动。凶恶的敌人对她们穷追猛扑，共产党员叶起莲和丈夫以及妯娌，转移到石砻坑山棚里隐蔽。1942年11月的一天清晨，他们被龙泉宝溪焦下村的吴张旺发现，吴张旺向宝溪坑口村的国民党部队告了密。当天夜里，国民党派兵一连，在岩头上架起机枪，包围山棚，并连声喊话威胁，要他们投降。为了保护党的机密，他们视死如归，毫不理会，残酷的敌人疯狂向山棚扫射。当起莲抱着儿子冲出门外时，不幸背部中弹，倒在血泊中，壮烈地牺牲了。噩耗传来，党支部成员悲痛万分。但她们个个化悲痛为力量，更加英勇地迎着残酷的斗争前进！直至浦城解放。

李銮枝：机智勇敢的女侦察员

范永光　赖传贵

在闽北革命老区政和县东平镇金峰村，曾经有位百岁"革命老奶奶"，她是政和县入党最早的女共产党员，健在时拥有 79 年的党龄；这位在革命战争年代为国家和民族舍生忘死的老地下工作者，她的名字叫李銮枝，她的一生充满传奇。

1918 年 7 月，李銮枝出生在政和县东平镇风池村半岭自然村（后迁至金峰村）一个贫苦农民家庭。兄妹四人中，她排行第三。从八九岁起，她就跟父兄上山打柴、下田耘草，练就了勤劳吃苦、坚强不屈的性格。

李銮枝 17 岁那年，大哥劳累过度病倒，因没钱医治，不幸早逝。就在全家还沉浸在悲痛之中时，二哥又被抓去当壮丁，不久，就被折磨至死。这些伤痛的记忆是永远也抹不去的，在她的心灵里埋下了革命的火种。亲人的不幸，让她痛恨不合理的社会制度，可她一时还找不到改变社会的道路。

1937 年，李銮枝与前蓬村张德炳结为连理，这成为她人生的转折点。张德炳的 3 个弟弟张德权、徐希有（同母异父）、张德松（堂弟）早年就参加了闽北红军游击队，并分别担任过中共前逢区委书记、闽北游击队交通员和通信员。

在这个革命之家，李銮枝听说了许多红军游击队战士为革命事业出生入死的英雄事迹。受着家人的影响和革命思想的熏陶，李銮枝不仅为游击队洗衣做饭、看护伤员，并把自己嫁妆中从未用过的布鞋等送给游击队，她还鼓励丈夫上山为游击队搭盖草棚、通报信息。

1938年春，李銮枝按捺不住革命的激情，就向游击队领导人陈贵芳提出了参加游击队的要求。"游击队流动性大，整天东奔西跑的，生活不稳定，你的身体还需要人照顾。"陈贵芳早就认可李銮枝的表现，但考虑到她已怀有身孕，就劝她留在家乡做地下革命工作。李銮枝愉快接受了领导的意见。

她想，只要心里跟着红军游击队，留在家乡照样能为革命做事。于是，李銮枝开始了一个地下工作者的崭新战斗生活。她以各种方式走村串户，发动邻村妇女积极参加革命。在她的带动下，当年凤池、半岭村一带的占金銮、张凤枝、范金玉、张凤娇、李伦琴等5位年龄都在20岁左右的姐妹，秘密参加了革命活动。她们出色的革命行动得到了陈贵芳等游击队领导的赞许。

1938年10月，在李銮枝的倡议动员下，6位姐妹一同秘密加入了中国共产党。

"当时入党是冒着株连九族的杀头危险的，我丈夫都不知道。入党时，我们一起发誓，自己是党的人，一切都属于党，决不出卖同志和组织，要有'铁钉也咬得断'的革命意志。"李銮枝回忆，当时她们一起剪掉辫子，并把名字的第二个字全部改为"爱"字，寓意为"永远热爱党"。

入党后，李銮枝的革命信念更加坚定了。宣传革命思想、侦探敌情，收集情报，救护革命工作者，她一次又一次出色地完成了党交给的任务。

1940年7月，李銮枝身穿整洁的蓝布衣，一手挎着一篮子鸡蛋，一手牵着小儿子，装扮成一位回娘家的大嫂，来到东平镇侦探敌情。

她通过各种方式打听情况，很快就摸清了镇上敌军的兵力、布防、武器装备等情况。得到详细情报的游击队迅速出击，里应外合，不到20分钟就一举端掉了镇公所的敌军，并缴获长短枪14支和一大批军需。这一仗狠狠打击了国民党顽固派的反共嚣张气焰，鼓舞了当地军民支持抗日的斗志。

"这有李銮枝的一半功劳。"当时政和县委书记陈贵芳在总结会上表扬了她。

1943年，国民党顽固派师参谋长柴毅带重兵坐镇东平大规模军事"围剿"游击队，提出"宁可错杀一千个老百姓，也不可放走一个共产党"的反动口号，在东平镇进行了惨无人道的大屠杀，李銮枝丈夫的3个弟弟相继遭到迫害。她在一个月内，也连续被敌人传讯三次。

"陈牯老（陈贵芳的乳名）在哪里，快把陈牯老交出来？"

"我不知道。"

"你把陈牯老藏在家里，给他做饭吃，怎么不知道？"敌人将一把尖刀架到了李銮枝的脖子上。

"不知道就是不知道！要杀要砍由你们！"她面不改色地回答。

"只要你把他交出来，我们就会重重奖你，让你享受荣华富贵！"敌人见李銮枝"硬"的不吃，又递给她一把白花花的银圆。

"我不知道谁是陈牯老，你们给我怎样的荣华富贵都没有用。"李銮枝丝毫没有动心。

面对敌人的威逼利诱，她每次都镇定沉着地应对，经受住了生死考验。

"尽管我的亲人一个个失去，斗争环境也越来越恶劣，但我早把生死置之度外。"李銮枝化悲痛为力量，仍然在敌人的严密监视下义无反顾地继续和敌人展开殊死斗争，并用自己的生命保护和照顾着革命者的家属。

1945 年，敌人到处搜捕闽北游击队领导人陈贵芳的母亲叶彩菊，李銮枝又冒着危险把叶彩菊接到自己家里。敌人来搜查时，她就巧妙地把叶彩菊藏在柴火堆里，50 多天后，她又把叶彩菊转移到安全地方。

随着革命活动的深入开展，李銮枝的身份逐渐暴露。为了保存革命力量，游击队领导秘密指示她到建瓯县马汶村隐蔽，等待时机再参加革命活动。就在这期间，李銮枝与党组织失去了联系。

"那些日子，我就像断线的风筝在风雨中飘摇，但从没有中断对组织的寻找。"李銮枝介绍说，为了与组织取得联系，当年，她的丈夫曾多次冒险扮挑夫，挑柴潜入建瓯城里，边卖边打听党组织，但每次都无功而返。即使这样，他们仍然坚信，革命总有一天会取得成功！在这样的信念支撑下，他们一边靠砻米、砍柴维持生计，一边等待组织的消息。

可是，直到 1949 年 5 月，建瓯县城解放时，李銮枝才得以重新与党组织取得联系。当她紧紧握着时任建瓯县委书记陈贵芳的手时，喜悦和委屈的泪水夺眶而出："组织啊，我终于等到了你！"

中华人民共和国成立后，李銮枝因办事公道、为人正直、工作任劳任怨，受到了群众的拥护，先后被推选为村妇代会主任，当选县、乡人大代表，还光荣出席了地区妇代会，并在会上做典型发言。

晚年，李銮枝虽要照顾精神失常、生活不能自理的小儿子，却还是经常抽空到邻近各村小学，给青少年讲述革命历史故事，教育青少年健康成长，孩子们亲热地称她"革命老奶奶"。

2018 年 11 月 8 日，李銮枝与世长辞。这位 101 岁的"革命老奶奶"走完了她朴素而又传奇的一生。

（原载《闽北纵横》《闽北日报》，有删改）

王端娇：忍辱负重的女接头户

张金锭　王公经

　　王端娇，1904 年出生，崇安县岚谷乡岚谷村人。在土地革命时期，岚谷素称"北乡"，是崇安民众举旗聚义闹革命最早的乡村之一。1927 年冬，岚谷以安少亮为首领的民众队拥有 1000 多人，在各村开展"打倒土豪劣绅""打倒贪官污吏""打倒国民党右派"等活动，还进行了"抗捐、抗税、抗租、抗粮、抗债"的"五抗"斗争，成为崇安县开展农民运动的重点地方之一。

　　1929 年 10 月，闽北第一支工农红军五十五团在岚谷乡的黄龙岩成立，下辖 3 个营、9 个连和 1 个特务连，共 500 多人，团长陈耿。岚谷人徐福元为五十五团一营三连连长。之后，徐福元担任中共崇安县委书记、崇安赤卫军军长和闽北苏区银行行长等职务，成为早期从岚谷苏区走出的一位优秀人才。在岚谷老家成立闽北红军五十五团的大喜时刻，王端娇倍受鼓舞，她带领本村妇女接头户，积极为红军五十五团服务。

　　这年王端娇 25 岁，正值青春绽放，为革命做贡献的大好时期。她在岚谷农民运动领袖安少亮号召下，参加了火热的岚谷乡农民运动，加入了岚谷村民众队和妇女会，白天抓土豪、斗地主、抗捐税，为红军游击队送信、送米、送菜等，晚上参加夜校学文化，加班为红军游击队打草鞋，洗衣服。

王端娇参加民众队 3 年，当了 3 年接头户，对敌斗争走在前，为红军游击队服务挑重担。1931 年初春，她光荣地加入了中国共产党，之后学习更刻苦，思想更进步，工作更积极，贡献更大，被称为岚谷村妇女界的带头人

1934 年冬，在崇安苏区的土地上，国民党军从政治、军事、经济上三管齐下，实行全面封锁。在军事上，集中 10 万兵力，把"围剿"重点放在闽北苏区首府大安。1935 年 2 月，黄道书记将闽北分区党政军机关撤出大安后，转移到王端娇家乡岚谷乡的黄龙岩，将其作为闽北党政军机关的大本营，领导以崇安为中心的闽北三年游击战争，这给王端娇的传奇人生带来增光添彩的机会。

为了便于党组织上下之间和各地游击队之间的联系，中共崇安中心县委指派王端娇担负岚谷乡的秘密接头户工作。这项工作十分艰巨且危险，随时都有被敌人察觉而遭杀害的可能。然而在党需要她的时候，王端娇义不容辞地接受了任务。她不辞辛劳，不怕困难，不畏牺牲，不断往返于游击区与敌占区之间，为红军打听敌情，递送情报和购买盐粮、药品等物资，机智勇敢地完成了党组织交给的一项又一项艰巨任务。

1935 年 8 月，中共闽北分区委为了摆脱被敌人围困的被动局面，争取游击战争的主动权，在黄龙岩召开了具有历史意义的闽北分区委扩大会议。会上，做出了战略防御与战略进攻相结合，内线作战与外线作战相结合，开辟游击新区的重大决策。为此，闽北分区委必须搜集掌握敌人的军事部署情况。地处黄龙岩山下的岚谷村，驻有国民党军一个营，了解其兵力分布和武器配备情况，成了闽北分区委的当务之急。王端娇是本地人，具有侦察了解敌情的便利条件，闽北分区委领导将该任务交给了她。王端娇通过内线关系，仅 5 天就将敌军人员

和武器装备等情况弄得一清二楚。她翻山越岭 30 多里，亲自送到闽北分区委黄龙岩驻地，受到黄道书记的高度赞扬。

1935 年底，闽北分区委有一份游击战的重要信件，急需送到浦城县游击司令部，考虑到路途较远和可能发生的困难，需要一位男同志完成。王端娇得知情况后，主动向闽北分区委领导提出由她丈夫郑尊荣去送信。郑尊荣深知此项任务的紧迫性和重要性，立即上路，日夜兼程。当他进入浦城县古楼乡地段，与搜山的国民党军相遇，被敌人抓去重刑审讯。郑尊荣在严刑面前，宁死不屈，刑无结果，被国民党军枪杀了。敌人的残暴增添了王端娇对国民党反动派的仇恨，愈加坚定了她为党为游击战争作贡献的决心。

1936 年 4 月的一天，王端娇秘密到黄龙岩送一份重要情报。她刚回到岚谷驻地，因被当地姓陈的地主告密，被抓进国民党岚谷乡公所，敌人轮番对她进行重刑审问，几次把她推到老虎凳上，压腿、夹手指，逼她承认通"共"通"匪"，并供出红军游击队的情况。王端娇每次晕去醒来，只是一句话，"不知道，不知道"。气急败坏的敌人，见她宁死不招，一面把她的儿子抓来做人质，一面指使打手，对她实施惨无人道的酷刑，企图摧垮她的肉体，撬开她的嘴。但这位具有钢铁般意志的女共产党员，几次晕迷，几次审问，始终还是那句话。敌人得不到情报，在查无实据的情况下，只好暂时将她和她的儿子放回家，但敌在暗中监视。

这之后，王端娇历经了游击战争、抗日战争和解放战争，她不畏危险，依然悄悄地为党和游击队做着接头户的特殊工作，直到全国解放。

中华人民共和国成立后，王端娇积极带领家乡妇女姐妹参加老区的社会主义革命和建设，发挥了妇女半边天的作用。1956 年，王端娇 52 岁那年，中共南平地委宣传部指派专人陪同她到闽北各县老区做革命传统报告 10 多场，听众达 2 万多人次，重点讲述她在艰苦卓绝三年游击战争中的传奇故事。闽北老区群众出于对王端娇这位老革命者、老共产党员的崇敬之情，赞誉她为闽北老区的"英雄老妈妈"。

1962年仲春时节，武夷山下阴雨连绵。3月6日，这天雨过天晴，喜鹊报喜。中共中央副主席朱德偕夫人康克清一行，在江西省委书记处候补书记兼省委秘书长黄知真陪同下，从上饶穿过分水关到达武夷山老区视察。视察期间，朱德副主席和夫人康克清亲切接见了王端娇等革命"五老"代表，并合影留念，这是王端娇一生中最荣光的喜事。

（原载《红色武夷记忆》，有删改）

钟新秀：满门赤子合家英烈

吴翠英　季守岐

1891 年 8 月，钟新秀出生在浦城县石陂镇梨岭村，9 岁那年，家里穷得揭不开锅，父母忍痛割爱把钟新秀送给石陂镇小雪村贫农黄陈妹家当童养媳。

钟新秀夫家是地主的老佃户，靠租地主田地为生，为了填补家中开销，钟新秀一跨进黄家的门槛，就跟着婆婆上山采野菜，下地干农活，在家忙家务，一年到晚没得闲。公公去世后，丈夫和钟新秀领着儿女、儿媳、孙子一家 9 口人，男耕女织，省吃俭用。全家人起早贪黑辛勤劳作，希望靠着自己的劳作，一家人能平平安安过一辈子清贫日子，可忙了一年，到头除了给地主交租，就所剩无几了，全家人过着半年糠菜半年粮，吃不饱穿不暖的日子。

1933 年，钟新秀那年 43 岁，因人祸和天灾，利滚利欠下 40 多担稻谷的债。大茅洲地主多次派人到家里，逼着还债。钟新秀丈夫怕债息越滚越大，忍痛把家里的一副寿板（棺木）和两只猪作价抵还，经过万般哀求，才算顶债不顶息，应付眼前难关。

又挨过两年光景，有一天，地主又把钟新秀丈夫传去催还息钱，钟新秀家穷确实没钱没法偿还。地主沉下脸来，狞笑着说："你如果真还不起息钱，我倒可以帮你想个办法，你大儿子年轻力壮，卖做壮丁，能得几十担谷子，除还了欠我的息钱还够你家吃上一春呢。"钟新秀丈夫听后，心里一怔，气得咬牙切齿，一声不吭。地主见诱说不动，威胁说："好吧，你同意还也行，不同意还也行，几天内还不出息钱，我就抓你儿子黄李生去卖壮丁来抵债。"钟新秀丈夫回到家里把这事一说，这时儿子黄李生刚从田里回来，气得摔掉田耙，对父母说："爸、妈，我早打好主意了，让他们来抓去当壮丁，倒不如趁早去当红军。"钟新秀夫妇听儿子这么一说，思忖着，在家迟早要被抓去当壮丁，红军是穷人的军队，孩子真能找到红军，倒是条出路呢？在钟新秀夫妇及家人支持下，22岁儿子黄李生简单准备了一下，背上几斤干粮和一挂草鞋，离开家庭，踏上了寻找红军的路。半年后，儿子黄李生回了趟家，同家人讲述了寻找红军后走上了革命道路经过，全家人听了都很激动。

当时，黄李生在红军营长阙林标的部队里，由郭三妹率领，在闽浙赣一带打游击，后来，为了便利革命活动，就在钟新秀家设立交通站。那时，钟新秀家居住在小雪村，是单家独户的小山沟，地势很隐蔽，前面可以看见山沟路口的动静，后门有小路可以秘密出入。成为联络站后，钟新秀为来往同志烧水煮饭，洗衣缝补，站岗放哨，小儿子黄五妹也经常给红军游击队送信，采买物品，打探消息。遇到红军游击队在家开会、住宿，一家人就分头到山沟外放哨，约好暗号，一有情况，就让家人领着红军同志们绕小路撤走。钟新秀还为红军在后门山的一条暗沟里储备了粮食，便于同志随时拿取。

1936年，郭三妹同志不幸牺牲，25岁的黄李生被提升为游击队长，和陈贵芳、宣金堂、王文波、程宗波等同志一道，在闽北一带继续开展革命活动。

国民党反动派知道钟新秀儿子当上红军后，指派伪保长带领保安队武装到钟新秀家搜捕，反动派抓不到人，恼羞成怒，骂钟家是"土匪窝"，限 10 天内拆掉房子搬家。过了 10 天，伪保长见还有一边房子没拆掉，便放火烧了。钟新秀一家被迫搬到丘元村的一座破庙宇里住了 3 年。

1939 年，钟新秀又偷偷地把家搬回小雪村，重新支起茅屋。第二年，国民党反动派发觉，就指使伪保长邓炳炎，又把钟新秀夫妇、小儿子黄五妹、媳妇吴风娇和当时只有 3 岁的孙子黄长兴一起抓走，关在水北街曹村乡公所。关押几天后，钟新秀丈夫被放了出来。敌人威逼他把儿子黄李生交出来，才能换钟新秀及家人回家。钟新秀一家人经过多年革命熏陶，反动派想诱骗他们上当，想叫他们出卖革命，这是绝对办不到的。不管反动派如何威逼利诱，一家人软硬不吃，反复说："不知道黄李生下落。"反动派看逼不出半句口供，又找不到什么证据，只好把钟新秀和小儿子放出来，只有 3 岁的孙子黄长兴被伪保长抓走卖给人。

1943 年农历四月初三，钟新秀儿子黄李生（时任中共浦南特区委书记）带领 6 个红军战士经过水北街水尾丘村，不幸被反动派发现，匪军部署跟踪包围，放火烧山，黄李生于突围时因寡不敌众，受伤被捕，被押解到浦城。农历四月初九那天，国民党反动派将黄李生杀害于浦城大西门河滩，时年 28 岁。

黄李生牺牲后，钟新秀一家人受到反动派的疯狂迫害。农历七月初七下午，保长陈艘公带着一伙匪军，又把黄李生妻子吴风娇和钟新秀小儿子黄五妹抓走，他们在关押期间受尽酷刑。关押他们期间，敌人软硬兼施，得到的回答却是"不知道"。反动派无计可施，于农历七月十三日把钟新秀小儿子黄五妹押到政和东坪杀害了，牺牲时年仅 21 岁。黄李生妻子吴风娇也在农历九月初一那天被押解到浦城监狱，直到第二年 4 月，被折磨得奄奄一息时，反动派才让保释回家，于 1944 年 6 月 11 日含恨去世。

由于国民党反动派对钟新秀一家的严密监视，使得钟新秀和革命队伍暂时中断联系。屋漏偏逢连夜雨，灾难偏偏又在这时接二连三降临钟新秀身上，两个儿子、媳妇刚牺牲，孙女（黄李生小女儿）因为出麻疹没钱医治也活活病死，小儿子黄五妹媳妇又被拐骗卖掉，丈夫眼看一家人死的死，散的散，含恨病故。至此，钟新秀一家9口，被国民党迫害得只剩下钟新秀和孙子黄长妹祖孙。

　　和红军失联后，钟新秀被反动当局严密监视，生活困难自不必说，亲友们也爱莫能助。为了糊口，14岁的孙子黄长妹撑起了家庭重担，靠卖苦力打短工赚些吃的，祖孙俩相依为命，勉强度日，往往是吃了上顿没下顿，挨饿受冻。此时此刻，钟新秀有个信念在支撑自己，她相信穷人的队伍——共产党红军游击队一定会打回来的，儿子的战友们一定会回来看她，国恨家仇一定必报。此时，她无时无刻不在思念红军，牵挂游击队，希望队伍早点打回来。就在钟新秀祖孙最困难的时候，组织上派人来探望钟新秀。一看到同志们，钟新秀就像见到了久别的亲人，激动得热泪盈眶，久久说不出话来。来探望钟新秀的人是游击队队员张翼、陈贵芳、王文波、池云宝等领导，他们劝慰钟新秀说："你一家为革命做出了巨大贡献，全家人付出了极大牺牲，你的儿子为中国人民解放事业牺牲了，我们就是你的儿子，你就是我们的妈妈。"随后4人同时跪在她面前齐声深情地对着钟新秀叫了三声"妈妈"。听到呼叫后，钟新秀无比宽慰，觉得全家付出的牺牲都是值得的。在当时险恶的环境下，同志们不能久留，临走时，钟新秀拿出家里仅有一包炒玉米和数量不多的地瓜干等干粮分成5包送给同志们作为军粮，并催促他们快走。

　　1949年5月13日，浦城解放了，钟新秀终于盼到了这一天，苦日子终于到头了。中华人民共和国成立后，在政府关心、支持、帮助下，钟新秀找回了曾被保长卖掉的孙子黄长兴，并先后亲自送两个孙子黄长兴、黄长妹参加解放军。人民政府给钟新秀颁发了《革命烈士证》并发给抚恤金，定期定额给予生活补助。1951年国庆前夕，全国"革命老妈妈"被邀请到北京参加国庆观礼，钟新秀作为共和国功臣被邀请到北京参加国庆大典，受到了中央领导接见，这是钟新秀一生最幸福的日子，也是浦城老区的光荣。她多次受到省、市、县表彰，先后当选为第二届浦城县人大代表，浦城县第三、第四届政协委员。

1977年1月25日，钟新秀与世长辞，享年87岁。

（原载《闽北日报》2011年6月20日）

张家蕊：洞宫山里红堡垒

范永光

在艰苦卓绝的革命战争年代，有无数人民群众冒着生命危险，帮助革命做了许多工作，其事迹让人瞩目和敬仰，在中华人民共和国成立后被纳入革命"五老"人员的保障范畴，享受党和国家给予的应有待遇。也有些人虽然为革命做了许多工作，却一直默默无闻，甚至因为多种原因未被纳入"五老"

人员行列，但他们不应被人忘记。

政和县杨源乡仰头村的张家蕊、陈家祯夫妇就是这样的人。

张家蕊，小名俺萍，1903年出生在屏南县岩后村一个穷苦农民家庭，18岁那年，她嫁到政和县洞宫村平坂头自然村，丈夫陈家祯，世代种地为生，家境贫寒。

20世纪30年代初，政（和）、屏（南）、周（宁）边界洞宫山的仰头、大寨、岩后一带穷乡僻壤，苛捐杂税更多，沉重的地租剥削，抓壮丁、征军粮，使得穷苦百姓永无宁日。1933年至1934年间，闽北党组织和红军活动于杨源洞宫山，在政屏边区播下革命火种。1935年春，闽东特委派地下交通员吴华绿、叶玉诚到仰头、岩后开展秘密革命活动，发展张家镇、张发祯等参加贫农团，加入中国共产党，并在仰头村成立了中共支部。张发祯是洞宫山著名乡村医生，政屏革命根据地主要创建者和领导者之一，也是张家蕊的堂侄儿。张发祯以行医为名常到平坂头走动，向他们宣讲革命道理，讲红军游击队的故事。张家蕊夫妇受其影响，思想有了转变，并走向了革命，陈家祯还参加了贫农团组织。自此，张家蕊的家也成为党组织在仰头一带的一个秘密联络点。

平坂头村地处政（和）、屏（南）、周（宁）交界处，距红军游击队据点大窠村有四五公里，离仰头村只有五六百米，村庄依山傍水。这里交通便利又利于机动隐蔽，是红军游击队活动的理想之地。当时，我游击区最紧缺的物资除了武器就是粮食，于是，张家蕊夫妻接受了张发祯交给的一个革命任务——为红军游击队筹（种）粮。

张家蕊夫妻俩既勤劳又善于经营，是远近有名的耕地大户。当时他们一家每年都耕种了六七十亩的田地，在平坂头开垦耕地 30 多亩，还在新堂洋向地主租田 40 多亩种植水稻。每到插秧季节，政屏党组织就秘密安排红军游击队突击帮助耕地插秧。收获季节，夫妻俩为了分散存粮，就在村庄通往大窠等地的山上搭起许多隐蔽的草棚，还利用天然的岩洞贮存粮食。他们把支援红军游击队的粮食都分散寄放在山厂或岩洞里，既分散了藏粮，又方便了党组织派人到山上取粮。在三年游击战争和抗战期间，他们每年都运送上万斤的粮食支援红军游击队。

张家蕊夫妻不仅耕种几十亩田地，还长年圈养黄牛六七头，每年喂养生猪两三头。他养生猪主要是救济长期驻扎在深山老林的红军游击队，让他们也能吃上一些猪肉。张家蕊担心养牛又喂猪会引起敌人的怀疑，于是就在村庄后门山四五百米远的后圳山场，搭起一个山厂偷养生猪。为了不引起他人的注意，她就利用中午或晚上夜深人静时，将煮好的猪饲料提到山上喂养。在艰苦卓绝的游击战争时期，她每年都饲养 2 头以上生猪供给红军游击队改善生活条件。

张家蕊性格沉稳，平时警惕性很高。她长年累月种粮养猪支助红军游击队，却很少出差错。当时她家里养了一只土黄狗，土黄狗机警过人，只要嗅到生人气息就会发出吠叫声。因此，张家蕊夫妻俩听见狗叫时，就知道有敌军或生人到村里来了。如果在山厂喂猪就赶紧把装饲料的小木桶存放在杂草丛里，然后随手采摘一些地瓜藤条或苦菜野草带回，说是上山给家里的黄牛和兔子采摘饲料。三年游击战争期间，她的丈夫陈家祯经常前往仰头、大窠从事农民团工作，敌人几次包围了平坂头住宅，用枪指着张家蕊追查相关情况，她总是临危不惧，靠着自己智慧化解了一个个风险。

张家蕊虽不识字，但遇事机智灵敏。一次她正从山厂喂猪回家，途中恰好遇上一小股敌军从远处山路赶来，想躲避已来不及，幸好她有提前在口袋里存放几只从地瓜藤条上抓到的绿毛虫。于是她就迅速将虫子抓破，让手掌和手指沾满了绿色虫汁的痕迹。当敌兵凶狠用枪顶着她询问到山上干什么时，她随手指着远处一片山坡上地瓜地，说抓地瓜虫去了，便将沾满地瓜叶及绿毛虫留下的痕迹让其检查，从而又躲过一次"突查"。

三年游击战争期间，到洞宫山仰头、大窠、平坂头活动的红军游击队很多，平坂头也逐渐成了革命基点村，闽东、闽北红军领导人叶飞、黄立贵、阮英平、陈挺以及政屏县委领导人也常到这里活动。

1938 年春，红军游击队整编新四军北上抗日后，国民党顽固派加紧对政屏边区根据地"围剿"，大窠、仰头等重要据点村庄多次被敌人烧毁。张家镇书记找到张家蕊夫妻，委婉地说明了情况，张家蕊立即表态，请组织上放心将伤员和无家可归的群众交给他们，他们会努力做好一切隐蔽安置工作，并立刻请来另外两位村民，将陈家明等 3 位重伤员抬到附近岩洞隐蔽治疗。后来有 2 位贫农团成员因伤势过重无法救治，她又帮助将死者抬到山上掩埋。

这年秋天，国民党顽固派数百人突袭仰头、大窠、洞宫一带据点村。很快有五六十敌人冲到平坂头，将张家蕊家团团围住，不由分说，闯进去就四处搜查。敌人认为，来个突然袭击，即使抓不到人，也要查获一点线索。结果里里外外都搜遍，连线索的影子也没有见着。敌军头目抓住陈家祯的衣领，逼问红军游击队哪里去了，粮食藏在什么地方；揪住张家蕊的头发要她从实招来，否则要把他们一家都抓去坐牢。为了保守秘密，她任凭敌人百般打骂，坚不吐实。于是，她家再次遭了祸殃，几间草房的屋顶也被掀掉烧毁。

　　在战争年代，张家蕊不顾投身革命危险，一心救济红军游击队，全力保护革命同志的安危，自己一家却屡遭国民党顽固派的摧残，房屋3次被捣毁、烧毁，一家人被赶出了平坂头。中华人民共和国成立后，他们重返家园，重振家业。当地人民政府承诺要为她家建新房时，她却谢绝了。当时各级申报革命"五老"人员时，她不知道自己算不算，够不够条件，也没有去要求。有人认为她家是红色秘密联络点，长期为红军游击队种粮养猪、送粮送物，够得上革命"老接头户"的条件，可是也没有人替她申报。她想想当年做的也许不算什么，村里好多人都做过这些事。因此，张家蕊后来对过问此事的县乡干部说道："比起为革命牺牲的烈士，为革命献出生命的家庭，我很幸运，也很知足了。"

　　张家蕊夫妇一心支援革命的传奇经历，感动了洞宫村许多群众，人们称他们为洞宫山的"红色堡垒户"，而张家蕊也被大家尊称为"洞宫山的革命老妈妈"。

（原载《光辉一页有洞宫》，有删改）

龚五妹：姐妹共育革命情

郑其光　林国銮

　　建瓯市迪口镇店村村是革命老区村，曾是闽东北特委、军分区、福建省委机关、中共建瓯县委的主要活动场所。土地革命时期，这里是闽东北红军游击队挺进敌后，开辟革命根据地的重要活动区域。解放战争时期，这里是中共福建省委和闽浙赣省委机关活动地区之一，是省委机关给养的主要来源地，是解放战争时期省委机关安全的屏障。如今的店村村是建瓯市"幸福农村"，2016年获得南平市"美丽乡村"建设示范村的殊荣。

　　1923年，龚五妹出生在一户贫苦的农民家庭，家境十分贫寒。1935年，12岁的她被娘家卖到离自己家乡20多公里之外的金店（今店村村），嫁给村民郑木旺，郑木旺与她一样不是本地人，他是为躲避国民党抓壮丁才逃到店村的，家庭条件一般，好在他头脑聪明，勤劳肯干，对龚五妹也很是关爱。夫妻俩起早贪黑，不怕吃苦，日子过得顺风顺水，不几年就盖了新房子。

　　龚五妹身材瘦小，但面容姣好，平时穿着一身蓝布长衫，走起路来落落大方，眼里透着聪慧机灵。她跟村里邻里的关系处得很好，村里的长辈都喜欢这个外来的小妹妹，年龄相仿的姐妹也都喜欢跟她一起玩，有什么好吃的好玩的都会给她留着，有什么活动都会带她去参加。她和婆婆的关系很融洽，有事没事都陪婆婆拉家常，大事小事都同婆婆商量。婆婆见她身材单薄，重活累活都少叫她做，她也投桃报李，帮助婆婆料理好家务事，农忙时为家人送茶送饭，帮助收拾田间农活，农闲时到田里拣田螺抓泥鳅，上山砍柴挖笋等。龚五妹嫁到店村没几年，家里的活，田里的活她很快就轻车熟路了。

1947 年初，解放战争打得如火如荼时候，驻扎在迪口集市的国民党反动派经常到村里抓壮丁抢粮食，无恶不作，时常把村里搞得乌烟瘴气，鸡犬不宁，村里的青壮年晚上都不敢住在家里，一到晚上都要跑到山里过夜。郑木旺也是村里的青壮年，每天晚上也是东躲西藏的，这让龚五妹整天提心吊胆，因此龚五妹恨透了国民党反动派。

1947 年底，时任中共南古瓯县委委员（1948 年初任中共南古瓯县委书记）、人民解放军闽浙赣边游击纵队女战将杨兰珍同志，因为形势的需要，经常带领游击队员到店村、下庄一带活动。杨兰珍在发动群众参加贫农团、宣传共产党政策、组织农民打土豪分田地、建立发展党组织中，做了大量卓有成效的工作，并在当地结交了很多知心朋友，龚伍妹就是其中一个。

龚五妹起初对游击队没什么感觉，反倒觉得游击队的到来会给村子带来危险，她心里时常犯嘀咕，这些游击队员会不会像国民党兵一样欺负老百姓？这个问号在她的心里挥之不去。经过一段时间的接触与观察，她亲眼看到游击队员对村民秋毫无犯，还平易近人，借东西也是有借有还，损坏东西照价赔偿，还经常帮助村民干农活，尤其是那个带队的女队长杨兰珍更是和蔼可亲。

杨兰珍原是江苏无锡毛纺厂的工人，参加革命后就在闽浙赣游击队里工作，人们都亲切地称她为"小马"。龚五妹跟杨兰珍接触久了，觉得杨兰珍不一般，工作起来雷厉风行，不怕吃苦不怕牺牲，对村民亲如兄弟，团结友善，对自己严格要求，绝不搞特殊化，虽然杨兰珍年龄跟自己相仿，但懂得很多革命大道理，是个了不起的大人物，因此龚五妹对杨兰珍佩服得五体投地，她也终于深切体会到闽北游击队跟国民党反动派是不一样的，是可以值得爱戴、可以亲近的革命队伍。

龚五妹在杨兰珍和她所带领的游击队的影响下，工作愈发积极肯干，她时刻以杨兰珍为榜样，思想觉悟逐渐提高。每当游击队到店村、下庄一带活动，龚五妹总是跟前跟后，与游击队打成一片，主动为游击队带路做翻译，给山上的游击队员送信送粮，帮助游击队员洗衣做饭，还把家里最好的房间腾出来给杨兰珍住。杨兰珍见龚五妹对革命事业既忠诚又勤劳可靠，与自己走得又特别近，心里逐渐产生了感情，她觉得这种感情不一般，是建立在深厚的特殊的姐妹情谊之上的，于是在 1948 年年底的一天，她们两人按当地老百姓的习俗，正式结拜为姐妹，当时杨兰珍 26 岁，龚五妹 25 岁，杨大为姐，龚小为妹。结拜当天，龚五妹高兴坏了，将自己新做的 3 双鞋子送给杨兰珍，以此作为凭证。此后两人以姐妹相处，革命情谊不断加深，在杨兰珍的影响下，龚五妹工作干劲更足，为游击队员服务的热情更高，在当地及游击队里一时传为佳话。

自从与龚五妹结拜为姐妹后，杨兰珍每次带领游击队到店村、下庄一带活动时，都喜欢住在龚五妹家里，龚五妹也把杨兰珍当作亲人一样接待，把平时舍不得吃的鸡蛋、鸭蛋拿出来炖酒给杨兰珍补养身体，家里鸡蛋、鸭蛋吃完了，她还到田里抓黄鳝、泥鳅、田螺回来炖酒做汤给杨兰珍和游击队员改善生活。

龚五妹家的房子建在村头，背靠山坡，房子四周空荡荡的，二楼右侧有块长木板通向后面山林，左侧有一陡峭而狭窄的楼梯直通屋后，前面是开阔的地带和一条小溪，站在楼上眺望，远处的一切尽收眼底。每当晚上杨兰珍在家里开会时，龚五妹就会悄悄来到楼上或后山去观察四周动静，一有情况就立刻向自己房子丢石头发信号，通知杨兰珍和游击队员从后山转移。有的时候，龚五妹还跑到村外路口放哨，不管是酷暑夏夜的蚊虫，还是严冬刺骨的寒风，她都毫无怨言，时刻警惕周围的一切动向，以确保杨兰珍和游击队员的安全，她知道杨兰珍是做大事情的。放哨时，为了不打瞌睡，她向杨兰珍要来一些香烟，犯困的时候就抽一支，有时一个晚上要抽好多支香烟。久而久之，龚五妹有了烟瘾，此后再戒也没有戒掉了，抽烟伴随了她的一生。

尽管后来她们分别走上不同的道路，杨兰珍同志担任福建省妇女联合会主席，而龚伍妹仍留在店村务农，过着简单的生活，但她们两人始终保持着联系并彼此关心着对方。每逢重大节日或者其他机会，她们总会牵挂对方，还经常向人们讲起她们之间曾经共同经历过的风雨沧桑和那些刻骨铭心难以忘怀的岁月。

龚五妹与杨兰珍结下的姐妹之情，是建立在革命友谊之上的，是军民鱼水情深的生动写照。如今那段看似平凡平淡的历史虽然已远去，但它却是中国革命波澜壮阔历史不可分割的一部分，人们不会忘记它。我们甚至可以自豪说，无论是在战争时期，还是在和平年代，中国革命的每次胜利和祖国社会发展的每次进步，都始终离不开老百姓的支持和帮助；老百姓的安居乐业和幸福人生也都始终与中国共产党的正确领导和祖国的发展进步息息相关。

今天我们纪念那段充满荆棘和泪水，充满信仰和勇气的岁月的时候，我们依然会感到这份友谊所带来的力量与温暖，就像店村村前那条小溪一样，缓缓流淌的溪水不仅永远滋润我们伟大祖国的大地，还将永远滋润着我们每个人的心田！

张常女：洞宫山里的"红色郎中"

范永光 郑天鹄

在政和县杨源乡洞宫山有位被誉为"红色郎中"的"革命老妈妈"，她就是中华人民共和国成立后被县人民政府评为革命"老接头户"的张常女。

张常女出生在洞宫山西岩村一个贫苦农民的家里，她9岁那年，因家里揭不开锅，父母不忍地将她卖给邻村仰头西山的赖成礼做童养媳。赖家也是穷得叮当响的庄稼汉，他们夫妇俩相依为命，苦苦度日，过着半年糠菜半年粮牛马不如的生活。

1934年春，洞宫山里来了两位陌生人。他们一到这里，就和当地贫苦人民交朋友，一起耕山种地。晚上，他们经常走村串户，和穷人拉家常，宣传"穷人为什么穷，富人为什么富，穷人要过好日子，只有跟共产党走，大家团结一条心去和地主官吏斗"等革命理论。在他们启蒙教育下，山里人茅塞顿开，看到了希望和曙光。人们在接触中慢慢地知道了他们是中共闽东特委派来开展革命活动的，一位叫张和禄（又名吴华禄），另一位叫叶玉声（又名叶玉成）。大家都紧紧地团结在他们周围，秘密组织"贫农团"。张常女和丈夫赖成礼、小叔赖成钦也以极大的热情参加贫农团组织。革命的火苗在洞宫山区很快地蔓延开来。

1934 年的 3 月，闽东特委负责人阮英平也来到了洞宫山区，在贫农团中发展党的组织，建立中共政屏支部，贫苦人民有了坚强的领导核心，在党领导下开展了斗土豪、分粮食，抗官府、抗租、抗税、抗捐、抗壮丁的"五抗"斗争，并处决了 3 个罪大恶极的地主、恶霸，人民扬眉吐气，官绅地主胆战心惊。

洞宫山区革命烈火越烧越旺，引起了国民党反动派极大震惊。1936 年春，忙调敌十八师和保安队及地方民团向洞宫山疯狂"围剿"，洞宫人民被迫进行艰苦卓绝的反"围剿"斗争。张常女一家，积极为游击队站岗放哨，带路送信、探听情报、筹送军需，搭棚煮饭。张常女更是忙得不可开交，她充分发挥自己懂医术的特长，冒着生命危险，千方百计地抢救和护理游击队伤病员。1936 年 2 月底，闽东党的领导人叶飞同志，率领游击队 20 多人，从屏南路过洞宫，有位家住周宁黄口南的游击队员，因脚拇指负伤溃烂，不能继续随军行动，找张常女帮助治疗。张常女二话没说，一口应承说："伤员留下我负责治疗，你们部队放心去好了。"张常女将这位游击队员带回家里，将丈夫的衣服给他穿，冒称是自己的亲人，机智勇敢地一次又一次瞒过了敌人和乡保人员的盘问搜查。经她精心治疗半个多月后，伤员痊愈归队去了。

1937 年农历五月下旬，闽东游击队支队长范仁满率部与澄源上楒洋村的黄带会发生激战，支队长范仁满不幸牺牲，游击队员刘进立护送 4 位伤员辗转到洞宫山隐蔽，通过地下工作人员张传甲找到了张常女。在那四周布满国民党军和反动刀会重重围困的形势下，张常女与张传甲勇敢地承担了救护伤员的重任，他们将 3 位轻伤员隐蔽到深山洞穴中，她将一位重伤员背回家就近治疗。白天，张常女翻山越岭采集治疗草药；晚上，她隐入深山洞穴用盐水为伤员洗刷伤口，换敷草药。隐藏在自己家里的重伤员，她更是一口药一口粥地悉心治疗与调养。此时，正值国民党顽固派对洞宫山区推行"为匪者杀""窝匪者杀""通匪者杀""资匪者杀""通风报信有功者偿"的乱捕滥杀残酷"清剿"的时期。张常女在威吓和利诱面前毫不动摇，她坚信革命一定会成功，她始终以满腔革命热情，掩护治理伤员。反动派对洞宫山区人民坚忍不拔的革命气节，恼羞成怒，更加疯狂镇压。在6月中旬的十几天内，敌人就连续搜抄了仰头村13次。她把伤病员东山转西山，西山转东山和敌人捉迷藏，巧妙地躲过了敌人的搜捕，但她家里已经被敌人洗劫得一无所有。为了度过极端艰难困苦，她把埋存来糊口的粮食全部供给伤病员，自己一家人却以喝地瓜汤度日。在张常女精心治疗和护理下，3个月后有3位伤员伤口痊愈，第四个月，重伤员的伤口也已愈合，他们都陆续地康复归队去了。在临别时，伤愈后的游击战士个个热泪盈眶地说："是你冒着生命危险救了我们，为了报答你的恩情，我们决心勇敢杀敌，革命到底，为穷人求解放，英勇战斗！"

在那血雨腥风的"白色恐怖"日子里，洞宫山麓仰头村的西山坡上，搭有一个小木棚，人们经常看到这位中年妇女，晨雾迷漫时身背篓筐爬山越岭而去，日近黄昏后才筐装"百草"蹒跚而归。张常女不顾生命危险，她利用"百草"，勇敢地抢救护理红军和游击队战士，先后从死亡线上抢救回了12名战士。同时，她也利用"百草"为周围贫苦村民治病，既省钱又奏效，使不少贫苦群众解除病痛，康复了身体，人们都亲切地称她为"我们洞宫山里红色的女郎中"。

张常女冒着生命危险为游击队战士治疗枪伤，自己的一家却连年遭到国民党反动派的残酷摧残。她居住的房屋一搭建就被拆除，刚修复又被烧毁，一家人被撵出流离失所，到处流浪。

在战争年代，张常女因投身革命工作，全家16口人在饥寒交迫之下，病死、冻死12人，至中华人民共和国成立前夕，仅剩下她母子和小叔赖成钦父子4人。中华人民共和国成立后，张常女重返家园，重振家业，生活一天比一天好起来。她经常教育亲人，不能忘记过去，要珍惜现在美好的生活。至 20 世纪 80 年代，张常女继续义务当好山乡女郎中，为周围农民群众治病救人，深受洞宫群众爱戴。

（原载《政和县党史资料》1986 年总第 8 期，有删改）

郑桐妹：顾全大局的拥军楷模

吴翠英 季守岐

1949 年 7 月，十兵团三十一军、二十八军及兵团部 9 万多人途经浦城解放福建。浦城是福建粮仓，是解放军后勤补给基地。在浦城境内百公里公路沿途设了 6 个补给站，为了补给站安全，1949 年 7 月 20 日左右，三十一军九十一师二七三团八连奉命进驻石陂街（镇）所在地，他们的任务是保护十兵团后勤石陂补给站安全；保护公路桥梁畅通；保护石陂人民生命财产安全，剿匪安民。7 月 20 日（农历六月廿五日）石陂镇街来了一队自称游击队的人，个个有枪，当地群众向解放军报告，解放军（八连）与旧政权镇镇长以召开群众大会之机，缴了这股假游击队的枪，并看管了这些匪徒，但也有个别匪徒漏网，八连派了山东籍副班长陈金庭带领一个战斗组，进入镇内搜查，入街区后，见一青年男子手持锋利砍刀（当地人用的普通砍柴刀），慌慌张张窜进一个院落。陈金庭小组立即紧追上去，大声喊："你是干什么？站住！"但那青年没有回答，陈金庭命令，"站住，不准动，放下武器，举起手来"。陈金庭是山东人，说的是山东式的普通话，但那青年是福建浦城石陂人，家庭困难没文化，听不懂普通话更听不清山东式普通话，不知解放军对谁说，说什么，因此无所反应，他不但没有站住和放下柴刀，反而转身迎面而来。这时陈金庭与他距离不足 10 米，误判为土匪要来杀他们，因此开枪射击，把那青年当场打死。死者是浦城当地人蔡金生，母亲是郑桐妹。

事后，郑桐妹由左右乡邻相拥着，拿着保长、甲长证明："蔡金生是个老实贫苦农民，不是土匪（他的父亲蔡头弟参加红军1937年北上后没有音信），来找解放军。现在被你们打死，该怎么办呢？"解放军战士在新区开枪打死无辜群众，犯了罪。为了严肃军纪，挽回影响，师部与当地人民民主政府商讨后定：1.给予蔡金生家庭享受烈属待遇直到蔡母去世（8月长江支队接管浦城后人民政府，维持民主政府意见上报，经上级民政部门批准蔡母享受烈属待遇）。2.为严肃军纪、国法，九十一师组织临时军事法庭，由九十一师政治部丁钊主任主持开庭在当地公审，判决陈金庭死刑，就地正法。

那天是个阴云低垂的日子，八连干部、战士分批再次探望，问陈金庭还有什么话要留下。陈金庭说："我是个解放军战士，是个共产党员，没有遵守好'三大纪律，八项注意'，违反了党纪、军法。应受这样处分。我愿用自己的生命，来挽回党和部队的影响。"说完这段话，并请战友将他衣上口袋掏出仅有的一元纸币，向指导员交最后一次党费。

当天上午9时许，公审大会在石陂街关帝庙门前举行，县民主政府通知周边乡村群众参加。师政治部副主任丁剑以军事法庭的名义宣读判决书。当他讲到陈金庭是山东胶东人，贫苦农民的儿子，土改翻身自愿参军，一贯作战勇敢，多次流血负伤，累立战功，并在火线入党，是个优秀共产党员。这天参加会议将近千人，这时有个老中医叶超林，他听得来普通话，高喊："不能杀他！不能杀他！不能让这么好的军人去死。"他急步跳上主席台，将审判长的话用石陂方言讲给当地人听。当大家听到这里，反映强烈，这时全场沸腾了。台下一片喊声："不能杀他！不能杀他！"台上的叶医师转身向丁钊审判长连连作揖，并恳求说：“我代表全场成千石陂父老乡亲，请求不要杀他，这个大军是个好人哪！是毛主席把他从山东派来解救我们福建苦难的百姓啊！”

宣判会被打断了。

这时更可贵的是蔡金生的母亲郑桐妹，在乡亲们的搀扶下走上主席台，擦干眼泪，跪在丁审判长面前恳求说：“我的儿子与大军无冤无仇，是语言不通才误杀的，不是有意枪杀的。你们就是过去的红军，是我们老百姓自己的队伍。现在已误死了一个我的儿子，千万不能为他再又死去一个好战士。留下他一条命，将陈金庭当作我的'干儿子'，好让他去消灭国民党反动派！”当林医师翻译完这些话，郑桐妹去给陈金庭松绑，陈金庭连喊三声"娘"，然后跪到郑桐妹面前说：“娘，待全国解放后，我来浦城供养你，为你养老送终。”

会场爆发出雷鸣般的掌声、口号声，公审大会变成了誓师大会，军民同呼"打倒蒋介石，解放全中国"……

丁剑审判长急电请示师部，经批准后决定，“经群众强烈要求做出重新判决，免除陈金庭死刑。在解放福建的战斗中，戴罪立功！”

叶斌：多才多艺的抗战女教师

张玉仁

叶斌是光泽县第一国民中心小学（中华人民共和国成立后改称实验小学）的一名女教师，她教的是国文和音乐。虽然她是一名教师，但还在光泽县妇女指导处（抗日战争时期妇女组织）从事宣传工作，领导和组织光泽妇女投身抗日救亡运动，教唱抗战歌曲，开办妇女识字班，宣传全民抗战。

1939 年冬至 1941 年春，以叶斌为首的光泽进步女性，组成抗日救亡宣传队，以区为单位，组织开展了 3 次较大规模的宣传活动，重点在光泽的止马、岛石、水口、李坊、管密、华桥、崇仁、寨里、儒州、山头、举田、司前、夫人庙、岱坪等人口较为集中的大村开展宣传。她们出墙报、刷标语、散传单、演抗日节目或话剧，演唱的抗日歌曲有《义勇军进行曲》《游击队歌》《流亡三部曲》《大刀进行曲》《大家一条心》《打回老家去》《抗日莲花落》《六杯茶》等，演的抗日话剧有《顺民的下场》《湘北大胜利》《送夫当兵》等。宣传队所到之处，观看的群众十分踊跃，效果很好。许多人听了宣传激发了爱国热情，表示要积极为抗日出力。

在给光泽妇女办识字班的同时，叶斌还了解到光泽妇女对女性生理卫生知识懂得很少，妇科病、生小孩对女性的生命构成极大威胁，故普及妇女卫生知识、推广新法接生刻不容缓。1941 年夏，县妇女指导处和卫生所联合举办了一期有 10 多人参加的接生员训练班，妇女指导处编印《妇女卫生》小册子，请卫生院的医师、护士上课，讲授生理卫生知识，结业后在城区推行新法接生。在生产方面，妇女指导处帮助岛石妇女改进斗笠造型，制作圆顶大盖行军斗笠，样式美观，经济实用，成为当时机关学校风行一时的防雨工具。

正当叶斌领导的妇女指导处抗日救亡运动开展得如火如荼时，1941 年秋，三青团光泽筹备委员会在其自办的刊物《光泽青年》上发表一篇题为《女人是祸水》的文章，引用吕雉、西太后的事例，指桑骂槐攻击妇女指导处。叶斌见到这篇别有用心的文章，向三青团光泽筹备委员会及《光泽青年》提出抗议，写文章严词驳斥。

一天傍晚，县特别行动队（简称别动队）包围了叶斌的住所，将叶斌抓到县警察局讯问。

"姓名？"别动队头目问道。

"叶斌！"叶斌瞪着大眼，大声说道。

"你知道我们为什么把你抓来吗？"

"不知道！"

"你书不好好教，整天在外面瞎胡闹，不务正业，还不知罪？是不是受共产党的指使？从实招来！"

"抗日救国，宣传抗日，这也有罪？我不受任何人的指使，凭的是中国人的良知！"叶斌义正词严地回答道。

别动队还对叶斌的住所进行了严格搜查，除衣物和几封恋爱信之外，一无所获。敌人问不出什么，也没搜查到什么证据，最后只得乖乖地将叶斌老师放了。

叶斌出来后，敌特加紧了对她的秘密跟踪和监视，这些叶斌全然不知。除教书外，她继续在县妇女指导处从事抗日救亡宣传工作。

1942 年秋，国民党特务撬开叶斌住处，叶斌发觉后逃跑，警察佯装搜捕。因找不到证据，敌人只得无中生有，捏造奸情，对叶斌进行恶意中伤。还有个不负责任的记者，编造所谓桃色新闻登在《光泽日报》发表，制造流言蜚语。面对敌人的无耻伎俩，叶斌找到县政府教育科要求严惩，并恢复名誉。教育科人员答应调查事件"真相"，但总是一拖再拖，最后还对她训示。叶斌对政府官员不作为的行为，十分气愤，毅然辞呈，辞去了第一国民中心小学的教师职务，愤然离开了光泽。

叶斌离开光泽后，光泽县妇女指导处的工作无法开展，此后就停止了工作，这对光泽县妇女运动来说也是一大损失。

（原载《红色记忆》《光泽历史文化传奇故事》，有删改）

胡娇娥：夫唱妇随的红色接头户

陈松田

仁寿乡石坋村陈明富、胡娇娥夫妻俩，现都是 70 多岁的老人了。从 20 世纪 30 年代红军游击队开辟了华家山根据地至中华人民共和国成立，两位老人，先后接待过我红军、游击队缪敏、黄立贵、曾镜冰和赖求兴等领导人，并替红军游击队放哨、带路、送信、筹办粮食、日用品等，为革命做过许多工作。

20 世纪 30 年代初，陈明富夫妻和两个小孩，一家四口住在矮坪后门的上山垅厂里。这里地势平坦，群山环抱，竹茂林密，山清水秀，垅中还有三四亩水稻田，他们一家靠耕田和做些笋干出卖度日。

自从华家山根据地建立以来，上山垅一带的山场，时常有红军或游击队活动，附近的矮坪、地村是红军或游击队的基点村。

1934 年 3 月，缪敏率领的红军在余塘击败伪军的进攻后，从江源路经矮坪来到上山垅歇息。陈明富夫妻俩喜出望外，泡茶、煮饭、忙个不停。夜晚还为红军站岗放哨，缪敏同志教他俩唱歌，两位老人至今还清楚地记得歌词其中四句："当兵要当红军，唤起工农闹革命，打倒土豪分田地，穷人翻身扬眉吐气。"当红军撤离时，陈明富同其舅吴有生，为红军抬伤员到笔架山。

1934 年 4 月，黄立贵带领红军 200 多人进驻矮坪，在此休整 3 天。

黄立贵亲自召开座谈会，有王际仁、陈细备、谢老迋、邵进元、徐福兴等人到会，陈明富也参加了会议。会上黄立贵宣传红军的政策，并要求到会的人协助红军做些工作。会后，群众积极响应。当红军撤离时，全村群众都依依不舍。次年的10月，曾镜冰率领140多名红军，从建阳东坑进驻矮坪的毛竹坪。陈明富为红军筹办粮食，胡娇娥为他们煮饭、洗衣，军民亲如一家，红军官兵都亲热地称陈明富夫妇为大哥、大嫂。

国民党闻知红军在这一地区活动频繁，妄图镇压革命力量，消灭红军。1936年10月间，调来第三师陈营部驻扎桂溪，一面修碉堡、一面四处搜山。当时矮坪游击队员谢老迋、王际仁被匪军抓去严刑逼供（后被放回），而陈明富房屋被匪兵烧掉。

1949年2月间，我闽北游击队经过整编后，纵队主力从南平北上，13日在"古佛庵"歼敌10多人，接着在建阳与顺昌交界的葛畲又一次击败敌人。赖求兴受省委之命，带领30多名游击队员，留下来牵制敌人，经矮坪到天孚岗庵基搭厂驻屯。游击队到来，陈明富主动到矮坪为游击队买锅、买米、买蔬菜和碗筷等。其妻胡娇娥，白天到矮坪了解敌人动向，发现情况，及时向赖队长报告。在这短短的2个多月间，陈明富还经常利用仁寿墟，为游击队购买盐、黄烟丝等，并两次受赖队长之托，深夜送信去仁寿、余塘，将信塞到镇长林庶吉、保长吴善廉大门内，警告他们认清形势，不许作恶多端。陈明富有困难，游击队也乐于帮助，这年3月正值春笋大年，陈家挖笋来不及，赖队长获悉后，就派5名战士，冒雨为他挖笋，使春笋不致损失。

这年农历四月初七日，赖队长带着几位战士因送还借用锄头等工具，到了明富家，并告诉他们夫妇俩，咱们队伍就要出山去解放建阳，并叫娇娥送封信到建阳东坑给伪甲长丁固仔，要他迎接解放军，她圆满地完成了任务。

中华人民共和国成立后，陈明富夫妇迁居至矮坪，后又在石坌建了新房，全家过着幸福的生活，现在人民政府还给两位老人每月一定生活补助费。

许喜金：机智送情报

张玉仁

霞阳是光泽县一个十分偏僻的小山村，这个村子里住着一户名叫许志平的赤贫户，他是红军的"接头户"，给红军游击队送情报。许志平有一个十二三岁的女儿，叫许喜金，活泼可爱，很讨村里人喜欢。但因家里贫穷，无法供她上学，刚过10岁就去给地主放牛。

有一次放牛，许喜金放的牛，不小心把地主家的稻子吃了十几丛，地主知道后大怒，气势汹汹地跑去把许喜金痛打一番，边打还边骂："你这个死穷鬼子，不好好放牛，毁了我家稻子，今天就打死你，打死你！"凶残的地主把许喜金打得"嗷嗷"大叫，哭喊声惊动了村里人，急忙告诉了许喜金父亲。她父亲赶紧跑过来，给地主赔礼道歉："对不起，对不起！回去我好好教育她，毁坏的稻子我家赔，我家赔！"地主听到说赔偿，才住了手，饶了许喜金。从这以后，许喜金恨透了地主。红军来到霞洋后，处处为穷人做好事，许喜金都看在眼里，记在心中，心中对红军充满好感。

1934年，国民党军队占领光泽县城后，对光泽苏区进行了疯狂地进攻，围困攻打游击队，搜捕苏区干部。这年7月，国民党军队集结了一个师的兵力进攻光泽霞洋一带苏区，纵横10千米，到处筑炮楼、挖战壕，戒备森严，妄想把游击队困死在大山里。当时住在小黄坑山上有一支游击队，被封锁得几乎和外面隔离了关系。8月中旬的一天，敌人又集中兵力扬言要搜山，且在前一天到处在各路口设立了岗哨，不管男女老少不许随便出入，大伙敢怒不敢言。

如何把敌人要搜山的消息送出去？村里许多群众都束手无策。许喜金听到这个消息，她心里十分着急，怎样把消息传递给游击队呢？她冥思苦想了很久。突然，她心生一计，全村男女老幼都知道她是放牛娃，她放的牛经常会跑到很远的山里去，每次她都要费很大劲才把它找回来。何不借找牛的机会把敌人要搜山的消息送给游击队？嗯，就用这个方法好，许喜金打定了主意。回家，她把这个办法告诉了父亲，父亲听了连声称道："好！好！就这么办。"

天快黑了，许喜金穿了一件破旧的单衫，手里拿根竹竿，边哭边喊："我的牛跑啦，我的牛跑啦！呜！呜！"敌哨兵看见这个衣着破旧的小女孩，举起刺刀，拦住去路："小女孩，干什么去呀？"许喜金见状，哭得更厉害了，嘴里直嚷嚷："我的牛跑了，找不到牛，回去父亲会打死我的！"接着又是一阵哇哇痛哭，匪兵见是个小女孩找牛，便不在意地放她过岗哨。

许喜金一边哭，一边往山上跑，一口气跑了几个密密的山林，回头看了看，见敌人没有追来，便用尽力气向密林深处跑去。跑到了一座山腰，突然听到一声巨响，许喜金被吓得目瞪口呆，一时又哭不出来，原来是她触响了游击队安装的丝炮。游击队听到响声，从四面八方赶了过来，许喜金一眼便瞧见了自己熟悉的蔡伯伯，她高兴极了，爬起来连忙擦干了眼泪，高兴地拉着蔡伯伯的手说："蔡伯伯，蔡伯伯！可找到你们了，敌人就要来搜山，你们快点躲藏起来吧！"蔡伯伯看着许喜金，笑了笑说："躲藏起来？我们能躲藏到什么地方去呢？不过，还真要谢谢送的情报，我们会想办法的，躲藏到敌人找不着的地方去！"天已经很暗了，蔡伯伯吩咐一位战士，将许喜金护送到山外。

回来后，部队迅速做了转移部署，游击队全部安全脱险。

（注：20世纪80年代初期因建设霞阳水库，霞阳村被整村迁移，村遗址被淹没在水库底下。）

（原载《红色记忆》《光泽历史文化传奇故事》，有删改）

孙连妹：地下交通线上的尖兵

洪育德

孙连妹，石陂人，1915 年 9 月生。1933 年她 18 岁，家里就把她嫁给山下乡铁坑大队坪洋村一位姓马的青年。这马家是一个革命家庭，一家三代都是游击队的地下交通员。孙连妹一来到马家，就深受这革命氛围的熏陶，也学着家人做交通员工作，投入了革命。在娘家，母亲教她学会了一手干家务和做针线的本领。她就利用这一技之长，有时为游击队煮饭菜，有时给游击队员缝衣制鞋，天天忙得手脚不停。她知道家里人和自己做的事都连着一个伟大的理想，她乐意。为了自己能在马家做好地下工作，她交代娘家人少来夫家，以免反动派起疑心，受连累。

每有游击队员到她家接头，就有人问她家里来的是什么人。她有时回答说是来收购松香油的贩子，有时说是来买茶梨的，有时说是打铜修锁的。她总能不露声色把问话人搪塞过去。

但这搪塞也有限度，因为当时游击队在石陂、山下一带活动非常活跃，到她家接头的来往者频繁，还是引起了反动当局的注意和怀疑。1947 年 8 月的一天，伪乡长杨连之带着 60 多个保安团的人员，荷枪实弹向坪洋游击队驻地"围剿"。前一天孙连妹得知情报，立即秘密地把情报转告游击队，游击队员及时全部撤走了。敌人扑了个空，十分恼火，悻悻回到村里就把孙连妹抓走，她的房子也被保安队的人给砸毁了。孙连妹被吊在铁坑村的一个破庙里。反动派对她进行拷打，折磨了一天一夜。无论敌人对她施加什么严刑，她都咬紧牙关，对自己给游击队送情报，为游击队做地下交通员等事只字不提。敌人在她身上抓不到任何把柄，只好让她家人拿钱把她赎保回家。

保出后，孙连妹无家可归，地下游击队员陈鸟果等人就把她安排在坪洋第五组一位村民家里暂住。住下后，孙连妹继续做她的地下交通员工作。有一次，组织上要她把游击队的情报送到布墩祝甲市村地下交通站去。这是一项难度很大的工作。从山下去铁坑坪洋到石陂布墩祝甲市，相距数十里，敌人的关卡很多，怎么完成任务呢？她想了想，决定以一个村嫂身背竹篓采摘猪草为名，取道山间小路到祝甲市去。到了祝甲市才知道，这个交通站头一天就被敌军破坏了。人去站空，到哪去找联络人呢？她决定在交通站附近等，等人来联络。她等了一天，仍不见接头人和联络暗号。她按游击队事前的交代在交通站旁接不上暗号就到交通站附近山上等。她到山上又等了一天多，接头人终于来了。她听到接头暗号，心里说不出的高兴。她终于完成了把情报交到祝甲市交通站的任务。为此，她因两天两夜没吃没睡而晕倒了。接头人把她扶起后，叫她到当地游击队驻地休息几天，待体力恢复后再回去。她说："家里有很多事等着我回去做，我得马上回去。"说完转身就走了，她的身影又穿梭在深山密林里……

2005 年，孙连妹已经 90 岁高龄，她和来访者谈起当年为游击队做事情和送情报等情况，精神矍铄，津津乐道，记忆犹新。

女宣队：点燃光泽抗日火焰

张玉仁

1938 年春末夏初，位于光泽县城关前街中心地段的第一国民中心小学教室里，每天都会传出嘹亮歌声："起来！不愿做奴隶的人们！把我们的血肉筑成我们新的长城！""打回老家去！打回老家去！打走日本帝国主义！东北地方是我们的……"激情、嘹亮的歌声，吸引了许多光泽民众聆听，有些民众还跟着轻轻地学唱起来，这在当时的光泽，可以说是一件新鲜事。在闽北偏僻的山区光泽，怎么突然有抗战歌声响起呢？老百姓都觉得很惊奇。经打听，原来是光泽县城来了一支从东北远道而来的抗日救亡宣传队。

1938 年 4 月下旬的一天，吴校长办公室走进一位 20 多岁的年轻人，急匆匆地对校长说："校长！我是东北战地服务团的，鄙人姓周，名叫书行，我们一共来了 6 人，我是组长，来到贵地，就是开展抗日宣传，想取得您的支持。"吴校长仔细看看年轻人，听说是从东北沦陷区来的，感到十分的惊奇，上前紧紧地握住周组长的手说："欢迎，欢迎！你们远道而来，一路辛苦了！来光泽开展抗日宣传，真的很欢迎你们！光泽属山区，消息闭塞，抗日战争开始了半年多时间，外面的消息我们知道的很少，很需要你们的宣传，保家卫国是我们共同的责任，要我们做什么，需要什么帮助，尽管说出来。"校长说了一大通感谢的话语。

"谢谢！这次来，我们的任务就是宣传抗日，声讨日本帝国主义的侵略罪行。我们服务团分成3个宣传小组，每个组2人，分别为演讲组、书写组和教唱组，主要是通过举办演讲、张贴标语（漫画）、教唱抗战歌曲等形式，宣传抗日救亡运动。我擅长教唱抗日歌曲，主要是面向学生。另外，你们学校地处县城中心，想借住在学校，方便我们开展工作，校长可以吗？"周书行拉着校长的手说。

吴校长当即答道："当然！这点小事不成问题，还需要其他什么帮助尽管说。"说完，吴校长立即叫来管理后勤的老师，腾出三间房间给他们住。

第二天上课时间一到，周书行和另外一位服务团成员，分别走进五年级、六年级的教室，开展抗日宣传和教唱抗日歌曲。周组长走进的是六年级班级，他来到讲台前，向同学们点了点头，说道："同学们，你们好！我是东北战地服务团的成员，我姓周，我们东北已经全部沦陷了，中国的抗日战争也全面爆发，日本帝国主义正在侵略、蚕食我们中国，东北人民正遭受着日本人的奴役，国家处在危难之中。作为中国人，我们要干什么？"

"我们要反抗！"

"我们要斗争！"

"打倒日本帝国主义！"

同学们齐声高喊。

"对！我们要反抗！我们要斗争！今天我先给同学们说说我们国家目前的抗日形势，然后再给同学教唱抗日歌曲。"周组长说。

"九一八事变，日本发动局部战争，侵占中国东三省，中国人民局部抗战开始。1937年7月，又发生了卢沟桥事变，日本发动全面侵华战争，中华民族开始进行全民族抗战。这次战争，敌人给我们全国上下以亡国之威胁。我们主要的城市和广大的土地被占领，无数的民众被蹂躏、被屠杀，甚至于对我被俘虏的伤兵也施以最残暴的待遇，重伤的兵士都被杀了，轻伤的兵士被迫做苦工，如南京沦陷后俘虏则无条件杀戮，以至布菌、放毒等，无所不用至极。在这种情形下，摆在全国人民面前的，只有两条路，不从抗战求生便是屈辱而死……"周组长用了大约半个小时，简单讲述了当时的抗日形势。

"下面我开始给大家教唱抗日歌曲，今后每天我会在童训、劳作、体育等课程中，轮流在每个班级教唱，今天我先教唱《义勇军进行曲》。我先给大家唱一遍，然后你们再跟着我唱。起来！不愿做奴隶的人们！把我们的血肉筑成我们新的长城……"周组长完整地把义勇军进行曲演唱了一遍。"下面请同学跟着我唱。"

"起来！不愿做奴隶的人们！预备唱。"

"起来！不愿做奴隶的人们！"同学们跟着唱了起来。

"把我们的血肉筑成我们新的长城！"

"把我们的血肉筑成我们新的长城！"

……

从那天起，周组长每天都在小学各班级轮流教唱抗日救亡歌曲，教唱的曲目有《义勇军进行曲》《大刀进行曲》《搬夫曲》《打回老家去》《慰问伤兵歌》等10多首歌曲，有齐唱、二重唱。由于他教唱方法好，师生兴趣浓厚，在很短时间内，全校师生学会了许多抗战歌曲。每日放学回家的路上，学生们排队高唱着"打回老家去，东北地方是我们的家乡……"嘹亮的歌声，回响在光泽山城的上空。

许多学生回家后，还把在学校教唱的抗日歌曲，唱给家人听，一时间光泽有很多人都会唱抗日歌曲，城区的大街小巷都能听到抗日歌曲的声音。东北青年抗日救亡巡回小组，在周组长的带领下，还开展了形式多样的其他抗战宣传工作。她们当中有的写标语、画漫画，并张贴在街头醒目之处；有的走向街头，向过往民众开展演讲和教唱抗日救亡歌曲，激发人们的抗战热情，她们慷慨高歌，声泪俱下，光泽人们感动不已。她们在光泽连续开展 10 多天的抗日宣传工作，为光泽人民播下了宣传抗日救亡的种子。

（原载《红色记忆》《光泽历史文化传奇故事》，有删改）

傅秀英：劫后余生的女"宣传家"

黄艳

土地革命战争时期，中国共产党领导的苏维埃政府为打破封建社会套在妇女身上的一道道枷锁，颁布了一系列妇女解放的政策法令。光泽县苏维埃政府成立后，从县到区、乡建立妇女会，开展宣传苏维埃政府妇女解放的政策法令，宣传红军是穷人翻身求解放的人民军队。牛口、古林等地的妇女们都积极加入妇女会，参加生产劳动。妇女会主席按照上级布置的任务，组织妇女成立代耕队、生产突击队，还发展妇女骨干积极分子参加革命斗争，开展秘密活动。牛田苏区一位妇女会主席傅秀英就是她们的代表。

傅秀英，出生在光泽县华桥乡古林村的一户普通农家里，虽然她识字不多，但是从小就聪明好学，很多道理她一听就明白。

1932年红色革命烈火燃烧到闽赣边界的资溪县草坪村。牛田村、古林村与草坪村只有一山之隔，当地有许多穷苦百姓受红军感召，主动参加革命。20多岁的傅秀英年纪轻轻，她坚强勇敢，吃苦耐劳，积极参加生产劳动、支持苏维埃政府、支持红军。村里推荐她担任妇女会的主席。

同年冬天，傅秀英带领当地一批思想活跃的妇女也加入土地革命斗争中。她像前方红军战士一样处处工作都冲锋在前，在当地团结妇女，成立洗衣队、看护队、慰劳队，从各个方面协助红军打好仗、养好伤、治好病。在她的组织下，古林村妇女成为牛田红军对敌斗争中不可缺少的一支生力军。

红军来到牛田，傅秀英组织村里妇女打扫房屋，准备生活用品，提供热水、粮食。她常跟乡亲们说："红军是来解放穷人、解放我们妇女的，我们都是兄弟姐妹，我们要团结在一起，支持他们，帮助他们。"

除了做好红军的后勤供应之外，傅秀英空闲时就在村里宣传苏区政策、法令，重点宣传妇女解放、婚姻自由，鼓励妇女学习文化，举办妇女识字班。她跟妇女们说："苏维埃政府保护妇女、儿童，反对家婆打骂媳妇、反对丈夫打骂妻子、取消童养媳，我们要帮助政府、拥护政府！像男人一样挺着腰杆子做人"。

当地一个叫黄爱英的小姑娘，是村里一户人家的童养媳，平时因受家公婆的打骂，胆子很小，不敢参加傅秀英组织的妇女识字班。可每一次活动，她都会站在不远的地方观看，甚至还躲在窗外偷听老师上课。有一次，傅秀英发现黄爱英又在识字班外偷听，就走出来对她说："秀英，你是不是想参加识字班学文化？"

"想，当然想！可是我怕被家里发现，都是悄悄来的。家里不会同意让我参加识字班的，如果被家里知道了，我肯定要挨一顿打，可能还会把我关起来的。"黄爱英小声地回答道。

"我们非常欢迎你参加识字班。你别怕，识字学文化是好事情，你家大人不同意是不知道识字的好处，我会和给他们讲道理，你就放心吧。"

第二天一早，傅秀英就去了黄爱英公婆家里，刚一开口说黄爱英想参加识字学文化的事情，她公婆想都没想就拒绝了："不行！不行！她一个童养媳，识什么字？学什么文化？"

傅秀英耐心地劝说道："童养媳是旧社会的封建陋习恶俗，现在苏区政府已经废止了，你们不能再把爱英当童养媳看了，她有受教育的权利。以前只有地主、有钱人才能上学堂，我们穷人没文化不识字什么都不懂，连自己的名字都不认识，更别说写了，只能当睁眼瞎，所以才被地主恶霸欺负得不能翻身。现如今苏维埃政府让我们穷人一点点的摆脱从前受压迫的噩梦，打开识字学文化的大门，还不收一分钱，你们更应当鼓励支持秀英才对呀？"

傅秀英说的话声声入耳，黄爱英公婆最终在傅秀英用心良苦的劝说下，同意黄爱英参加识字班的文化学习。后来，傅秀英还通过区苏维埃政府，帮助黄爱英解除了与比她大18岁"丈夫"订下的婚约，还让他家同意把黄爱英当成养女，抚养长大。

1933年，国民党反动派开始加紧对苏区各革命根据地的"围剿"。农历十一月初十那天上午，傅秀英正在溪边洗着红军的衣服，听得后边有动静，傅秀英刚要回头，十几个白匪已经悄悄窜到她身后，将她团团围住，白匪早就认准了傅秀英就是古林村那个变卖自己陪嫁的首饰支援红军的妇女干部，立马将她用粗粗的大绳牢牢捆了起来，拖到附近的封家大宅的厅堂中。

一个满脸横肉的白匪，一边嘴里呀呀乱嚷道"土匪婆子，快把你为红军干的'好事'，老实招来"，一边手上拿着厚厚的竹片恶狠狠地向傅秀英抽过去。过了许久，白匪终于停下了手，他两眼冒着凶光盯着傅秀英问道："你到底说不说？"这时傅秀英的前胸、后背、腰上、腿上已被打得皮开肉绽，鲜血直流，可她始终不发一言。傅秀英心里已经想好了，今天就是被打死也绝不吐露半句关于红军的任何消息。

有乡亲瞧见傅秀英被白匪捆到古林封家大宅，赶忙去找傅秀英在田里干活的丈夫。她丈夫一听妻子被抓，顿时心急如焚，顾不得许多，赶到家里拿起打猎用的土枪就往封家老宅子跑去，到了大门外头，傅秀英丈夫朝天放了一枪，并大喊道："红军来啦！红军来啦！"。

宅子里的白匪们听见外头有枪声，还有人喊红军来了，吓得立马慌了手脚，顾不得细辨真假，更顾不上带走傅秀英，一群人像没头的苍蝇一样你推我扯地急急忙忙地往后门逃跑。

当丈夫找到她时，傅秀英已经晕死过去，她丈夫怕白匪再次折返，连忙把她身上的绳子解开，把傅秀英背到后山。

后来，傅秀英在山里的茅棚养了3个多月的伤才回到村里。身体好转的傅秀英没有害怕、没有退缩，依旧继续在村里团结老少妇女，给牛田的红军队伍供给粮食、筹款筹物、搜集情报、打土豪，抓探子。

"武夷三秀"：喜见朱德

张金锭

  1961年新春时节，武夷山下阴雨连绵。2月2日，这天雨过天晴，喜鹊报喜。时任中共中央副主席的朱德同志偕夫人康克清一行，在江西省委书记处候补书记兼省委秘书长黄知真陪同下，从南昌、经上饶、过分水关，来到崇安县视察。

  朱德夫妇抵达崇安县，第一站来到"闽北苏区首府"大安村中蓬自然村逗留，跟曾为革命家黄道当过挑夫的老红军林德春合影留念。在大安村部，又与曾经历二万五千里长征的老红军刘太古见面。刘太古19岁就参加"少共国际师"，1934年10月随主力红军长征，历经"湘江战役""四渡赤水""强渡大渡河""爬雪山过草地"等战斗。中华人民共和国成立后，他放弃城市待遇，申请回到大安老家，任过村党支部副书记、村主任等职务。离别时，刘太古送一个又大又红的南瓜给朱副主席。朱副主席接过南瓜笑着说，这个礼品太好了，几十年未见了，当年在井冈山吃过，我要带回北京去。

  朱副主席抵达崇安县城，住在武夷山九曲溪畔的解放军一九二医院。院长刘振堂送给朱副主席一捆"方竹"和一盆"兰花"，朱副主席格外高兴，也带去北京。

  朱副主席在下榻处，接见省、地、县各级领导和革命"五老"代表时，特地邀请武夷山著名女接头户王端娇、丁金妹和李碧珠参加。

王端娇，武夷山市岚谷乡人，专门为红军游击队秘密送情报、送物资。她不辞劳苦，不怕困难，不怕牺牲，出色地完成了党组织交给她一项又一项艰巨任务。1936年4月的一天，王端娇秘密到闽北分区委驻地岚谷乡黄龙岩村送一份重要情报。此事被当地一个姓陈的地主告密，她完成任务刚进家门，就被国民党岚谷乡公所抓去关押。反动打手对她轮番讯问，施以重刑，逼她承认通"共"通"匪"，并供出红军游击队的情况。王端娇每次晕去醒来，只有一句话"不知道，不知道"。敌人气急败坏，见她宁死不招，一面把她儿子抓来做人质，一面指使打手，用惨无人道的酷刑折磨她的肉体，撬开她的嘴。但这位具有钢铁般意志的女共产党员，几次昏迷，几次审问，始终还是"不知道"那句话。敌人一无所获，只好将她和她的儿子放回家暗中监视。打这之后，王瑞娇在武夷山数十年的游击战争、抗日战争和全国解放战争时期，不畏危险，仍然悄悄地为党和游击队做着接头户工作。

中华人民共和国成立后，王端娇积极带领家乡妇女姐妹参加老区的社会主义革命和建设，发挥了妇女半边天的作用。1956年，中共南平地委宣传部指派专人，陪同她到闽北各地老区做革命传统巡回报告10多场次，重点讲述她在艰苦卓绝三年游击战争中的传奇故事，听众达2万多人次。闽北老区群众出于对王端娇这位老接头户、老共产党员的崇敬之情，赞誉她为闽北老区的"英雄老妈妈"。

丁金妹，武夷山市洋庄乡坑口村人。在那烽火抗战的时期，她的家乡是中共福建省委、闽北地委、崇安县委机关驻地。丁金妹爱人熊明福，是中共崇安县委书记。她一面支持丈夫开展革命工作，一面带领本村妇女为游击队做好接头户工作。

1947年底，坑口村反动甲长熊开元在国民党崇安当局重金收买下，出面告密，熊明福被捕。国民党用尽重刑折磨熊明福，他始终不屈不挠，挫败了敌人多次的逼害。1948年2月，在岗哨林立、戒备森严的刑场上，熊明福步履坚定，神色自若，高呼"中国共产党万岁""中国人民解放军万岁"等口号，在坑口村孟家弯英勇就义。

熊明福壮烈牺牲后，丁金妹被以"共产党要犯妻子"抓去坐牢。国民党对她使用"铁棒烫胸部""坐老虎凳"等重刑，逼她招供崇安党组织和游击队的秘密。丁金妹几经剧痛，几次晕迷，但她始终回答："不知道。"后因得了重病，经坑口村群众多次联名担保，才释放回家治病。中华人民共和国成立后，丁金妹积极参加家乡的社会主义革命和建设，当上坑口村妇女主任，成为武夷山老区妇女界一位著名的革命"五老"。

李碧珠，武夷山市崇安街道黄墩村人。在火红的土地革命战争时期，她的家乡曾先后两次是中共崇安县委和县苏维埃政府所在地，是崇安苏区政治、军事、经济、文化中心时间最长的一个驻地，是名副其实的"崇安苏区首府"。从事"接头户"工作，随时会有生命危险，黄碧珠几经磨难，几经受刑，但她不低头，不弯腰，几十年如一日为红军游击队送情报、送粮油、送药品，多次受到党组织和红军游击队的赞扬。中华人民共和国成立初期，李碧珠还为家乡的土改、剿匪、合作化等运动做贡献，被评为农村妇女工作标兵。

此行，朱德副主席挥笔赋诗一首《过武夷山》：

翻过武夷山，山外别有天。
东风初到候，南地已无寒。
绿水穿幽谷，青林拥巨川。
车行随岸走，风景最新鲜。

（原载《红色武夷记忆》，有删改）

珍 贵 档 案

中共赣东北特委青年妇女工作决议案

（特委第十三次常会通过）

（1931 年 3 月 8 日）

一、青年妇女的任务

青年妇女工作，在整体说起来，过去我们确实忽视了，过去青妇工作缺点，有下列几种：（遗漏未写）

但是在中国目前革命的形势，已经到了开始国内战争的时候，对于这一工作，成了目前赣东北团的中心任务之一，我们对于这一工作的布置，应该站在整个革命工作中去布置。现在我们目前中心任务是：

帮助发动广大群众深入土地革命，推翻反动政权，反抗国民党进攻红军和苏区，为巩固扩大苏维埃政权而斗争。因此我们对于青年劳动妇女在革命当中，他的中心任务，也就可以确定如下：

1. 帮助发动和领导广大劳动青年妇女群众，尤其是雇农、贫农妇女群众，参加革命战争，推翻国民党政府，完成土地革命的胜利，建立全国苏维埃政权。

2. 领导青年劳动妇女群众参加反帝国主义运动，拥护红军，为巩固扩大苏维埃政权而斗争。

3. 彻底废除和毁灭旧社会的法令，反对封建家庭的压迫与剥削的关系，争取青年劳动妇女在政治上参加政权，十六岁以上有选举权及被选举权；在经济上，经济独立得到土地权，在法律上，男女平等，得到公民权，在婚姻上，得到男女婚姻自由权，在保护法上，得到女工保护法以及一切无母性的保护，设立儿产院等。

4.团结广大青年妇女，为本身利益和要求去斗争，参加一切总的斗争。

二、青年妇女组织及其对象

1.青年妇女组织，没有单独组织系统，只能在各级妇女解放委员会之下，设立青年妇女部。妇女部，一方受本级妇女解放委员会指挥，一方有单独指导系统。

2.青年妇女部部长，是妇女解放委员会之一，又是常委之一。妇女部，在工作需要时，可设秘书一，干事若干。

3.在各村可组织青年妇女代表，每七人至十人，选举代表一人，女代表须受青年妇女部指挥。

4.各级团部青年妇女运动委员会，一律取消，在青年妇女部建立团组（织），起领导作用。团的一切指示和工作计划，必须经过团组（织）实现，不能直接指挥青年妇女部。

5.青年妇女代表，由全村青妇大会选举之。任期半年，如遇特别事故，可得临时改选之。

6.青年妇女其他附属组织，须受青年妇女部指挥（如慰劳队，演说竞赛会，放足会，识字班，音乐会，体育会等）。

7.在青年女工多的地方，可单独组织青年女工联合会（但无上层组织系统）。

8.青年妇女组织的对象，如雇农、工人、贫农妇女及革命的中农妇女为主要对象。

9.豪绅、地主、官僚、反动派及富农的妻女绝对不准加入。

三、青年妇女斗争的纲领

1. 反对帝国主义、国民党、军阀、豪绅、地主、资本家及其一切反动派。

2. 拥护苏维埃和红军，动员广大劳动青年妇女，参加革命战争。

3. 青年妇女要切实参加政权。

4. 青年妇女，要经济独立。

5. 青年妇女要有集会、结社的自由。

6. 取消童养媳制度。

7. 实行男女平等。

8. 反对公婆打骂妇女。

9. 反对富农的剥削。

10. 实行婚姻自由，反对买卖式婚姻。

11. 禁止缠足、穿耳。

12. 禁止溺女。

13. 反对重男轻女的观念。

14. 禁止娼妓。

15. 女子要学习职业。

16. 未成人的女子，不准结婚。

17. 妇女产前、产后休息两月，工资照发。

18. 行月经不做工，工资照发。

19. 增加女工工资，男女同等工作，同样工资。

20. 救济、抚养残废及无人养育的妇女。

21. 提高妇女的文化教育。

22. 实行剪发运动。

23. 取消多妻制，反对娶妾，实行一夫一妻制。

24. 不准育婢。

四、目前团在青年妇女中的实际工作

1.过去各级团部,吸收女子加入团,完全不站在阶级立场去介绍的,只是漂亮的,穿得阔气的,才会介绍入团。如贵溪介绍的团员,大部分是中农、富农的妇女。德兴三区闭门不介绍劳动妇女,这是非常错误的。赣东北的青年女子,比成年女子要求革命还要激烈些,但是过去我们把这项工作忽视,以致在革命当中,受了极大的损失。各县女团员数量还是很少,真正劳动妇女,更加少了。今后各级团部应举行广泛地征求女团员运动。这一工作要在支部中去执行,每个支部组织征求女团员,按照各地环境,决定日期与数目,用革命竞赛方法去实现。举行征求时,须准备妇女政纲及宣传材料。同时还要特别注意吸收真正在斗争当中觉悟的雇农、手工业工人、贫农、革命的中农妇女入团,务要防止反动富农妻子混入。

2.在赣东北各县准备在六月底发展女团员五百人。

3.在吸收新女团员入团时,区委或县委须准备训练大纲。什么是共产青年团,怎样做个好团员加入团,最低的任务及一切初步的常识,领导她们参加斗争,在斗争当中,注意她们的实际工作训练。

4.培养真正革命劳动青年妇女领袖与干部,参加团的各级指导机关。但绝对不要形式,并要注意培养单独工作能力。

5.建立妇女通讯员,须经常征集妇女生活和妇女要求及其他一切消息,报告机关,如果找不到识字的女人,可找识字的男子担任。

6.特委尽可能地单独开办短期妇女训练班,造就妇女干部。各县除举行新同志训练班外,还要领导她们参加各种会议。

7.要建立白色区域的妇女组织。发动她们日常的斗争,尽可能地与赤色区域妇女发生联系,可用灰色名义去组织,适合秘密条件,如姐妹会,放足会等。白色区域的县委或区委,可设立青年妇女运动委员会,加强青妇工作。

8.特区青年妇女部，要有经常单独的工作,有计划的发动群众斗争。并要检查工作成绩，经常向特委做报告。

9.扩大团在青年妇女群众的宣传。在各种纪念节，利用各种机会单独召集青年妇女群众大会的工作，提出团的中心口号和妇女政纲做广泛宣传，提高团在青年妇女中的政治影响，并可在这一运动中公开征求女青年入团。

10.参加政府及妇女解放委员会的妇女，团必须指定为群众所拥护的有信仰的同志参加。同时必须经过群众的选举产生出来，绝对禁止上级委派或包办。要竭力排除群众所讨厌的腐化分子，如有这些分子潜伏，应以群众力量来撤换之。

11.青年妇女部，应经常的收集调查，研究社会上的青年妇女实际生活状况，出版青年妇女周报或画报。

闽北分区优待红军家属委员会
第一号

（1932 年 1 月 2 日）

据报告本身现在七连充当红军，家中有一抚养他的伯母没有饭吃等由。

批：今按照优待红军家属条件，特维给予每月土地税米五斗在陈合森的伯母所在当地政府领取，凡属当地政府见批即付为要！此批右批给，陈合森同志。

主席　赖炳祥（印）

委员　李克敌

徐福元

杨鹤鸣

温卿绍

赖炳祥

铅山县为"三八"国际劳动妇女节
征求劳动妇女入党的办法和条件

（1933 年 3 月）

1.征求劳动妇女入党，要在斗争中去观察和吸收。

2.对于拥护红军，慰劳红军，宣传鼓动红军参加生产和防守等工作勇敢积极的妇女，可大胆吸收。

3.对肃反工作中积极的，毫不动摇的，无有嫌疑的可以吸收入党。

4.对于成分是工人、雇农、贫农，积极的中农里面的劳动妇女可吸收入党。

5.反对过去说妇女无用和关门主义，不介绍劳动妇女及忽视妇女工作的坏现象。更应防止拉几个不劳动的漂亮妇女入党的错误。

6.凡是在肃反工作中有怀疑的，或是其丈夫当反动，加入 AB 团，改组派的，没有脱离关系的，又不是劳动的不准吸收。

7.吸收妇女入党，定要用宣传鼓动的办法去启发他们的自觉悟来加入党的组织。

8.以上的办法，定要召集支部小组会或党员大会来讨论进行，要得到地方党部同意，不可关系和强派的方式。

以上的望各级党部切实做到斗争的努力。

铅山县委组织部

中共闽北分区委妇女部
第六次各县妇女部长联席会决议

（1933 年 4 月 28 日）

为着要转变妇女工作，分区委妇女部曾经决定一个三四月份各种工作决议已经期满了。在三四月份工作，可以说是获得了相当的成绩，这一成绩表现在：

1.发展女党员工作在数量上得到了相当的成绩,特别是铅山、广丰、建阳并有很好的统计。各县发展党员数目如左：

铅山五十八名　　　崇安六十七名

广丰二十名　　　　邵光六名

建阳十二名　　　　上铅十三名

市区七名

2.提拔培养干部工作，各县都开了训练班和女党员大会，特别是训练材料要适合党员程度。在提拔干部数目，特别是广丰、建阳超过原定数目：

铅山七名　　　崇安八名　　　上铅一名

建阳六名　　　广丰六名

3.妇女部的组织与本身工作，在最近时间，各县妇女部工作已单独建立起来，而改委会工作亦是单独的建立。

4.扩大红军工作，有相当的注意，并能在广大群众中做政治鼓动工作，甚至有父亲鼓动儿子，妇女鼓动丈夫、兄弟到红军中的。特别是铅山五区尤元村黄月娥鼓动自己的弟弟去当红军。各县扩大红军成绩列下：

崇安三十七名　　广丰二名

铅山二十四名　　建阳十九名

上铅十六名　　　市十九名

5.拥护和慰劳红军工作，是有相当的积极，特别是铅山三区妇女能送菜送饭上火线（给）红军吃、扛伤兵等，其余各县亦有配合红军作战。在慰劳方面，更表现得积极，能动员广大妇女群众自动的赠送慰劳品，特别在这次欢送中央红军参观团的物品特别多，除执行原来规定数目外，并超过了数目很多。

崇安布鞋七百三十二双、草鞋二千三百九十五双、小菜二千四百零一斤、鸡蛋二百五十七个、猪肉一百三十二斤半、鸡二只、纸烟三十七包、青菜四百六十斤、鸭四个。

铅山布鞋九百五十四双、草鞋三千二百九十双、小菜二百三十一斤、鸡蛋一千一百一十八个、盐鱼七斤半、猪二条、笋一千四百六十一斤、猪肉二百一十斤。

上铅布鞋六十三双、草鞋六百一十六双、小菜一百零六斤、蛋二百七十三个、皮鱼六斤、墨鱼二斤、羊一条（头）。

广丰布鞋二双、草鞋九十五双、小菜十五斤、蛋四十四个、猪肉三十七斤、鸡三个、羊六条（头）。

建阳布鞋一百一十三双、草鞋七百六十五双、小菜一百八十五斤、蛋三十四个、鸡一个（只）、纸烟二十五包。

邵光布鞋二十双、草鞋三百一十一双、小菜三十三斤、笋二千二斤。

市区布鞋五十二双、草鞋三百三十八双、小菜一百九十斤、烧肉四斤、鱼四斤、蛋一百九十五个。

6.动员妇女参加生产工作，比以前是有所增多，如动员妇女种菜、掘禾根、砍柴等都有，特别是铅山更多，甚至有妇女帮红军种田，妇女生产冲锋队组织也建立起来。动员了妇女参加生产数目如下：

铅山二百三十名　　　　　　上铅八十名

崇安、广丰、邵光、建阳、市区没有统计。

7.妇女参加各种群众组织工作，在最近时期，各种组织都增加了。

8.卫生工作，有部分是开始进行，可说是群众已了解卫生的意义。

根据上面这些成绩，是不可否认的，但仍然表现不够的，同时还有许多错误和缺点。

1.发展党员只是铅山、广丰、建阳三县能报告数目，如崇安妇女党员有多少，不能明白地报告出来，尤其是成分上，更不注意。

2.提拔培养干部特别是上铅、崇安、建阳，不从斗争中去提拔成分好、有造就、斗争勇敢的分子来担任工作，这是非常错误的。

3.妇女本身工作，只能顾到妇女部工作，但对妇生改委会的领导，还是不十分抓紧。

4.扩大红军工作，整个是有相当成绩，但仍然是不够得很，主要原因（是）没有提高广大群众对扩大红军的热情，最差是崇安，其余各县也是如此。

5.慰劳红军工作，如赠送慰劳品，虽有相当多，还免不了有强派的错误发生，这证明了各县对政治鼓动工作没有抓紧。

6.生产冲锋队各县虽有组织，对生产方面，还是有名无实，除铅山有点成绩外，其余各县妇女还是死懒，特别是崇安更甚。

7.妇女对参加各种群众组织，还是很少，尤其是动员妇女参加赤卫军、反帝拥苏组织更不注意，甚至原有组织，也没有很好地统计。

8.卫生工作纵然开始，但没有获得什么成绩，特别是崇安顶不要卫生。

在整个工作来讲，除铅山有些转变外，其余各县都差，特别是崇安还是向后退。

根据上面这些缺点，主要的因为工作不深入下层，对工作不努力的结果。我们可以拿事实来证明，如铅山工作的转变，是工作比较能深入下层，与对工作努力中所获得的，如崇安工作的退步，最大缺点，就是工作不深入下层、机关官僚主义所造成的。

上面这些错误和缺点，是工作中的障碍，我们必须与这一倾向做斗争，来转变红色五月工作。

红色五月工作

1.扩大红军是目前党的最重要最中心工作，同时独立师在红色五月要扩充成军，更应为扩大红军成军而斗争，在红色五月中，各县须动员下列人数来当红军：

崇安二十五名　　铅山二十名

上铅五名　　　　广丰五名

建阳四名　　　　邵光三名

市区四名

2.慰劳红军工作，亦是扩大红军工作之一，必须鼓动广大妇女群众自动的赠送慰劳品，绝对要纠正过去强派方式。同时红军扩大成军，慰劳品更应增信的赠送，在红色五月中各县须做到以下的数目：

县名	布鞋（双）	草鞋（双）	小菜（斤）	青菜（斤）
崇安	600	3000	200	2500
铅山	500	2000	150	1000
上铅	60	500	50	500
广丰	100	200	50	100
建阳	100	300	100	100
邵光	60	100	50	50
市区	40	100	40	50

3. 节省经费节省粮食，帮助战费，是给予战争有力的帮助。我们必须在群众中做广大的政治鼓动工作，实行每人每天节省铜片一枚，每人节省三斤米借给红军。在红色五月中各县必须做到下列数目：

县名	节省经费	借米给红军
崇安	大洋二百元	一百担
铅山	大洋一百元	五十担
建阳	大洋四十元	三十担
邵光	大洋十五元	十五担
上铅	大洋二十元	—
广丰	大洋二十元	—
市区	大洋十元	—

因上铅、广丰、市区少米，故借米数目未规定，亦必须鼓动群众节省，给予战争的帮助。

4. 扩大党的组织，加强党的领导力量，是党的主要骨干。分区委已决定在红色五月中要扩大党员一倍，即每个党员至少要介绍一个新党员入党。同时各县对发展女党员工作，更不注意，在红色五月中要纠正这一倾向，为扩大党员一倍而斗争。但要纠正封建拉夫的发展，必须从斗争中去考察，表现勇敢积极的工人、贫农、中农妇女，尤其是工人成分的女子大批吸收入党。

5. 红色五月是反帝的一月，应动员广大妇女群众加入反帝拥苏大同盟。各县在红色五月中，应发展反帝会员数目，按照分区委妇女部务会决议规定的去执行。

6. 在红色五月中应将代表制度切实建立起来（即每十个人选举一个代表）。

7. 卫生工作，是于（与）战争有极大关系的，同时夏天炎热更应注意卫生，以免瘟疫的发生与蔓延。这一工作必须动员广大妇女群众举行清洁运动，用比赛精神来进行卫生工作。

对红色五月工作，应拿出冲锋竞赛精神来执行分区委妇女部务会关于红色五月妇女工作决议，百分之百地完成；尤其是对六次各县妇女部部长联席会上自己订立的各种工作竞赛合同，更努力地实现。同时须用政治鼓动，鼓动广大妇女群众热烈来执行，不应有丝毫摊派。到红色五月过后，分区委妇女部要举行一次检阅，那（哪）县能按照数目字执行，或超过规定数目，便是谁的成绩好，那（哪）县不能按照规定数目执行，便是谁无成绩，谁对红五月工作怠工，便是对争取战争胜利的怠工，谁就是革命的罪人。

其他

这次检阅各县工作成绩，铅山第一，建阳第二，崇安第三，上铅第四，广丰第五，邵光第六。

中共闽北分区委妇女部
一九三三年四月三十日出版

崇安第三区妇女生活改良委员会通令

（1931 年 9 月 22 日）

各乡苏政府改委会主任：

兹将我处开第一次妇生改委联席会（……）

1. 贫农团不能中农参加，贫农团如有中（……）在这月内每乡要加领导三人至五人加入分（……）

2. 妇女要建立组织秘密肃反队，三人为一队；是要时常去查，注意报告到乡苏，加县儿（童）团妇女要防过口通行证，口令。

3. 要各乡青年妇女劳动的每月加入赤少队六名。

4. 各乡要组织反帝工作，在这月内每村为单位，至少限六天，要组织妇女加入，每乡七人至九人。

5. 各乡在这月内发展加入互济会十名，限廿六号报来本区。

6. 各乡决议每月要送草鞋二十五双，和送小菜拾斤，限廿八号送来本区。

以上几点，希你马上执行做到，不敢随便忽视，违抗、藏匿，希要迅速执行为要。

第三区苏妇生改委会主任袁尚珠（代）

9 月 22 日

第一区妇生改委会通知

（1933 年 6 月 21 日）

各乡苏妇生改委会：

　　兹定本六月二十四号上午十时开全区主任联席会，讨论一切工作，望各乡主任按时前来出席，不准请假或迟到，如有不到会者，定要严重处分为要！

第一区妇生改委会主席

杨大妹

1933 年 6 月 21 日

崇安县苏优待红军家属委员会训令

(1933 年 10 月 13 日)

第四区苏财委员:

兹将分苏人民财委会的决议录下:

1. 征收土地税委员会,各县区限 20 号以内组织完毕报来分苏财委会,组织好马上召集来开会,来传达征收土地税工作,二十二号开各县财委主席联会。

2. 银价好的,高价收买,每元一两五钱,要各县帮买旧银送来县苏财委会。

3. 白区边境的土地税,要搬到中心苏区来藏好,这一工作是要动员群众起来,做土仓及布置弩箭、丝袍来保障土地税不被敌人抢去。

以上三条希即执行,对于征收土地税委员会要立即组织好,限定本月十八日内报来我处勿误是要。

崇安县苏政府财经委员会

主席 张纪杰

(张鼎义印)

附　录

福建省南平市烈士英名录（女）

序号	姓名	出生年月	籍贯	入伍时间	县（市区）	原工作单位及职务	牺牲时间、地点及原因
1	贵富荣	1934.4	山东省聊城市茌平县	1957.8	延平区	福州军区后勤部装具厂工人	1972 年 7 月 7 日下部队巡回修理军马装具途中牺牲
2	冯细珠	1952.11	建阳区徐市镇徐市村	1966.9	建阳区	徐市公社中心小学教员	1983 年 4 月 11 日下午在徐市中心小学遭受狂风、暴雨、冰雹袭击时为保护学生脱险而牺牲
3	兰珠仔	1908	建阳区麻沙镇交溪村	1932.8	建阳区	邵光县委妇女会主席	1935 年在邵武县高岭被敌抓捕杀害
4	刘伎咕	1911	建阳区书坊乡贵溪村	1936	建阳区	顺阳县南门区妇女组组长	1943 年 4 月在建阳麻沙被敌抓捕杀害
5	何玉莲	1899	江西省	1935	建阳区	邵顺建县委妇女部部长	1943 年 4 月在邵武县朱坊被敌杀害
6	姚牵喜	1889	邵武市水北镇上坪村	1936	邵武市	水北高阳隘尾岭苏维埃政府地下工作人员	1942 年在水北高阳际头村被敌抓捕杀害

续表

序号	姓名	出生年月	籍贯	入伍时间	县（市区）	原工作单位及职务	牺牲时间、地点及原因
7	郑惠钗	1958.11.29	邵武市下沙镇屯上村		邵武市	邵武市下沙镇村民	1974年10月3日在水北镇屯上村扑灭山火中牺牲
8	郑惠慈	1953.10.5	邵武市下沙镇屯上村		邵武市	邵武市下沙镇村民	1974年10月3日在水北镇屯上村扑灭山火中牺牲
9	詹秀英	1882	江西省上饶市铅山县	1933	邵武市	邵武县妇联主席	1933年6月到江西省武夷峰联系工作后返回邵武龙斗被国民党五十六师逮捕杀害于邵武大石前
10	鲍生玉	1911	武夷山市崇安街道	1930	武夷山市	区苏维埃政府妇女队队长	1935年被国民党抓去后失踪 1982年6月追认为烈士
11	游绍娇	1889	武夷山市崇安街道城西村	1934	武夷山市	红军第七军团二十一师五十八团民工	1934年在崇安村尾作战中牺牲
12	伍少春	1904	武夷山市崇安街道黄墩村	1935	武夷山市	红军闽北独立团接头户	1935年在崇安村尾被敌杀害
13	徐学胖	1918	武夷山市武夷街道下梅村	1934	武夷山市	闽北军工厂妇女主任	1935年失踪 1982年追认为烈士
14	杨文娇	1911	武夷山市武夷街道公馆村	1929	武夷山市	崇安县下梅二区青妇部部长	1930年在崇安武夷下梅被民团杀害

续表

序号	姓名	出生年月	籍贯	入伍时间	县（市区）	原工作单位及职务	牺牲时间、地点及原因
15	蔡三妹	1902	武夷山市星村镇	1929	武夷山市	官衙乡苏维埃政府妇女代表	1930年在官衙被杀害
16	李丹员	1910	武夷山市星村镇井水村	1931	武夷山市	红军闽北独立团战士	1931年到建阳县工作后失踪 1982年追认为烈士
17	李三妹	1902	武夷山市星村镇洲头村	1929	武夷山市	曹墩乡苏维埃政府妇女代表	1930年在崇安星村曹墩被敌杀害
18	邹爱俤	1904	武夷山市星村镇程墩村	1935	武夷山市	程墩乡苏维埃政府妇女部部长	1936年因家藏红军被敌杀害
19	徐啼芳	1908	武夷山市兴田镇枫坡村	1932	武夷山市	大南乡苏维埃政府女干部	1934年在崇安兴田被民团杀害
20	李巴仔	1915	武夷山市兴田镇城村村	1933	武夷山市	城村乡苏维埃政府女主席	1933年在崇安兴田澄浒作战中牺牲
21	林细英	1912	武夷山市兴田镇城村村	1932	武夷山市	城村乡苏维埃政府联乡干事	1933年在崇安兴田澄浒被大刀会杀害
22	罗爱珠	1912	武夷山市五夫镇翁墩村	1929	武夷山市	翁墩乡苏维埃代表	1931年在崇安五夫白水罗敦岩作战中牺牲
23	黄玉金	1905	武夷山市上梅乡厅下村	1930	武夷山市	中共建阳县委妇女部长	1933年因误为"改组派"被错杀 1965年追认为烈士
24	余火妹	1910	武夷山市吴屯乡大浑村	1930	武夷山市	大浑乡苏维埃政府青妇主任	1931年在崇安吴屯被敌杀害
25	黄贵姬	1908	武夷山市吴屯乡大浑村	1928	武夷山市	红军闽北独立团战士	1929年开赴前线后失踪 1982年追认为烈士

序号	姓名	出生年月	籍贯	入伍时间	县（市区）	原工作单位及职务	牺牲时间、地点及原因
26	李绍门	1904	武夷山市吴屯乡岭根村	1928	武夷山市	岭根乡苏维埃政府干部	1931年在崇安吴屯被民团杀害
27	周妹玉	1910	武夷山市岚谷乡岚谷村	1929	武夷山市	闽北分区妇女队长	1933年生病回家病故 1956年追认为烈士
28	舒绍玉	1901	武夷山市岚谷乡岚谷村	1929	武夷山市	岚头村苏维埃政府妇女代表	1930年因丝炮失火牺牲
29	赖绍凤	1911	武夷山市岚谷乡岚谷村	1927	武夷山市	红军闽北独立团战士	1929年在攻打崇安上梅后失踪 1982年追认为烈士
30	周牵荣	1915	武夷山市岚谷乡岚谷村	1934	武夷山市	闽北游击队青年妇女队长	1935年撤离崇安洋庄大安后失踪 1982年追认为烈士
31	吴春莲	1911	武夷山市洋庄乡坑口村	1932	武夷山市	闽北大安医院看护员	1934年7月25日路过江西省武夷山桃树坪头牺牲被敌杀害
32	暨付妹	1907	武夷山市洋庄乡西际村	1929	武夷山市	西际乡苏维埃政府妇女会主席	1930年去崇安洋庄坑口执行任务时溺水牺牲 1957年追认为烈士
33	吴金美	1905	武夷山市洋庄乡小浆村	1930	武夷山市	闽北分区大安医院看护员	1932年到江西省学习后失踪 1957年追认为烈士
34	邱美枝	1915	武夷山市洋庄乡大安村	1929	武夷山市	闽北分区大安医院护士	1932年因误为"改组派"被错杀 1958年追认为烈士

续表

序号	姓名	出生年月	籍贯	入伍时间	县（市区）	原工作单位及职务	牺牲时间、地点及原因
35	易金莲		湖南省	1947	武夷山市	崇安县粮库保管员	1949年3月被敌杀害于崇安五夫大将大汗村溪边
36	翁玉兰	1908	建瓯市芝山街道管葡社区	1928	建瓯市	闽赣省难民招待所主任	1935年1月在建宁县被叛徒杀害
37	吴清招	1936	顺昌县元坑镇秀水村	1954	顺昌县	顺昌县元坑区福秀乡文书	1955年在元坑组织群众参加扑灭山林火灾中牺牲
38	刘梅兰	1917	光泽县	1933	光泽县	光泽县苏维埃政府	1933年参加革命，1933年遭敌十二师和反动三区团进攻后被捕杀在光泽县城关杀害
39	陈珍珠	1898	光泽县	1933	光泽县	闽赣省苏维埃政府	1933.10遭敌十二师和反动三区团进攻后被捕杀于江西省资溪县
40	黄桂香	1911	光泽县	1934	光泽县	光泽县止马乡苏维埃政府	1934遭敌十二师和反动三区团进攻后，被捕杀在光泽止马杀害
41	刘秀英	1919	松溪县松源街道南村	1937	松溪县	建松政特委游击队地下工作人员	1943年4月在徐老二家养病时被敌抓捕杀害于政和县东平
42	周金珠	1913	松溪县渭田镇源头村	1947	松溪县	闽浙边游击纵队地下工作人员	1948年1月在源头村为游击队做衣时被敌发觉遭道捕后活埋于渭田水尾眉山上

序号	姓名	出生年月	籍贯	入伍时间	县（市区）	原工作单位及职务	牺牲时间、地点及原因
43	范月英	1868	松溪县河东乡长巷村	1938	松溪县	建松政特委游击队地下工作人员	1944年12月在东控村因叛徒出卖被捕后牺牲于松溪监狱
44	陈香妹	1910	松溪县茶平乡黄屯村	1938	松溪县	建松政特委游击队战士	1942年9月9日在际下村被敌抓捕后于松溪狱中遭折磨而牺牲
45	张小妹	1914	松溪县花桥乡源尾村	1935	松溪县	建松政特委游击队地下工作人员	1948年在源尾被捕后关押于松溪监狱遭折磨而牺牲

后　记

以中国式现代化全面推进强国建设、民族复兴伟业，妇女是重要力量。党的十八大以来，以习近平同志为核心的党中央从党和国家事业发展全局出发，高度重视和积极推进妇女工作，加强党对妇女工作的领导，坚持中国特色社会主义妇女发展道路，充分发挥妇女在社会主义现代化建设中的积极作用，推动妇女事业取得历史性成就。

编辑《从烽火岁月中走来——闽北巾帼英雄故事选》一书，就是要大力弘扬革命战争时期闽北妇女不怕艰难困苦、不怕流血牺牲、铁心跟党走的革命精神，贯彻落实《习近平关于注重家庭家教家风建设论述摘编》《习近平关于妇女儿童和妇联工作论述摘编》和中国妇女十三大精神，激发广大妇女充分发挥"半边天"作用，激励她们坚定不移地走中国特色社会主义妇女发展道路，自尊自信、自立自强，奋进新征程、建功新时代，为中国式现代化建设贡献巾帼智慧和力量。本书通过"红色记忆""缅怀追思""珍贵档案"等部分，再现闽北妇女先辈们在革命战争时期的闪光人生和崇高风范。在编写过程中，承蒙南平市委宣传部、南平市文旅局、南平市退役军人事务局、南平市民政局（老区办）、南平市老区促进会、南平市闽浙赣历史研究会、南平各县（市、区）党史和地方志研究室、妇联等单位和广大党史工作者的大力支持，在此一并表示感谢！

由于时间紧，加之水平有限，编写中的失误在所难免，敬请广大读者批评指正！

编 者

2024 年 8 月